Goldmann Science Fiction

Von Arthur C. Clarke
sind außerdem im Goldmann Verlag lieferbar:

Im Mondstaub versunken. 23 027
Inseln im All. 23 006
Die andere Seite des Himmels. 23 019
Verbannt in die Zukunft. 23 054
Die sieben Sonnen. 23 009
Die letzte Generation. 23 070

ARTHUR C. CLARKE

Projekt: Morgenröte

SANDS OF MARS

Science Fiction Stories

Wilhelm Goldmann Verlag

Aus dem Englischen übertragen von Herbert Roch

1. Auflage Januar 1963 · 1.–20. Tsd.
2. Auflage November 1978 · 21.–28. Tsd.

Made in Germany 1978

Umschlagentwurf: Creativ Shop, A. + A. Bachmann, München
Umschlagfoto: Agt. Schlück, Garbsen
Gesamtherstellung: Mohndruck Reinhard Mohn GmbH, Gütersloh
Verlagsnummer: 23 013 · Berens/Hofmann
ISBN 3-442-23013-6

I

»Sie sind also zum erstenmal oben?« sagte der Pilot und lehnte sich lässig in seinen sanft ausschwingenden Sitz zurück. Er verschränkte seine Hände gleichgültig im Genick, was nicht gerade dazu beitrug, seinem Passagier neuen Mut einzuflößen.

»Ja«, sagte Martin Gibson, ohne seinen Blick von dem Chronometer abzuwenden, der die Sekunden heruntertickte.

»Das dachte ich mir. In Ihren Erzählungen haben Sie das nie richtig dargestellt – all den Unsinn, daß man unter der Beschleunigung ohnmächtig würde. Warum schreibt man bloß derartiges Zeug? Man verdirbt nur das Geschäft damit.«

»Tut mir leid«, sagte Gibson. »Aber Ihre Behauptungen können sich nur auf meine früheren Geschichten beziehen. Die Weltraumschiffahrt lag damals noch in den Anfängen, und ich mußte meine Phantasie gebrauchen.«

»Mag schon sein«, sagte der Pilot leicht vorwurfsvoll. »Jedenfalls muß es Ihnen recht spaßig vorkommen, das in Wirklichkeit zu erleben, worüber Sie so oft geschrieben haben.«

Das Adjektiv störte Gibson etwas, aber er wußte, worauf der andere hinauswollte. Dutzende seiner Helden – und Schurken – hatten wie hypnotisiert auf unerbittliche Sekundenzeiger gestarrt und darauf gewartet, von der Rakete in die Unendlichkeit entführt zu werden. Und nun – wie immer, wenn man lange genug wartet – hatte die Wirklichkeit die Dichtung eingeholt. Derselbe Augenblick lag nur neunzig Sekunden in seiner eigenen Zukunft. Ja, es war schon recht spaßig, ein wunderbarer Fall poetischer Gerechtigkeit.

Der Pilot streifte ihn mit einem Seitenblick, las seine Gedanken und grinste ihm ermunternd zu.

»Lassen Sie sich nicht durch Ihre eigenen Geschichten einschüchtern. Einer Wette halber habe ich den Abflug sogar schon einmal aufrecht stehend mitgemacht, obwohl ich zugeben muß, daß das ziemlich albern von mir war.«

»Ich habe keine Bange«, erwiderte Gibson, indem er unnötigen Nachdruck auf die Worte legte.

»Hmmm«, sagte der Pilot und warf einen Blick auf die Uhr. Der Sekundenzeiger hatte noch eine Runde zu machen. »Dann würde ich, an Ihrer Stelle, mich nicht so fest in den Sitz klammern. Er besteht nämlich nur aus Beryll-Mangan, und Sie könnten ihn verbiegen.«

Unbeholfen versuchte Gibson, sich aus seiner Verkrampfung zu lösen.

»Selbstverständlich«, sagte der Pilot leichthin, seine Blicke jedoch, wie Gibson bemerkte, fest auf das Armaturenbrett gerichtet, »würde es ziemlich unangenehm sein, wenn es länger als ein paar Minuten dauerte – aha, die Brennstoffpumpen haben eingesetzt. Was auch geschieht, bleiben Sie ganz ruhig und lassen Sie Ihren Sitz ausschwingen. Machen Sie meinetwegen die Augen zu, wenn Ihnen das Erleichterung verschafft. Hören Sie die Zünddüsen arbeiten? Wir brauchen etwa zehn Sekunden, um die volle Stoßkraft zu entwickeln – das ist, abgesehen von dem Lärm, den es verursacht, so gut wie gar nichts. Damit müssen Sie sich eben abfinden. *Ich sagte, damit müssen Sie sich eben abfinden!«*

Martin Gibson jedoch tat nichts dergleichen. Bei einer Beschleunigung, die kaum die Höchstgeschwindigkeit eines schnellen Fahrstuhls übertraf, hatte er bereits sanft das Bewußtsein verloren.

Einige Minuten und tausend Kilometer später kam er wieder zu sich und schämte sich seines Mißgeschicks. Ein Sonnenstrahl schien ihm voll ins Gesicht, und ihm wurde klar, daß der Schutzvorhang beiseite gerutscht sein müsse. Das Licht, obwohl hell, war längst nicht so durchdringend, wie er erwartet hatte; doch dann bemerkte er, daß nur ein Bruchteil seiner vollen Leuchtkraft durch das dunkel gefärbte Glas sickerte.

Er richtete seinen Blick auf den Piloten, der, über das Instrumentenbrett gebeugt, emsig an seinem Logbuch schrieb. Alles war sehr still, nur von Zeit zu Zeit vernahm man seltsam gedämpfte Geräusche, die an kleine Explosionen erinnerten und die Gibson leicht beunruhigten. Er hustete unterdrückt, um sich bemerkbar zu machen, und erkundigte sich bei dem Piloten, woher diese Geräusche kämen.

»Wärmezusammenziehung in den Motoren«, erwiderte dieser kurz. »Sie sind um fünftausend Grad herum gelaufen und kühlen sehr schnell ab. Sind Sie wieder in Ordnung?«

»Mir geht's ausgezeichnet«, erwiderte Gibson und meinte sogar, was er sagte. »Soll ich aufstehen?«

Psychologisch ausgedrückt, hatte er den Grund berührt und war zurückgeschnellt worden. Es war eine recht unsichere Position, obwohl er zu seinem Glück nichts davon ahnte.

»Wenn Sie wollen«, sagte der Pilot argwöhnisch. »Aber Vorsicht – halten Sie sich an etwas Solidem fest.«

Gibson fühlte sich wunderbar erleichtert und froh. Endlich war der Augenblick gekommen, auf den er sein ganzes Leben gewartet hatte. Er befand sich mitten im Weltraum! Es war zwar bedauerlich, daß er den Start verpaßt hatte, aber in seinen Aufzeichnungen würde er einfach darüber hinweggleiten.

Aus einer Entfernung von tausend Kilometern gesehen, erschien die Erde noch ziemlich groß und war etwas wie eine Enttäuschung. Gibson kam rasch dahinter, weshalb er sich enttäuscht fühlte; er hatte so viele Raketenaufnahmen und Filme gesehen, daß das Überraschungsmoment verlorengegangen war: er wußte zu genau, was er zu erwarten hatte. Man sah die unvermeidlichen Wolkenbänke, die sich langsam um die Erde herum bewegten. In der Mitte der Scheibe traten die Grenzen zwischen Land und Meer klar hervor; unendlich viele Einzelheiten waren zu unterscheiden, aber gegen den Horizont verlor sich alles in dichtem Dunst. Selbst in dem klaren Sichtkegel senkrecht unter sich war das meiste verwischt und deshalb bedeutungslos. Ohne Zweifel wäre ein Meteorologe über die lebendige Wetterkarte, die sich ihm unten darbot, in Entzücken geraten – aber die meisten Meteorologen befanden sich irgendwo oben in den verschiedenen Weltraumstationen, wo sie eine noch bessere Aussicht genossen. Gibson verlor schon bald die Lust, nach Städten und anderen Menschenwerken Ausschau zu halten. Der Gedanke, daß Tausende von Jahren menschlicher Zivilisation das Panorama dort unten nicht weiter zu verändern vermocht hatten, war irgendwie ernüchternd.

Dann begann Gibson nach den Sternen zu suchen und erlebte seine zweite Enttäuschung. Sie waren zwar da, zu Hunderten sogar, aber blaß und bleich, nur ein Abglanz dessen, was er vorzufinden gehofft hatte. Das dunkle Glas des Ausguckloches war daran schuld; indem es das Sonnenlicht aufsog, beraubte es die Sterne all ihrer Pracht.

Gibson fühlte sich leicht gereizt. Nur eines war, wie er es sich vorgestellt hatte. Das Gefühl, frei in der Luft zu schweben und sich durch eine Fingerbewegung von einer Wand zur anderen abzustoßen, bereitete ihm genausoviel Vergnügen, wie er gehofft hatte – auch wenn die Räumlichkeiten in ihrer Begrenzung keine größeren Experimente gestatteten. Schwerelosigkeit war ein bezaubernder, märchenhafter Zustand, besonders jetzt, da es Medikamente gegen die Raumkrankheit gab. Er war froh darüber. Wie sehr hatten doch seine Helden darunter leiden müssen! Seine Heldinnen wahrscheinlich auch, aber darüber hatte man wohlweislich kein einziges Wort verloren. Er dachte an Robin Blakes ersten Flug in der ursprünglichen Fassung von ›Mars-Staub‹. Als er das Buch schrieb, hatte er ziemlich unter dem Einfluß von D. H. Lawrence gestanden.

Kein Zweifel, Lawrence war großartig darin, physische Empfindungen zu beschreiben, und Gibson hatte sich mit voller Absicht darangemacht, ihn auf seinem eigenen Gebiet zu schlagen. Er hatte der Raumkrankheit ein ganzes Kapitel gewidmet und alle Symptome genau beschrieben, angefangen bei den schwachen Vorahnungen, die man mitunter durch bloße Willensanstrengung unterdrücken konnte, bis zu den unterirdischen Erschütterungen, die selbst die größten Optimisten nicht mehr zu ignorieren vermochten, und den vulkanischen Ausbrüchen des Endstadiums, die eine wahre Erlösung bedeuteten.

Das Kapitel war ein wahres Meisterstück krasser realistischer Schilderung gewesen. Es war nur allzu bedauerlich, daß sein Verleger, der damit liebäugelte, den ›Buch des Monats‹-Klub für das Werk zu gewinnen, auf Streichung des Kapitels bestanden hatte. Er hatte eine Menge Arbeit gerade auf dieses Kapitel verwendet und, während er daran schrieb, alle Einzelheiten der Krankheit durchlebt. Selbst jetzt . . .

»Es ist mehr als rätselhaft«, sagte der Arzt, als man den im Augenblick völlig verstummten Schriftsteller durch die Luftschleuse beförderte. »Er hat seine medizinischen Test O.K. bestanden und vor dem Abflug bestimmt die üblichen Injektionen bekommen. Es muß psychosomatische Gründe haben.«

»Mir ist das völlig gleichgültig«, beklagte sich der Pilot, der dem Krankentransport ins Innere der Weltraumstation Eins folgte. »Mich interessiert an dem ganzen Fall nur, wer mein Schiff säubern wird.« Niemand schien geneigt, diese von Herzen kommende Frage zu beantworten, am allerwenigsten Martin Gibson, der sich nur undeutlich der weißen Wände bewußt war, die an ihm vorüberglitten. Dann verspürte er plötzlich eine leichte Gewichtszunahme, und eine belebende Wärme rieselte wohltuend durch seine Gliedmaßen. Alsbald wurde er sich seiner Umgebung deutlich bewußt. Er befand sich im Lazarett, und die infraroten Lampen strahlten eine herrliche wiederbelebende Wärme auf ihn aus, die ihm durch die Haut bis auf die Knochen drang.

»Nun?« sagte der Arzt zu ihm.

Gibson lächelte schwach.

»Es tut mir schrecklich leid. Hoffentlich erwischt es mich nicht wieder.«

»Ich weiß nicht einmal, wieso es Sie das erstemal erwischt hat. Es ist ganz ungewöhnlich; die Medikamente, die wir verabreichen, wirken unserer Ansicht nach unfehlbar.«

»Es ist meine eigene Schuld, glaube ich«, sagte Gibson entschuldigend. »Ich habe eine ziemlich lebhafte Phantasie und stellte mir gerade die Raumkrankheit in all ihren Symptomen vor – auf ziemlich objektive Weise, selbstverständlich –, doch ehe ich noch wußte, was geschah –«

»Schluß damit jetzt!« sagte der Arzt in scharfem Befehlston. »Sonst müssen wir Sie zurückschicken. So etwas ist unmöglich, wenn Sie zum Mars wollen. Nach drei Monaten würde nicht mehr viel von Ihnen übrig sein.«

Gibson fühlte, wie seine Glieder anfingen zu schlottern, er erholte sich jedoch sehr bald, und der Alpdruck der letzten Stunde gehörte bereits der Vergangenheit an.

»Es wird schon gehen«, sagte er. »Nur laßt mich aus diesem Backofen heraus, sonst fange ich noch an zu schmoren.«

Etwas unsicher stand er auf. Es war seltsam, hier mitten im Weltraum sein normales Eigengewicht wiederzuhaben. Doch dann entsann er sich, daß Station Eins sich um ihre Achse drehte und daß die Wohnräume in die äußersten Wände eingebaut waren, so daß die Zentrifugalkraft ein Gefühl von Schwere hervorrief.

Das große Abenteuer, überlegte er bekümmert, hatte gar nicht gut angefangen. Er war jedoch entschlossen, sich nicht mit Schande beladen heimschicken zu lassen. Es war nicht nur eine Frage des eigenen Stolzes: die Wirkung auf seine Leser und seinen Ruf würde verheerend sein. Er wand sich förmlich, als er im Geiste die Schlagzeilen vor sich sah: ›Gibson wieder zurück! Raumkrankheit macht Strich durch Weltraumbummel des Schriftstellers‹. Selbst die ernsthaften literarischen Wochenschriften würden sich über ihn lustig machen, und was ›Time‹ schreiben würde, war überhaupt unausdenkbar!

»Es trifft sich glücklich«, sagte der Arzt, »daß das Schiff erst in zwölf Stunden weitergeht. Ich werde Sie in die Abteilung nehmen, wo die Schwere gleich Null ist, und zusehen, wie Sie dort zurechtkommen, ehe ich Ihnen ein Attest ausstelle.«

Auch Gibson hielt es für eine gute Idee. Er hatte immer geglaubt, ziemlich widerstandsfähig zu sein, und bis zu dieser Minute war es ihm nie in den Sinn gekommen, daß seine Reise nicht nur mit Unbequemlichkeiten verbunden, sondern sogar gefahrvoll sein könnte. Über die Raumkrankheit konnte man lächeln – solange man selbst nicht davon befallen war. Wenn man sie jedoch durchgemacht hatte, erhielt die Sache ein anderes Gesicht.

Die Innere Station – ›Weltraumstation Eins‹, wie sie gewöhnlich genannt wurde – war etwa zweitausend Kilometer von der Erde entfernt und umkreiste den Planeten alle zwei Stunden. Sie war die erste Stufe auf dem Wege des Menschen zu den Sternen. Obwohl vom technischen Standpunkt für die Weltraumschiffahrt nicht länger erforderlich, war ihr Vorhandensein von großer wirtschaftlicher Bedeutung für den interplanetarischen Verkehr. Sämtliche Fahrten zum Mond oder den Planeten hatten hier ihren Ausgangspunkt: die schwerfälligen Atomschiffe lagen längsseits dieses vorgeschobenen Erdpostens, während die Fracht von der Elternwelt in ihre Laderäume verstaut wurde. Ein Fährdienst mit chemisch angetriebenen Raketen verband die Station mit dem Planeten unter ihr; denn kein Atomschiff, so bestimmte es das Gesetz, durfte sich der Erdoberfläche auf weniger als tausend Kilometer nähern. Selbst diese Sicherheitsgrenze schien vielen noch nicht ausreichend genug, da der radioaktive Auspuff eines solchen Schiffes diese Entfernung in knapp einer Minute zurücklegen konnte.

Weltraumstation Eins war in den vergangenen Jahren derart gewachsen, daß ihre ursprünglichen Erbauer sie nicht wiedererkannt hätten. Um den zentralen sphärischen Kern waren Observatorien und Nachrichtenübermittlungsstellen mit phantastischer Ausrüstung angelegt worden. Nur ein Fachmann konnte sich darin zurechtfinden. Doch trotz dieses Zuwachses bestand die Hauptfunktion des künstlichen Mondes noch immer darin, die kleinen Schiffe, mit denen der Mensch die ungeheure Einsamkeit des Sonnensystems herausforderte, mit Brennstoff zu versorgen.

»Na, wird's jetzt gehen?« erkundigte sich der Arzt, als Gibson mit seinen Füßen experimentierte.

»Ich glaube schon«, erwiderte er, willens, sich nicht noch einmal bloßzustellen.

»Dann kommen Sie mit in den Empfangsraum, wo wir Ihnen etwas Heißes zu trinken geben werden. Dort werden Sie sich hinsetzen und Zeitung lesen, während wir beraten, was mit Ihnen geschehen soll.«

Gibson hatte das Empfinden, als folgte eine Niederlage der anderen. Da war er nun zweitausend Kilometer von der Erde entfernt, mitten unter den Sternen und mußte gezwungenermaßen gesüßten Tee schlürfen – Tee! – in einer Umgebung, die dem Wartezimmer eines Zahnarztes glich. Der Raum war fensterlos, wahrscheinlich deswegen, damit der schnell sich drehende Himmel den Erfolg der Behandlung nicht wieder zuschanden mache. Es blieb einem nichts weiter übrig, als in Stößen alter Zeitschriften zu blättern, die er bereits kannte und die umständlich zu handhaben waren, da es sich um Ultra-Leichtgewicht-Ausgaben handelte, die auf Zigarettenpapier gedruckt zu sein schienen. Zum Glück fand er ein altes Exemplar ›Argosy‹; es enthielt eine seiner Erzählungen, vor so langer Zeit geschrieben, daß er vergessen hatte, wie die Geschichte endete; damit vertrieb er sich die Zeit, bis der Arzt zurückkehrte.

»Ihr Puls scheint normal zu sein«, sagte der Doktor mürrisch. »Wir werden Sie jetzt in eine Testkammer führen, wo die Schwere gleich Null ist. Folgen Sie mir und wundern Sie sich über gar nichts.«

Mit dieser geheimnisvollen Bemerkung führte er Gibson hinaus auf einen hell erleuchteten Gang, der von der Stelle, wo er stand, nach beiden Seiten aufwärts zu führen schien. Gibson hatte keine Zeit, dieses Phänomen zu erforschen, da der Arzt eine Seitentür öffnete und sich anschickte, eine Metalltreppe hinaufzusteigen. Gibson folgte ihm automatisch in wenigen Schritten Abstand. Dann merkte er plötzlich, was vor ihm lag, und blieb mit einem unwillkürlichen Ausruf des Erstaunens abrupt stehen.

Unmittelbar zu seinen Füßen beschrieb die Treppe einen einigermaßen vernünftigen Winkel von fünfundvierzig Grad, sie wurde jedoch rasch immer steiler, bis die Stufen wenige Meter vor ihm senkrecht emporführten. Weiter oben – und es war ein Anblick, der jeden zum erstenmal aus der Fassung gebracht hätte – nahm die Steigung unerbittlich zu, bis die Stufen überhingen und sowohl vor wie hinter ihm aus seinem Blickfeld entschwanden.

Als der Arzt seinen Ausruf vernahm, drehte er sich um und lachte ihm aufmunternd zu.

»Sie dürfen Ihren Augen nicht immer trauen«, sagte er. »Kommen Sie nur und sehen Sie, wie einfach es ist.«

Widerstrebend kam Gibson der Aufforderung nach, und indem er weiterging, merkte er, daß zwei seltsame Dinge geschahen. Erstens wurde er allmählich immer leichter, und zweitens blieb die Abschrägung unter seinen Füßen, trotz der offensichtlichen Steigung, konstant fünfundvierzig Grad.

Es dauerte nicht lange, bis Gibson die Erklärung dafür gefunden hatte. Die anscheinend vorhandene Schwere war auf die Zentrifugalkraft zurückzuführen, die durch das Rotieren der Station um die eigene Achse hervorgerufen wurde, und indem er sich dem Zentrum näherte, wurde diese Kraft gleich Null. Die Treppe selbst wand sich in einer Art Spirale der Achse entgegen – früher einmal hätte er den mathematischen Fachausdruck dafür gewußt –, so daß die Abschrägung trotz des Schwerefeldes, das ausgestrahlt wurde, konstant blieb. Es handelte sich um etwas, an das sich Leute, die in Weltraumstationen wohnten, sehr schnell gewöhnen mußten; eine normale Treppe auf Erden wäre ihnen wahrscheinlich ebenso unheimlich vorgekommen.

Am Ende der Treppe hörte das Gefühl für ›oben‹ und ›unten‹ völlig auf. Sie befanden sich in einem langen zylindrischen Raum, der, bis auf einige ausgespannte Seile, völlig leer war; nur ganz hinten fiel ein Sonnenstrahl durch ein Ausguckloch. Der Strahl bewegte sich stetig die Metallwände entlang wie ein suchendes Scheinwerferlicht, wurde momentan verdunkelt und verschwand dann durch ein anderes Fensterloch, für Gibson das erste sichtbare Anzeichen dafür, daß die Station sich tatsächlich um die eigene Achse drehte. Er versuchte, die Geschwindigkeit der Umdrehung grob abzuschätzen, indem er aufpaßte, wie lange das Sonnenlicht brauchte, um an seinen Ausgangspunkt zurückzukehren. Der ›Tag‹ dieser kleinen künstlichen Welt dauerte kaum zehn Sekunden; doch das genügte, um einem an den Außenwänden das Gefühl normaler Schwere zu verschaffen.

Gibson kam sich vor wie eine Spinne in ihrem Netz, als er dem Arzt, Hand über Hand in die Leitseile greifend, folgte und sich mühelos durch die Luft vorwärts bewegte, bis man das Ausguckloch erreicht hatte.

Sie befanden sich, wie er bemerkte, am Ende einer kaminartigen Verlängerung, die längs der Stationsachse hinausragte, so daß keinerlei Gerät oder Apparaturen den Blick auf die Sterne einengten.

»Ich werde Sie eine Weile hier allein lassen«, sagte der Arzt. »Es gibt genügend zu sehen, und Sie müßten sich eigentlich ganz wohl fühlen hier. Wenn nicht – denken Sie daran, daß Sie unten an der Treppe jederzeit Ihr normales Gewicht wiederfinden.«

Und gleichzeitig ein Rückreisebillett nach der Erde mit der nächsten Rakete, dachte Gibson. Er war fest entschlossen, die Probe zu bestehen und in den Besitz eines Attests zu gelangen.

Es war fast unmöglich, sich bewußtzumachen, daß nicht die Sonne und die Sterne rotierten, sondern daß es die Station selber war, die sich um ihre Achse drehte. Dazu bedurfte es einer bewußten Willensanstrengung. Die Sterne bewegten sich so schnell, daß nur die helleren unter ihnen klar sichtbar waren, und die Sonne glich einem goldenen Kometen, der alle fünf Sekunden über den Himmel raste. Bei dieser phantastischen Beschleunigung des natürlichen Ablaufs der Dinge konnte man sich gut vorstellen, wieso der Mensch früherer Jahrhunderte es hartnäckig abgelehnt hatte, daran zu glauben, daß seine eigene feste Erde sich drehe, und alle Bewegung den veränderlichen Himmelskörpern zugeschrieben hatte.

Die Erde, zum Teil durch die Masse der Station verdunkelt, war ein großes halbmondförmiges Gebilde, das den halben Himmel umspannte. Indem die Station auf ihrer erdballumspannenden Bahn dahinraste, wurde die Erde langsam größer: in etwa vierzig Minuten würde sie vollmondförmig sein und eine Stunde danach völlig unsichtbar, eine schwarze, die Sonne verdunkelnde Scheibe, indes die Station ihren Schattenkegel passierte. In zwei Stunden würde die Erde sämtliche Mondphasen durchlaufen haben. Man verlor das Zeitgefühl, wenn man daran dachte; die vertraute Einteilung in Nacht und Tag, in Monate und Jahreszeiten war hier bedeutungslos.

Ungefähr einen Kilometer von der Station entfernt, aber durch nichts mit ihr verbunden, bewegten sich in der gleichen Bahn die drei Weltraumschiffe, die in diesem Augenblick zufällig ›in Dock‹ waren. Eines davon war die kleine wie ein Pfeil zugespitzte Rakete, die ihn vor einer Stunde unter solchen Beschwernissen von der Erde heraufgebracht hatte. Das zweite war ein für den Mond bestimmter Frachter von etwa tausend Tonnen. Und das dritte war die Ares, deren frische Aluminiumfarben fast die Augen blendeten.

Gibson hatte sich nie richtig mit dem Verlust der schlanken, in Stromlinienform gehaltenen Schiffe aussöhnen können, die der Traum des frühen zwanzigsten Jahrhunderts gewesen waren. Die glitzernde, hantelartige Kugel, die sich gegen die Sterne abhob, entsprach den Vorstellungen, die er von einem Weltraumschiff hatte, nicht im geringsten. Im Gegensatz zu aller Welt hatte er sich nie recht damit abfinden können. Er kannte natürlich die üblichen Argumente – man brauchte keine Stromlinien mehr für ein Schiff, das nie mit irgendeiner Atmosphäre in Berührung kam und für dessen Bau allein strukturelle und krafttechnische Überlegungen ausschlaggebend waren. Da der hoch-radioaktive Antrieb so weit wie möglich von den Mannschaftsunterkünften entfernt sein mußte, bot die Doppelkugel mit der langen Verbindungsröhre die einfachste Lösung.

Es war, so ging es Gibson durch den Sinn, auch gleichzeitig die häßlichste, aber das fiel kaum ins Gewicht, da die Ares fast ihre gesamte Zeit im fernen Weltraum verbringen würde, wo die Sterne die einzigen Zuschauer waren. Wahrscheinlich hatte sie bereits Brennstoff getankt und wartete nur auf den genau vorausberechneten Augenblick, um mit voller Kraft aus der Bahn zu brechen, in welcher sie kreiste und in welcher sie ihre bisherige Existenz verbracht hatte, und jene lange Hyperbel einzuschlagen, die sie zum Mars bringen würde.

Wenn dieser Augenblick kam, würde er sich an Bord befinden und endlich jenes Abenteuer erleben, an das er schon nicht mehr recht geglaubt hatte.

2

Die Kabine des Kapitäns der Ares war so gebaut, daß sich nicht mehr als drei Leute darin aufhalten konnten, solange die Schwerkraft ihre Wirkung ausübte, sie bot jedoch genügend Raum für sechs, wenn das Schiff sich in freiem Fall befand und man, je nach Geschmack, auf den Wänden oder auf der Decke stehen konnte. Außer einem einzigen in der Gruppe, die sich in surrealistischen Winkeln um Kapitän Norden scharte, hatten sämtliche Männer Weltraumerfahrung und wußten, was von ihnen erwartet wurde. Der Jungfernflug eines neuen Weltraumschiffes ist immer eine bedeutsame Angelegenheit, und die Ares war das erste Boot ihrer Linie – das erste Weltraumschiff überhaupt, das völlig für den Passagierdienst bestimmt war. Voll in Dienst gestellt, würde sie eine dreißigköpfige Besatzung haben und hundertfünfzig Passagiere unter etwas spartanischen Bedingungen befördern. Auf ihrer ersten Fahrt jedoch waren die Verhältnisse nahezu umgekehrt, und im Augenblick warteten die sechs Mann der Besatzung darauf, daß ihr einziger Passagier an Bord kommen sollte.

»Ich bin mir immer noch nicht klar darüber«, sagte Owen Bradley, der Elektrotechniker, »was wir mit dem Kerl anfangen sollen. Wer hat denn eigentlich diesen verrückten Einfall gehabt?«

»Darauf wollte ich gerade zu sprechen kommen«, sagte Kapitän Norden und fuhr sich mit der Hand über den Kopf, der noch vor wenigen Tagen mit dichtem blondem Haar bedeckt gewesen war. Auf Weltraumschiffen gibt es nur selten einen berufsmäßigen Friseur; es mangelt zwar nie an übereifrigen Amateuren auf diesem Gebiet, aber gerade deswegen versucht man, den schrecklichen Tag so lange hinauszuschieben wie möglich. »Ihr wißt natürlich alle, wer Mr. Gibson ist.«

Auf diese Bemerkung erfolgten im Chor eine Reihe von Antworten, die nicht alle sehr respektvoll klangen.

»Seine Geschichten stinken zum Himmel«, sagte Dr. Scott. »Jedenfalls seine letzten. ›Mars-Staub‹ war gar nicht so übel, aber jetzt natürlich völlig veraltet und überholt.«

»Unsinn!« brummte Mackay, der Astronautiker. »Gerade seine letzten Geschichten sind die besten, darin kommt er endlich auf das Grundlegende, ohne den üblichen blutigen Theaterdonner.«

Dieser Ausbruch des kleinen sanften Schotten war höchst uncharakteristisch. Doch ehe noch jemand sich dazu äußern konnte, schaltete sich Kapitän Norden ein.

»Wir sind hier nicht zusammengekommen, um Literaturkritik zu betreiben. Dazu werden wir später noch genügend Zeit haben. Im Auftrage der Gesellschaft möchte ich jedoch vor dem Start noch zwei oder drei Punkte klären. Mr. Gibson ist ein sehr bedeutender Mann – er ist zu dieser Reise eingeladen worden, damit er später ein Buch darüber schreiben kann. Es handelt sich nicht um einen Reklametrick.« »Selbstverständlich nicht!« rief Bradley sarkastisch dazwischen. »Natürlich ist der Gesellschaft sehr viel daran gelegen, daß zukünftige Fahrgäste nicht gerade entmutigt werden durch das, was sie lesen. Aber davon abgesehen, machen wir wirklich Geschichte, und alles, was mit unserer Jungfernfahrt zusammenhängt, sollte dokumentarisch festgehalten werden. Deshalb möchte ich euch bitten: nehmt euch zusammen und betragt euch wie Gentlemen, wenigstens für eine Weile. Gibson wird von seinem Buch wahrscheinlich eine halbe Million Exemplare verkaufen, so daß euer zukünftiger Ruf von eurem Betragen in den nächsten drei Monaten abhängt.«

»Das klingt ja fast nach Erpressung«, sagte Bradley.

»So kann man es auch auffassen«, fuhr Norden munter fort. »Ich werde Gibson natürlich darauf vorbereiten, daß er auf dieser Fahrt nicht all den Komfort verlangen kann, der später selbstverständlich sein wird, wenn wir erst Stewards, Köche und Gott weiß was haben werden. Er wird das schon einsehen und nicht verlangen, daß man ihm sein Frühstück jeden Morgen ans Bett bringt.«

»Wird er auch beim Abwaschen mithelfen?« fragte jemand.

Noch ehe Norden auf dieses Problem eingehen konnte, begann das Funkgerät zu summen, und durch das Sprechgitter kamen die Worte:

»Station Eins ruft Ares – euer Passagier kommt an Bord.«

Norden schaltete einen Hebel um und erwiderte: »O.K. – wir sind bereit.«

Dann wandte er sich an die Mannschaft.

»Mit unseren kahlgeschorenen Schädeln wird sich der arme Kerl wie im Zuchthaus vorkommen. Jimmy, gehen Sie und nehmen Sie ihn in Empfang und helfen Sie ihm durch die Luftschleuse, wenn die Barkasse anlegt.«

Gibson war noch immer bester Laune, da es ihm gelungen war, das erste große Hindernis zu überwinden – die Bedenken des diensthabenden Arztes auf Weltraumstation Eins. Der Schwereverlust, der eintrat, als man die Station verließ und in der kleinen, mit Kompreßluft angetriebenen Barkasse zur Ares hinübersetzte, hatte ihm kaum etwas ausgemacht. Der Anblick jedoch, der sich ihm bot, als er Kapitän Nordens Kabine betrat, verursachte ihm ein momentanes Übelsein. Selbst wenn keine Schwerkraft vorhanden war, bildete man sich gern ein, daß irgendeine Richtung ›unten‹ sein müsse, und so schien es nur natürlich, die Oberfläche, an welche Tische und Stühle festgenietet waren, für den Fußboden zu halten. Bedauerlicherweise schien die Mehrheit jedoch eine andere Entscheidung getroffen zu haben, denn zwei Mitglieder der Besatzung hingen wie Stalaktiten von der ›Decke‹ herunter, während zwei weitere zusammengekauert mitten in der Luft hockten. Nach Gibsons Meinung stand nur der Kapitän richtig da. Hinzu kam noch, daß die kahlgeschorenen Schädel den normalerweise recht ansehnlichen Männern ein ziemlich schurkisches Aussehen verliehen, so daß das Ganze etwas Unheimliches hatte.

Während der kurzen Pause, die eintrat, wurde Gibson von der Besatzung einer eingehenden Musterung unterzogen. Alle erkannten den Schriftsteller auf den ersten Blick wieder. Seit seinem ersten, vor zwanzig Jahren erschienenen Bestseller war sein Gesicht einem größeren Publikum wohlvertraut. Er war ein untersetzter, kleiner Mann mit scharf ausgeprägten Zügen, noch diesseits der fünfundvierzig, und wenn er sprach, klang seine Stimme tief und volltönend.

»Dies«, sagte Kapitän Norden, indem er von links nach rechts durch die Kabine zeigte, »ist mein Ingenieur, Leutnant Hilton, dies ist Dr. Mackay, unser Steuermann – er ist aber nur Doktor der Philosophie und kein richtiger Doktor wie Dr. Scott hier. Leutnant Bradley ist Elektrotechniker, und Jimmy Spencer, den Sie bereits in der Luftschleuse kennengelernt haben, ist unser Supernumerar und hofft, Kapitän zu werden, wenn er groß ist.«

Gibson ließ seine Blicke überrascht von einem zum anderen schweifen. Es waren ihrer so wenige – fünf Männer und ein halber Knabe! Sein Gesichtsausdruck mußte seine Gedanken verraten haben, denn Kapitän Norden lachte und fuhr fort: »Nicht so sehr viele, nicht wahr? Aber Sie müssen bedenken, daß dieses Schiff fast vollautomatisiert ist – und außerdem geschieht draußen im Weltall fast nichts. Sobald wir den regulären Passagierdienst aufnehmen, werden wir eine dreißigköpfige Besatzung haben. Auf dieser Fahrt jedoch ersetzen wir das Gewicht durch Fracht, so daß wir eigentlich ein schnelles Frachtflugzeug sind.«

Gibson schaute sich die Männer, die für die nächsten drei Monate seine einzigen Gefährten sein würden, genau an. Seine erste Reaktion – er mißtraute ersten Eindrücken, gab sich aber immer wieder Mühe, sie festzuhalten – war ein gewisses Erstaunen darüber, daß sie so alltäglich aussahen – so oberflächliche Dinge wie ihre seltsamen Haltungen und ihre zeitweilige Kahlheit natürlich nicht mitgerechnet. Sie machten in keiner Weise den Eindruck, einem Beruf anzugehören, der romantischer war als alles, was die Welt gesehen hatte, seit die letzten Cowboys ihre Gäule gegen Hubschrauber eingetauscht hatten.

Auf ein Zeichen, das Gibson nicht wahrnahm, verließen die anderen die Kabine, indem sie sich mit faszinierender und müheloser Genauigkeit durch die offene Tür schoben. Kapitän Norden setzte sich wieder und bot Gibson eine Zigarette an. Der Schriftsteller nahm sie unschlüssig entgegen.

»Man darf also rauchen?« fragte er. »Ist das nicht Sauerstoffverschwendung?«

»Es würde eine Meuterei geben«, lachte Norden, »wenn ich das Rauchen für drei Monate verbieten müßte. Jedenfalls fällt der Sauerstoffverbrauch kaum ins Gewicht. Früher mußte man darin vorsichtiger sein. Eine Tabakfirma brachte sogar einmal eine besondere Weltraummarke heraus, die mit irgendeinem Sauerstoffträger imprägniert war, so daß sie keine Luft verbrauchte. Sie hat sich aber nie recht durchsetzen können – und einmal erhielt die gesamte Tagesproduktion der Firma durch Zufall eine Überdosis Sauerstoff. Wenn man sie ansteckte, explodierten sie wie Frösche; und das war das Ende dieser Idee.«

Kapitän Norden, dachte Gibson ein wenig traurig, paßte eigentlich gar nicht recht in die übliche Schablone. Nach der besten oder zum mindesten der volkstümlichsten literarischen Tradition sollte der Kapitän eines Weltraumschiffes ein ergrauter, luchsäugiger Veteran sein, der die Hälfte seines Lebens im Äther verbracht hatte und mit geschlossenen Augen quer durch das Sonnensystem segeln konnte, das er in- und auswendig kennen mußte. Außerdem mußte er ein gestrenger Vorgesetzter sein, und wenn er einen Befehl gab, mußten seine Offiziere Haltung annehmen – nicht leicht zu bewerkstelligen, wenn die Schwere gleich Null war –, zackig grüßen und sich mit einer ebensolchen Kehrtwendung entfernen.

Statt dessen war der Kapitän der Ares bestimmt noch nicht vierzig; man hätte ihn für einen erfolgreichen Geschäftsmann halten können. Und was den gestrengen Vorgesetzten anging – bisher hatte Gibson noch nicht das geringste Anzeichen für irgendwelche Disziplin entdecken können. Dieser Eindruck war jedoch, wie er später feststellte, nicht ganz richtig. Die einzige Disziplin, die an Bord der Ares herrschte, war etwas völlig Selbstauferlegtes; es war die einzig mögliche Form unter dem Typus von Männern, aus denen die Besatzung bestand.

»Sie sind also noch nie draußen im Weltraum gewesen?« sagte Norden und blickte seinen Passagier nachdenklich an.

»Leider nicht. Ich habe ein paar Versuche unternommen, auf den Mond zu kommen, aber das ist absolut unmöglich, wenn man nicht dienstlich dort zu tun hat. Es ist schade, daß Weltraumreisen immer noch so entsetzlich kostspielig sind.«

Norden lächelte.

»Wir hoffen, daß sich das mit der Ares ändern wird. Ich muß sagen«, fügte er hinzu, »daß Sie mit Ihrem Minimum an Erfahrung eine ganze Menge über das Thema geschrieben haben.«

»Ach, das!« sagte Gibson, wie er glaubte, wegwerfend und leichthin. »Es ist ein weitverbreiteter Irrtum, daß Schriftsteller all das erlebt haben müßten, was sie schreiben. Als ich jünger war, habe ich alles Erreichbare über Weltraumfahrten gelesen und mir dann Mühe gegeben, das richtige Lokalkolorit zu treffen. Sie dürfen auch nicht übersehen, daß all meine interplanetarischen Romane zu einer Zeit entstanden sind, als die Weltraumschifffahrt noch in den Kinderschuhen steckte – in jüngster Zeit habe ich das Thema kaum noch berührt. Es ist für mich immer wieder eine Überraschung, daß man meinen Namen damit überhaupt noch in Verbindung bringt.«

Norden fragte sich, ob diese gespielte Bescheidenheit wohl ganz echt sei. Gibson mußte doch schließlich wissen, daß es seine Weltraumbücher waren, die ihn berühmt gemacht hatten – und die die Gesellschaft bewogen hatten, ihn einzuladen. Die ganze Situation hatte für Norden etwas durchaus Belustigendes. Aber es mußte einem späteren Zeitpunkt vorbehalten bleiben, all diese

Möglichkeiten auszuspielen; im Augenblick mußte diese Landratte erst einmal in die Routine des Tagesablaufs auf dem Schiff eingeweiht werden.

»Wir haben normale Erdzeit – Greenwich-Meridian – auf dem Schiff, und ›abends‹ wird alles geschlossen. Es gibt keine Wachen, wie es früher einmal üblich war; wenn wir schlafen, übernehmen die Instrumente automatisch die Lenkung des Schiffes, so daß wir nicht ununterbrochen Dienst zu machen brauchen. Das ist einer der Gründe dafür, daß wir mit einer so kleinen Besatzung auskommen. Da genügend Platz zur Verfügung steht, kann auf dieser Fahrt jeder seine eigene Kabine bewohnen. Die Ihre ist eine Doppelkabine; die einzige, die zur Zeit voll ausgestattet ist. Sie werden sich bestimmt ganz behaglich darin fühlen. Ist Ihr Gepäck schon an Bord? Wieviel durften Sie denn mitnehmen?«

»Hundert Kilo. Die Sachen liegen noch in der Luftschleuse.«

»Hundert Kilo!« Norden unterdrückte sein Erstaunen. Der Kerl schien auswandern und sämtliche Familienerbstücke mitnehmen zu wollen. Wie alle Weltraumfahrer hatte Norden berechtigte Abscheu vor jedem Gramm Mehrgewicht und zweifelte nicht daran, daß Gibson eine Menge unnötigen Plunder mitschleppte. Doch das sollte ihn nicht weiter bekümmern, solange die Gesellschaft ihre Zustimmung gegeben hatte und die erlaubte Gewichtsmenge nicht überschritten war.

»Ich werde Jimmy Bescheid sagen, damit er Ihnen Ihre Kabine zeigen kann. Er arbeitet sein Fahrgeld durch Gelegenheitsarbeiten bei uns ab und lernt gleichzeitig etwas über Weltraumschifffahrt. Die meisten von uns haben auf diese Weise angefangen und sind in den Ferien zwischen Erde und Mond hin- und hergependelt. Jimmy ist ein ziemlich aufgeweckter Bursche – er hat bereits seinen Bachelorgrad erworben.«

Gibson hielt es bereits für völlig ausgemacht, daß sein Kabinenboy einmal ein Mann mit Collegebildung sein würde. Er folgte Jimmy – der durch seine Gegenwart bedrückt zu sein schien – ins Passagierlogis. Wie Geister glitten sie die hell erleuchteten Gänge entlang, die mit einer einfachen Vorrichtung versehen waren, die viel dazu beigetragen hatte, das Leben auf schwerelosen Weltraumschiffen angenehmer zu machen. Nahe den Wänden entlang lief mit einer Geschwindigkeit von einigen Stundenkilometern ein endloser, in regelmäßigen Abständen mit Handgriffen versehener Gurt. Man brauchte nur die Hand auszustrecken und sich festzuhalten und wurde auf diese Weise ohne die geringste Kraftanstrengung von einem Schiffsende zum anderen befördert, obwohl eine gewisse Geschicklichkeit dazu gehörte, an den Kreuzungen die Gurte zu wechseln.

Die Kabine war nicht sehr groß, aber dafür geschmackvoll entworfen und eingerichtet. Raffinierte Beleuchtung und Spiegelwände ließen sie viel größer erscheinen, als sie in Wirklichkeit war. Das Klappbett ließ sich ›tagsüber‹ in einen Tisch verwandeln, und nichts erinnerte daran, daß man sich im Zustand der Schwerelosigkeit befand. Man hatte alles getan, um es dem Reisenden behaglich zu machen.

Gibson verbrachte die nächste Stunde damit, seine Sachen zu ordnen und sich mit den technischen Einrichtungen vertraut zu machen. Das größte Vergnügen bereitete ihm ein Rasierspiegel, der sich in ein Ausguckloch mit Aussicht auf die Sterne verwandelte, wenn man einen Knopf drückte. Er fragte sich, wie das wohl zugehen mochte.

Endlich hatte er alles so untergebracht, daß er die einzelnen Gegenstände mit Leichtigkeit wiederfinden konnte; und plötzlich gab es absolut nichts mehr zu tun für ihn. Er legte sich auf das Bett und schnallte sich die elastischen Gurte um Brust und Schenkel. Die Illusion, etwas zu wiegen, war nicht sehr überzeugend, aber es war besser als nichts und verlieh ihm ein entferntes Gefühl dafür, was senkrecht war und was nicht.

Eine Weile später klopfte es ein paarmal hintereinander schüchtern gegen die Tür, und Gibson fuhr aus dem Schlaf hoch. Für einen Augenblick wußte er nicht, wo er sich befand; dann kehrte das volle Bewußtsein zurück, er schnallte sich los und sprang vom Bett herunter. Seine Bewegungen waren der neuen Situation noch immer nicht recht angepaßt, und er mußte sich erst kräftig von der Decke abstoßen, ehe er die Tür erreichte.

Jimmy Spencer, der davor stand, war leicht außer Atem.

»Empfehlungen vom Kapitän, Sir, und ob Sie kommen und sich den Abflug mit ansehen möchten?«

»Natürlich, gern«, sagte Gibson. »Einen Augenblick, ich will nur meine Kamera mitnehmen.«

Einen Augenblick später erschien er wieder mit einer neuen Leica XXA in der Hand. Jimmy starrte mit unverhohlenem Neid auf den Apparat, auf die Ersatzlinsen und Belichtungsmesser. Trotz dieses Ballastes erreichten sie den Beobachtungsstand, der wie eine Galerie um die Ares herumlief, in verhältnismäßig kurzer Zeit.

Gibson sah die Sterne zum erstenmal in ihrer ganzen Pracht; sie waren jetzt nicht mehr durch atmosphärische Einwirkungen oder geschwärztes Glas verdunkelt, da man sich auf der Nachtseite des Schiffes befand und die Sonnenfilter beiseitegezogen hatte. Im Gegensatz zu der Weltraumstation drehte sich die Ares nicht um die eigene Achse, sondern wurde in dem strengen Bezugssystem ihrer Gyroskope festgehalten, so daß die Sterne bewegungslos am Himmel hingen.

Als er sie in ihrer ganzen Herrlichkeit betrachtete, ein Anblick, den er oft und vergeblich in seinen Büchern wiederzugeben versucht hatte, fand er es schwierig, seine Empfindungen zu analysieren – und dabei haßte er Empfindungen, die er nicht sofort druckfertig beschreiben konnte. Merkwürdigerweise war es weder der Glanz noch die Vielzahl der Sterne, die den tiefsten Eindruck auf ihn machten. Einen derartigen Himmel wie diesen hatte er bereits früher von Gebirgshöhen auf Erden oder vom Beobachtungsdeck der Stratosphärenflieger aus gesehen; aber noch nie war es ihm so deutlich bewußt geworden, daß er von Sternen umgeben war bis hinunter zum Horizont, der für ihn nicht mehr existierte, ja, sogar noch weiter, bis unter seine Füße hinunter.

Weltraumstation Eins war ein kompliziertes, leuchtendes Spielzeug, das ein paar Meter hinter dem Fenster im Nichts schwebte. Es gab kein Mittel, ihre Entfernung oder ihre Größe zu berechnen, da alles an ihr fremdartig und neu war und die Gesetze der Perspektive zu versagen schienen. Erde und Sonne waren unsichtbar und durch den Schiffskörper verdeckt.

Beängstigend nahe ertönte plötzlich eine Stimme aus einem eingebauten Lautsprecher: »Hundert Sekunden bis zum Abschuß. Bitte, auf Position begeben.«

Gibson riß sich unwillkürlich zusammen und wandte sich an Jimmy um Rat. Aber ehe er ihn fragen konnte, murmelte sein Führer hastig: »Ich muß zurück an meine Arbeit«, und verschwand mit einer eleganten Tauchbewegung und ließ Gibson mit seinen Gedanken allein.

Die nächsten eineinhalb Minuten vergingen bemerkenswert langsam und wurden nur häufig durch Zeitansagen aus den Lautsprechern unterbrochen. Gibson fragte sich, wer wohl der Ansager sein mochte. Nordens Stimme klang anders, und wahrscheinlich war es nur eine Bandaufnahme, durch den automatischen Stromkreis in Gang gesetzt, der jetzt die Kontrolle über das Schiff übernommen haben mußte.

»Noch zwanzig Sekunden. Es wird etwa zehn Sekunden dauern, bis wir die volle Stoßkraft erreicht haben.«

»Noch zehn Sekunden.«

»Fünf Sekunden, vier, drei, zwei, eine . . .«

Gibson fühlte sich äußerst sanft von irgend etwas ergriffen und gegen die Wand gedrückt, die sich plötzlich in einen Fußboden verwandelt hatte. Man hatte Mühe, einzusehen, daß es wieder oben und unten gab, und noch schwerer war es, diese Tatsache in Verbindung mit den entfernten, gedämpften Donnerschlägen zu bringen, die die bisher herrschende Stille zerrissen. Weit entfernt in der zweiten Kugel, der anderen Hälfte der Ares, in jener geheimnisvollen Welt sterbender Atome und automatischer Maschinen, die kein Sterblicher je betreten durfte, ohne mit dem Leben dafür bezahlen zu müssen, verspürte man nicht das geringste, daß die Beschleunigung unbarmherzig zunahm, wie das beim Start chemisch angetriebener Raketen der Fall ist. Die Ares verfügte über unbegrenzten Manövrierraum; sie konnte sich beliebig Zeit lassen, aus ihrer augenblicklichen Bahn herauszubrechen und langsam jene Hyperbel einzuschlagen, die sie schließlich zum Mars bringen würde. Jedenfalls vermochte die äußerste Kraft des Atomantriebs ihre Zweitausend-Tonnen-Masse mit einer Beschleunigung vorwärtszubewegen, daß nur ein Zehntel ihrer Schwere übrigblieb. Im Augenblick wurde sie auf weniger als die Hälfte dieses geringen Wertes zurückgedrosselt. Atomantriebe erzeugten derart hohe Temperaturen, daß sie nur bei niedrig gehaltener Kraft verwendet werden konnten; das war einer der Hauptgründe, warum sie für ein direktes Absetzen von irgendeinem Planeten nicht in Betracht kamen. Aber im Unterschied zu den chemischen Kurzstreckenraketen blieb ihre Stoßkraft für Stunden hintereinander erhalten.

Es dauerte nicht lange, und Gibson hatte seine Orientierung wiedergefunden. Die Beschleunigung des Schiffes war so gering, daß er, wie er sich ausrechnete, kaum vier Kilogramm wog und praktisch ungehinderte Bewegungsfreiheit hatte. Weltraumstation Eins hatte sich anscheinend nicht vom Fleck gerührt, und er mußte fast eine volle Minute verstreichen lassen, ehe er entdeckte, daß sich die Ares tatsächlich von ihr entfernte. Verspätet entsann er sich seiner Kamera und begann, den Abflug durch Aufnahmen festzuhalten. Als er – wie er hoffte – das schwierige Problem der rechten Belichtung, die für ein kleines, hell erleuchtetes Objektiv gegen einen pechschwarzen Hintergrund nötig war, endlich gelöst zu haben glaubte, war die Station schon ferner gerückt. In weniger als zehn Minuten war sie zu einem fernen Lichtfleck zusammengeschrumpft, den man kaum von den Sternen unterscheiden konnte.

Als Weltraumstation Eins nicht mehr zu sehen war, begab sich Gibson auf die Tagseite des Schiffes, um ein paar Aufnahmen von der zurückweichenden Erde zu machen. Als er sie zuerst erblickte, war die Erde ein riesiger dünner Halbmond, viel zu groß, als daß er sie mit einem einzigen Blick hätte überschauen können. Indem er sie beobachtete, bemerkte er, daß sie langsam immer größer wurde, da die Ares noch mindestens einen Kreis um sie beschreiben mußte, ehe sie sich loslösen und die Spirale in Richtung Mars einschlagen konnte. Es würde noch eine gute Stunde vergehen, ehe die Erde viel kleiner wurde, und bis dahin würde sie noch einmal vom Neumond zum Vollmondstadium anwachsen.

Das wäre also dies, dachte Gibson. Dort unten liegt mein vergangenes Leben sowie das Leben meiner sämtlichen Ahnen bis zurück zu dem ersten Plasmatropfen im Urschlamm. Kein Kolonist, kein Entdecker, der aus seinem Heimatland fortsegelte, hat jemals so viel hinter sich zurückgelassen wie ich jetzt. Dort unten unter jener Wolkenschicht liegt die gesamte Geschichte der Menschheit; bald werde ich imstande sein, den ganzen Herrschaftsbereich des Menschen und alles, was er durch seinen Geist der Zeit entrissen hat, mit meinem kleinen Finger zu verdunkeln.

Das unerbittliche Fortstreben vom Bekannten ins Unbekannte hatte etwas von der Endgültigkeit des Todes. So mußte die Seele zuletzt, alle irdischen Schätze hinter sich zurücklassend, sich in Nacht und Dunkelheit hinaustasten.

3

Dieselbe Sternkonstellation war durch das Kabinenfenster zu sehen, als Gibson durch eine Reihe von Klingelzeichen über das Lautsprechersystem des Schiffes aus traumlosem Schlaf gerissen wurde. Er kleidete sich in aller Eile an und begab sich auf das Beobachtungsdeck, neugierig darauf, was mit der Erde über Nacht geschehen sein mochte.

Als Erdmensch an einen derartigen Anblick überhaupt nicht gewöhnt, geriet er ein wenig außer Fassung, als er zwei Monde gleichzeitig am Himmel erblickte. Seite an Seite hängend, befanden sich beide im ersten Viertel, nur daß einer davon etwa doppelt so groß wie der andere war. Es dauerte ein paar Sekunden, ehe Gibson merkte, daß er die Erde und den Mond vor sich hatte – und ein paar weitere Sekunden vergingen, ehe er begriff, daß der kleinere und entferntere Halbmond seine eigene Welt war.

Plötzlich wurde Gibson gleichsam aus dem Nichts durch ein unterdrücktes Hüsteln in seinen Betrachtungen unterbrochen. Eine leicht verstärkte Stimme sagte im Konversationston: »Wenn Mr. Gibson so freundlich sein würde, sich in die Messe zu begeben, so wird er dort noch etwas lauwarmen Kaffee und etwas zu essen auf dem Tisch vorfinden.«

Er warf einen raschen Blick auf seine Uhr. An das Frühstück hatte er überhaupt nicht gedacht – ein noch nie dagewesener Vorfall. Kein Zweifel, jemand hatte ihn in seiner Kabine gesucht, und da man ihn dort nicht gefunden hatte, gab man durch das Lautsprechersystem bekannt, was man von ihm wollte.

Er eilte in die Schiffsmesse und verirrte sich in seiner Hast in dem Ganglabyrinth. Es bedeutete immer wieder eine Überraschung für ihn, wie geräumig das Schiff im Inneren war. Eines Tages würde man Schilder anbringen müssen, nach denen sich die Passagiere orientieren konnten. Gibson jedoch mußte sich ohne diese Hilfe zurechtfinden. Da es weder oben noch unten gab und da der Raum nicht in horizontal und senkrecht eingeteilt war, verblieb ihm eine zusätzliche Dimension, in der er sich verlieren konnte. Er nutzte die Gelegenheit weidlich aus.

Als er den Meßraum endlich mit einer Entschuldigung auf den Lippen betrat, war die Besatzung bereits vollzählig versammelt und in einer lebhaften Auseinandersetzung über Vorteile und Nachteile der verschiedenen Weltraumschiffstypen begriffen. Er aß nur wenig und hörte desto aufmerksamer zu. Aus irgendeinem Grunde hatte er keinen rechten Appetit. Doch dann entsann er sich, daß das Fehlen jeglicher Muskelanstrengung im Weltraum oft diese Wirkung hatte – etwas sehr Begrüßenswertes vom Standpunkt der Küche.

Während er frühstückte, beobachtete Gibson die miteinander redenden Männer und prägte sich ihr Benehmen und ihre Besonderheiten ein. Norden hatte die einzelnen Besatzungsmitglieder nur ganz allgemein charakterisiert, und bis jetzt waren sie keine festumrissenen Persönlichkeiten für ihn. Seltsam berührte ihn der Gedanke, daß er jeden einzelnen vor Beendigung der Reise wahrscheinlich besser kennen würde als die meisten seiner auf der Erde zurückgebliebenen Bekannten. In der kleinen Welt für sich, die die Ares darstellte, war es unmöglich, sich auf die Dauer zu verstellen oder Geheimnisse voreinander zu wahren.

Augenblicklich hatte Dr. Scott das Wort. – Später würde Gibson sehr bald merken, daß das nichts Ungewöhnliches war. – Er schien von leicht erregbarem Temperament zu sein und dazu zu neigen, sich bei geringster Herausforderung über Dinge zu äußern, über die er nicht befugt war, mitzureden. Bradley, der Elektrotechniker und Nachrichtenfachmann, war derjenige, der ihn am erfolgreichsten zu unterbrechen verstand. Er hatte eine trockene, zynische Art und schien besonderes Gefallen an kräftigen Ausdrücken zu finden. Von Zeit zu Zeit warf er eine kleine Bombe in die Unterhaltung, die Scotts Monologe für ein Weilchen, wenn auch nie für sehr lange, unterbrach. Auch Mackay, der kleine schottische Mathematiker, mischte sich zuweilen in die Auseinandersetzung. Er sprach ziemlich schnell in einer präzisen, fast pedantischen Art.

Kapitän Norden schien die Rolle eines nicht ganz unparteiischen Schiedsrichters zu spielen; um einen Endsieg zu verhindern, unterstützte er bald die eine, bald die andere Seite. Der junge Spencer war bereits im Dienst, und Hilton, das einzige verbleibende Besatzungsmitglied, hatte nicht an der Diskussion teilgenommen. Der Ingenieur saß still da und beobachtete die anderen leicht belustigt. Sein Gesicht kam Gibson irgendwie sehr bekannt vor. Wo war man sich bloß schon einmal begegnet? Natürlich – wie dumm von ihm, daß es ihm nicht schon längst eingefallen war! –, es konnte sich nur um *den* Hilton handeln. Er vergaß sein Frühstück völlig und blickte den Mann, der die

›Arcturus‹ nach dem abenteuerlichsten Flug in der Geschichte der Weltraumschiffahrt nach dem Mars zurückgebracht hatte, voller Ehrfurcht und Neid an. Nur sechs Mann hatten den Saturn je erreicht; und nur noch drei von ihnen waren am Leben. Hilton hatte mit seinen verschollenen Gefährten auf jenen weit entfernten Monden gestanden, deren Namen allein einen unwiderstehlichen Zauber ausstrahlten – Titan, Enceladus, Tethys, Rhea, Dione . . . Er hatte die unvergleichliche Pracht der großen Ringe gesehen, die den Himmel in einer so vollkommenen Symmetrie umspannten, daß es fast unnatürlich wirkte. Er war bis in jenes Ultima Thule vorgedrungen, in dem die kalten äußeren Giganten der Sonnenfamilie kreisten, und war wieder in das Licht und die Wärme der inneren Welten zurückgekehrt. Ja, dachte Gibson, es gibt eine Menge Dinge, über die ich mich unterhalten möchte, ehe diese Reise zu Ende geht.

Die Diskussionsgruppe löste sich auf, da die einzelnen Offiziere buchstäblich davonschwebten, um sich auf ihre Posten zu begeben. Gibsons Gedanken kreisten noch immer um den Saturn, als Kapitän Norden an ihn herantrat und ihn in seinen Träumereien unterbrach.

»Ich weiß zwar nicht, wie Sie sich Ihren Tag eingeteilt haben«, sagte er, »aber ich könnte mir denken, daß Sie sich das Schiff gern einmal näher betrachten würden. In Ihren Geschichten kommen die Leute um diesen Zeitpunkt herum auch immer auf diesen Gedanken.«

Gibson lächelte ein wenig gezwungen. Seine Befürchtung, daß man ihn noch eine ganze Weile mit seiner Vergangenheit aufziehen würde, war nicht ganz unbegründet.

»Da haben Sie leider recht. Aber es ist die einfachste Methode, den Leser mit dem Mechanismus der Dinge vertraut zu machen und etwas Lokalkolorit einzuflechten. Zum Glück ist das jetzt ziemlich überflüssig geworden, da ja doch jeder weiß, wie es im Inneren eines Weltraumschiffes aussieht. Die technischen Details kann man ruhig als bekannt voraussetzen und statt dessen die Handlung vorantreiben. Aber als ich in den sechziger Jahren mit meinen Weltraumgeschichten anfing, mußte ich dauernd die Handlung unterbrechen und den Leuten erklären, wie Schutzanzüge und Atomantriebe funktionieren, und immer wieder tausend Worte auf technische Einzelheiten verschwenden.«

»Somit darf ich wohl annehmen«, sagte Norden mit entwaffnendem Lächeln, »daß wir Ihnen über die Ares nicht viel Neues sagen können.«

Gibson brachte es fertig, leicht zu erröten.

»Ich wäre Ihnen sehr dankbar, wenn Sie mich ein bißchen herumführen würden – ob Sie sich dabei an literarische Vorbilder halten wollen oder nicht, ist mir gleich.«

»Schön«, sagte Norden grinsend. »Fangen wir mit dem Bedienungsstand an.«

Für die nächsten zwei Stunden schwebten sie durch das Ganglabyrinth und drangen tief in das Innere der Ares ein. Gibson merkte bald, daß ihm das Schiffsinnere in Kürze völlig vertraut sein würde; aber er hatte sich schon einmal verlaufen, und bevor er richtig Bescheid wußte, würde ihm das noch häufiger passieren.

Da das Schiff eine Kugel war, hatte man, wie auf der Erde, eine Einteilung in Breitengrade vorgenommen. die Bezeichnungen, die sich daraus ergaben, erwiesen sich als äußerst nützlich, da man sich die Geographie des Schiffes im Geiste sogleich vorstellen konnte. Nach ›Norden‹ zu gehen, hieß, daß man dem Bedienungsstand und den Mannschaftsunterkünften zusteuerte. Bei einem Ausflug zum Äquator gelangte man entweder in den großen Speisesaal in der Mitte des Schiffes oder auf das Beobachtungsdeck, das um das gesamte Schiff herumlief. Die südliche Halbkugel bestand fast völlig aus Brennstofftanks, einigen Vorratsräumen und verschiedenen technischen Anlagen. Jetzt, da die Ares sich mit abgeschalteten Motoren vorwärtsbewegte, hatte sie eine Wendung vollführt, so daß die nördliche Halbkugel ununterbrochen Sonnenschein genoß, während die ›unbewohnte‹ südliche Zone im Dunkeln lag. Am Südpol selbst befand sich eine schmale Metalltür, die offiziell versiegelt war und die Aufschrift trug: ›Nur auf den ausdrücklichen Befehl des Kapitäns oder seines Stellvertreters zu öffnen.‹ Dahinter begann das lange, dünne Rohr, das den eigentlichen Schiffskörper mit der kleineren Kugel verband, in welcher die Kraftanlage und der Antriebsmechanismus untergebracht waren. Gibson wunderte sich, daß überhaupt eine Tür dorthin existierte, da doch nie ein Mensch hindurchgehen würde. Doch dann fiel ihm ein, daß es ja irgendwelche Möglichkeiten für die Instandsetzungsroboter der Atom-Energie-Kommission geben mußte, an ihre Arbeit zu gelangen.

Seltsamerweise waren es nicht die wissenschaftlichen und technischen Wunder des Schiffes, die den stärksten Eindruck auf Gibson machten. Darauf war er vorbereitet gewesen. Was ihn dagegen tief berührte, waren die leeren Passagierunterkünfte – eine Wabe dicht aneinanderliegender Zellen in der nördlichen gemäßigten Zone. Der Eindruck, den er davon empfing, war nicht gerade der beste. Ein völlig neues Haus, in dem noch nie ein Mensch gewohnt hat, kann einsamer wirken als eine alte, verlassene Ruine, die einmal Leben gekannt hat und vielleicht noch von Geistern bevölkert ist. Das Gefühl völliger Leere war besonders stark in den widerhallenden, hellerleuchteten Gängen, wo es einmal von Menschen wimmeln würde, die jedoch gegenwärtig verlassen und einsam in dem durch die Wände sickernden Sonnenlicht lagen – ein Licht, das unendlich viel blauer und deswegen härter und kälter wirkte als auf Erden.

Gibson fühlte sich seelisch und körperlich völlig erschöpft, als er in seine Kabine zurückkehrte. Norden war als Führer fast zu gründlich gewesen, und Gibson vermutete, daß er ihn mit Absicht derart herumgeschleift und seinen Spaß daran gehabt hatte. Er fragte sich, was seine Reisegefährten wohl von seinen literarischen Fähigkeiten halten mochten. Wahrscheinlich würde er es bald erfahren.

Er lag auf dem Bett und versuchte seine Eindrücke zu verarbeiten, als es plötzlich leise gegen die Tür klopfte.

»Verdammt«, sagte Gibson leise. »Wer ist denn da?« fuhr er ein wenig lauter fort.

»Jimmy Spencer, Mr. Gibson. Ich habe ein Radiogramm für Sie.«

Jimmy kam in den Raum geschwebt und hatte einen vom Nachrichtenoffizier abgestempelten Umschlag in der Hand. Der Umschlag war verschlossen, doch Gibson vermutete, daß er der einzige Mensch auf dem Schiff war, der nichts über seinen Inhalt wußte. Er ahnte ungefähr, um was es sich handeln würde, und stöhnte innerlich. Es gab einfach keine Möglichkeit, der Erde zu entfliehen; man wurde eingeholt, wo man sich auch befand.

Der Spruch war kurz und enthielt nur ein überflüssiges Wort:

New Yorker, Revue des Quatre Mondes, Interplanetarisches Leben wünschen jeweils fünftausend Worte. Antwort bitte bis nächsten Sonntag. Grüße, Ruth.

Gibson seufzte tief. Sein Aufbruch von der Erde war so hastig erfolgt, daß keine Zeit mehr für eine klärende Aussprache mit seiner Agentin Ruth Goldstein gewesen war; er hatte nur von unterwegs ein kurzes Ferngespräch mit ihr geführt, ihr jedoch deutlich genug gesagt, daß er für die nächsten vierzehn Tage in Ruhe gelassen zu werden wünsche. Aber es war immer wieder dieselbe Geschichte; Ruth ging immer wieder neue Verpflichtungen für ihn ein und vertraute darauf, daß er das Gewünschte termingemäß liefern würde. Aber jetzt hatte er genug davon. Mochte sie warten. Er hatte sich eine kurze Ruhepause redlich verdient.

Er nahm seinen Schreibblock, und während Jimmy ostentativ in die andere Richtung starrte, kritzelte er die Worte:

Tut mir leid. Sonderrechte bereits an Alabama Schweinezüchter und Geflügelnarren vergeben. Einzelheiten später. Wann wirst Du Harry vergiften? Grüße, Mart.

Im Gegensatz zu der geschäftlichen war Harry die literarische Hälfte des Goldstein-Unternehmens. Er war seit zwanzig Jahren glücklich mit Ruth verheiratet, und seit fünfzehn Jahren hatte Gibson keine Gelegenheit verstreichen lassen, ohne sie daran zu erinnern, daß ihre Ehe in ausgefahrenen Geleisen verliefe, daß sie beide Abwechslung brauchten und daß es so nicht mehr lange weitergehen könnte.

Leicht außer Fassung entfernte sich Jimmy mit diesem ungewöhnlichen Spruch und überließ Gibson seinen Gedanken. Selbstverständlich würde er irgendwann wieder anfangen müssen zu arbeiten, aber im Augenblick war seine Schreibmaschine im Gepäckraum verstaut. Er hatte sogar eine Weile mit dem Gedanken gespielt, einen jener ›Unterwegs nicht benötigt – Kann im Vakuum verstaut werden‹-Zettel daran anzubringen, hatte dann aber doch der Versuchung widerstanden. Wie die meisten Schriftsteller, die nicht völlig auf literarische Einkünfte angewiesen sind, fing Gibson nicht gern eine neue Arbeit an. Einmal im Zuge, riß es ihn aber dann mitunter unaufhaltsam mit sich fort.

Seine Ferienstimmung dauerte genau eine Woche. Bis dahin war die Erde nur noch der hellste Stern, und bald würde sie völlig von der Sonne überstrahlt werden. Es war kaum zu glauben, daß er je etwas anderes gekannt haben sollte als das kleine, sich selbst erhaltende Universum, das die Ares darstellte. Ihre Besatzung bestand nicht länger aus Norden, Hilton, Mackay, Bradley und Scott, sondern aus John, Fred, Angus, Owen und Bob.

Er stand mit allen auf ziemlich intimem Fuß; nur Hilton und Bradley legten eine seltsame Zurückhaltung an den Tag, die er nicht zu durchbrechen vermocht hatte. Die einzelnen Männer waren fest umrissene, gegensätzliche Charaktere; fast das einzige, was sie gemeinsam hatten, war Geist. Kein einziger von ihnen, dessen war er fast gewiß, hatte einen Intelligenz-Quotienten von weniger als einhundertzwanzig, und manchmal schämte er sich förmlich, wenn er daran dachte, mit was für Besatzungen er seine imaginären Weltraumschiffe ausgestattet hatte. Er erinnerte sich an den Meisterpiloten Graham aus ›Fünf Monde zuviel‹ – noch immer eine seiner Lieblingsgestalten. Graham war ein zäher Bursche – hatte er nicht einmal eine halbe Minute im luftleeren Raum verbracht, ehe er seine Schutzkleidung anzulegen vermochte? –, und es verging kein Tag, ohne daß er eine Flasche Whisky leerte. Ein größerer Gegensatz zu Dr. phil. Angus Mackay, Mitglied der Königl. Astronomischen Gesellschaft, ließ sich kaum denken, besonders, wenn man den Doktor wie eben jetzt mit einem Exemplar der ›Canterbury-Geschichten‹ in einer Ecke sitzen und Milch trinken sah.

Der Fehler, den Gibson, wie so viele seiner Zeitgenossen in den fünfziger und sechziger Jahren, gemacht hatte, lag darin, daß man angenommen hatte, zwischen Weltraumschiffen und Dampfern und ihren Besatzungen bestände kein grundlegender Unterschied. Natürlich waren sie sich in manchem ähnlich, aber die Gegensätze waren bei weitem größer. Das hatte rein technische Gründe, und man hätte sie voraussehen müssen, aber die volkstümlichen Schriftsteller in der Mitte des Jahrhunderts hatten sich nicht die Mühe gemacht und ihr Thema in der Art von Herman Melville und Frank Dana angepackt – die denkbar ungeeignetste Methode dafür.

Ein Weltraumschiff war mit einer Stratosphärenrakete bei weitem verwandter als mit allem, was sich je über die Oberfläche eines Ozeans bewegt hatte, und die technische Ausbildung der Besatzung stand auf einem noch höheren Niveau als die der Flieger. Ein Mann wie Norden hatte zuerst fünf Jahre auf dem College, danach drei weitere im Weltraum verbringen und anschließend einen zweijährigen Kursus in höherer astronautischer Theorie absolvieren müssen, ehe er für seine jetzige Stellung geeignet war.

Gibson war beim Wurfpfeilspielen mit Dr. Scott, als es plötzlich das erste unerwartete Reiseabenteuer gab. Es gibt nicht sehr viele Geschicklichkeitsspiele, die sich im Weltraum ausüben lassen. Für längere Zeit hielt man sich an Karten und Schach, bis dann ein findiger Engländer auf den Gedanken kam, daß sich Wurfspieße bei Schwerelosigkeit angenehm handhaben müßten. Die Entfernung zwischen Werfer und Brett war auf zehn Meter erhöht worden, aber sonst ging das Spiel nach den Regeln vor sich, die sich durch die Jahrhunderte in englischen Kneipen in einer Atmosphäre von Bier- und Tabakdunst entwickelt hatten.

Gibson war angenehm berührt, als er merkte, daß er ein ziemlich guter Spieler war. Es gelang ihm fast immer, Scott zu schlagen, hauptsächlich deswegen, weil der andere eine besondere Kunstfertigkeit an den Tag legen zu müssen glaubte. Diese bestand darin, daß er den Pfeil sorgfältig mitten in die Luft legte und dann ein paar Meter zurücktrat, die Augen zukniff und zielte, ehe er ihn abschnellte.

Als Scott gerade optimistisch nach einer dreifachen Zwanzig zielte, schwebte Bradley mit einem Nachrichtenformular in der Hand herein.

»Schaut jetzt nicht hin«, sagte er in seiner weichen, wohlklingenden Stimme. »Aber wir werden verfolgt.«

Alle starrten ihn an, als er es sich im Türrahmen bequem machte. Mackay fand als erster die Fassung wieder.

»Erklären Sie sich deutlicher«, sagte er steif.

»Ein Mark-III-Trägergeschoß ist wie der Teufel hinter uns her. Es ist gerade erst von der Äußeren Station abgefeuert worden und müßte uns in vier Tagen überholen. Ich soll zu diesem Zeitpunkt über unsere Radiokontrollvorrichtung Kontakt damit aufnehmen, bei der Streuung, die das Ding auf diese Entfernung haben dürfte, eine ziemliche Zumutung. Ich bezweifle, daß es näher als hunderttausend Kilometer an uns herankommen wird.«

»Wem soll es denn Hilfe bringen? Hat jemand seine Zahnbürste vergessen?«

»Es scheint dringend benötigte Medikamente an Bord zu haben. Hier, Doc, schauen Sie doch mal nach.«

Dr. Scott las den Spruch aufmerksam durch.

»Wirklich interessant. Man glaubt, ein Mittel gegen das Marsfieber gefunden zu haben, irgendein Serum, das im Pasteur-Institut hergestellt wurde. Man muß sich seiner Sache ziemlich sicher sein, sonst hätte man sich nicht all die Mühe gemacht.«

Gibson hielt es nicht länger aus. »Um Himmels willen!« rief er. »So erklärt mir doch endlich, was ein Mark-III-Geschoß ist – vom Marsfieber ganz zu schweigen!«

Dr. Scott antwortete, ehe jemand ein Wort sagen konnte.

»Das Marsfieber ist in Wirklichkeit gar keine Marskrankheit. Es scheint durch einen Erdbazillus hervorgerufen zu werden, den wir dort eingeschleppt haben und dem das neue Klima besser zusagt als das alte. Es hat eine ähnliche Wirkung auf den Körper wie Malaria. Man stirbt nur selten daran, aber die Behandlung ist äußerst langwierig und kostspielig. Was dadurch an Arbeitskraft prozentual verlorengeht –«

»Vielen Dank. Jetzt fällt es mir wieder ein. Und das Geschoß?«

Hilton mischte sich geschickt in die Unterhaltung.

»Das ist einfach eine kleine automatische Rakete mit Radarkontrolle und einer sehr hohen Endgeschwindigkeit. Man benützt es im Güterverkehr zwischen den Weltraumstationen, manchmal auch, um hinter Weltraumschiffen herzujagen, wenn etwas vergessen wurde. Sobald es in Radarreichweite kommt, nimmt es unsere Sendungen auf und nähert sich uns. Sag mal, Bob«, unterbrach er sich mit einemmal und wandte sich an Scott, »warum hat man es eigentlich nicht direkt den Mars anfliegen lassen? Es würde doch lange vor uns dort eintreffen.«

»Weil das seinen kleinen Passagieren gar nicht behagen würde. Ich werde ein paar Kulturen zurechtmachen müssen, in denen sie leben können, und außerdem wie ein Kindermädchen aufpassen müssen. Das gehört zwar nicht zu meinen üblichen Obliegenheiten, aber ich glaube, ich habe noch nicht alles verlernt, was ich in St. Thomas' gelernt habe.«

»Wäre es nicht angebracht«, sagte Mackay, der nur selten einen Sinn für Humor zeigte, »wenn jemand hinausstiege und ein Rotes Kreuz draußen anmalte?«

Gibson dachte tief nach.

»Ich glaubte immer«, sagte er nach einer Weile, »daß das Leben auf dem Mars sehr gesund sei, sowohl physisch wie psychisch.«

»Sie müssen nicht alles glauben, was in Büchern steht«, sagte Bradley gedehnt. »Der Mars ist flach, kalt und voller halbverkümmerter Pflanzen, die wie etwas aus Edgar Allan Poe aussehen. Wir haben bereits Millionen hineingesteckt und noch keinen Pfennig herausbekommen. Jeder Mensch, der sich freiwillig dort hinbegibt, müßte auf seinen Geisteszustand untersucht werden. – Verzeihung, das sollte keine Anzüglichkeit sein.«

Gibson lächelte nur liebenswürdig; er hatte längst gelernt, daß Bradleys Zynismus zu neunzig Prozent nur gespielt war. Dennoch wußte man nie völlig sicher, ob er einen nicht doch beleidigen wollte. In diesem Falle war es sogar Kapitän Norden zuviel, und er machte seine Autorität geltend, nicht nur um Bradley in seine Schranken zurückzuweisen, sondern hauptsächlich, um zu verhindern, daß derartige alarmierende und entmutigende Ansichten durch den Druck weiterverbreitet würden. Er warf seinem Elektrotechniker einen wütenden Blick zu.

»Ich muß hinzufügen, Martin«, sagte er, »daß Mr. Bradley nicht nur am Mars etwas auszusetzen findet, sondern auch an der Erde und an der Venus. Nehmen Sie sich seine Worte also nicht allzu sehr zu Herzen.«

»Keine Angst«, lachte Gibson. »Aber etwas möchte ich doch gern noch fragen.«

»Was denn?« erkundigte sich Norden begierig.

»Ich möchte wissen, ob Mr. Bradley an sich selber ebenso viel auszusetzen findet wie an allem anderen?«

»Merkwürdig genug, aber das tut er«, gab Norden zu. »Es zeigt, daß wenigstens eines seiner Urteile Hand und Fuß hat.«

»*Touché*«, murmelte Bradley, einmal um eine Antwort verlegen. »Ich werde mich jetzt grollend zurückziehen und mir eine passende Erwiderung überlegen. Du bist inzwischen vielleicht so freundlich, Mac, und stellst die Koordinaten des Geschosses fest und sagst mir Bescheid, sobald es in Reichweite ist.«

»Schon gut«, sagte Mackay zerstreut. Er hatte sich bereits wieder in seinen Chaucer vertieft.

4

In den folgenden Tagen war Gibson mit seinen eigenen Angelegenheiten beschäftigt und nahm kaum an dem etwas beschränkten geselligen Leben auf der Ares teil. Er verspürte Gewissensbisse, wie immer, wenn er seine Arbeit für länger als eine Woche vernachlässigt hatte, und ging wieder völlig darin auf.

Seine Kameraden – Gibson betrachtete sich schon längst nicht mehr als privilegierten Passagier – respektierten sein Einsamkeitsbedürfnis. Anfangs hatten sie stets einen Blick zu ihm hineingeworfen, wenn sie vorbeikamen, um ein paar belanglose Worte zu wechseln oder über das Wetter zu klagen. Das war so weit ganz angenehm gewesen, aber dann hatte Gibson sich gezwungen gesehen, ein Schildchen mit der Aufschrift ›Achtung – hier wird gearbeitet‹ an der Tür anzubringen. Überflüssig zu bemerken, daß es bald mit den wüstesten Kommentaren bekritzelt war. Aber es hatte seinen Zweck erfüllt.

Die Schreibmaschine war aus seinem Gepäck herausgesucht worden und nahm den Ehrenplatz in der kleinen Kabine ein. Überall lagen Manuskriptseiten herum – Gibson war ein unordentlicher Arbeiter – und mußten durch elastische Bänder festgehalten werden, da sie sonst davongeschwebt wären. Das dünne Kohlepapier hatte ihm besondere Mühe verursacht. Es hatte eine Art, in die Luftströmung zu geraten und am Ventilator klebenzubleiben, aber Gibson hatte all diese kleinen Schwierigkeiten, die das Leben im schwerelosen Zustand mit sich brachte, längst gemeistert. Es war erstaunlich, wie schnell man umlernte und das Neue als etwas Alltägliches empfand.

Sobald er die Artikel, die Ruth für eine Weile zufriedenstellen würden, fertig hatte – er hatte in der Zwischenzeit drei weitere dringende Radiogramme von ihr erhalten –, begab er sich nordwärts in das Nachrichtenbüro. Bradley nahm die Manuskripte mit spürbarem Mangel an Begeisterung entgegen.

»Das dürfte sich von jetzt an jeden Tag wiederholen, wie?« sagte er mürrisch.

»Ich hoffe es – glaube aber nicht daran. Es kommt auf die Inspiration an.«

»Gleich hier oben auf Seite zwei steht ein getrennter Infinitiv.«

»Ausgezeichnet; es geht nichts darüber.«

»Auf Seite drei haben Sie ›zentrifugal‹ statt ›zentripedisch‹ geschrieben.«

»Da mein Honorar nach der Anzahl von Worten berechnet wird, so finde ich es ziemlich großzügig von mir, derart lange zu gebrauchen, meinen Sie nicht auch?«

»Auf Seite vier beginnen zwei aufeinanderfolgende Sätze mit ›Und‹.«

»Zum Donnerwetter, werden Sie das Zeug jetzt senden, oder muß ich das selber tun?«

Bradley grinste.

»Das möchte ich erleben. Aber mal ernsthaft, Sie hätten kein schwarzes Fabband benützen sollen, es hebt sich nicht genügend gegen Blau ab, bei dieser Entfernung schafft es der Faksimilesender gerade noch, aber je weiter wir uns von der Erde entfernen, um so mehr kommt es auf klare, lesbare Zeichen an.«

Während er sprach, spannte Bradley die Quartblätter in den automatischen Sender. Gibson beobachtete fasziniert, wie eines nach dem anderen in der Maschine verschwand und fünf Sekunden später in einem Drahtkorb wieder zum Vorschein kam. Es war ein seltsamer Gedanke, daß seine Worte jetzt in fortlaufendem Strom durch den Äther rasten und alle drei Sekunden eine Million Kilometer zurücklegten. Gleichwohl war er ein wenig überrascht, daß die Übertragung eines einzigen Blattes so lange dauerte. Er wußte, daß es auf Erden Maschinen gab, mit denen man Hunderte von Druckseiten in der Minute senden konnte.

»Das ist eine komplizierte Geschichte«, erwiderte Bradley auf seine Frage. »Bei unserer geringen Stärke können wir auf Entfernungen von hundert Millionen Kilometern keine Spitzengeschwindigkeit-Faksimiles verwenden. Je höher die Geschwindigkeit, desto größer die Bandweite des Systems und desto größer die Störungen. Deshalb ist Sprechfunk auf den Langstrekken-Stromkreisen auch so unpraktisch.«

»Das leuchtet mir ein«, sagte Gibson. »Aber wie kommt es dann, daß man vom Mars oder von der Venus Sendungen übertragen kann, selbst wenn sie sich auf der anderen Sonnenseite befinden?«

»Auf den Planeten können die Rundfunkgesellschaften ihre Strahlen im Brennpunkt riesiger Linsen sammeln und sie durch eine Anzahl Megawatt verstärken. Unsere Anlage ist so klein, daß wir bei einigen hundert Kilowatt aufhören müssen.«

»Oh«, sagte Gibson nachdenklich und ließ es dabei bewenden. Er war gerade im Begriff, seine Manuskriptseiten wieder einzusammeln, als sich irgendwo in dem Dschungel von Apparaturen an der Wand ein lauter Summton bemerkbar machte. Bradley nahm einen seiner Hörer ab und vollführte in größter Hast einige unverständliche Handgriffe. Aus dem Lautsprecher kam ein durchdringendes Gepfeife.

»Das heißt, daß der Träger endlich in Reichweite ist«, sagte Bradley. »Er ist aber noch ziemlich weit entfernt – schätzungsweise wird er uns um ungefähr hunderttausend Kilometer verfehlen.«

»Was können wir dagegen unternehmen?«

»Sehr wenig. Ich habe unseren Richtstrahl eingeschaltet, und wenn er unsere Signale auffängt, wird er sich automatisch bis auf wenige Kilometer an uns heransteuern.«

»Und wenn er sie nicht auffängt?«

»Dann rast er weiter, bis er aus dem Sonnensystem heraus ist. Er fliegt mit einer derartigen Geschwindigkeit, um sogar die Anziehungskraft der Sonne zu überwinden; wir, nebenbei bemerkt, auch.«

»Eine angenehme Vorstellung. Wie lange würden wir dazu benötigen?«

»Wozu?«

»Das Sonnensystem zu verlassen.«

»Wahrscheinlich mehrere Jahre. Erkundigen Sie sich lieber bei Mackay, wenn Sie es genauer wissen wollen. Ich weiß nicht auf alles eine Antwort – ich bin keine Gestalt aus Ihren Büchern.«

»Was nicht ist, kann noch werden«, sagte Gibson drohend.

Die Annäherung des Geschosses war für die Leute auf der Ares eine unerwartete und willkommene Abwechslung. Sobald der Reiz der Neuheit abgeflaut war, war es draußen im Weltraum bald entsetzlich langweilig. In Zukunft, wenn die Schiffe erst vollbesetzt fuhren, würde das anders sein, aber jetzt ging einem die Einsamkeit noch manchmal ziemlich auf die Nerven.

Man schloß Wetten untereinander ab, bis auf welche Entfernung sich das Geschoß der Ares nähern würde. Gewettet wurde nicht um Geld, sondern um weit nützlichere Dinge wie Zigaretten, Konfekt und andere Genußmittel, Mackay hatte sogar eine halbe Flasche Whisky ausgesetzt. Er selber rühre das Zeug nie an, erklärte er, sondern nähme es nur für einen Landsmann mit, der keine Markenwaren erhalten und deshalb nicht nach Schottland fahren könne. Niemand glaubte ihm, womit ihm ein wenig Unrecht geschah, da es sich tatsächlich mehr oder weniger so verhielt, wie er behauptete.

»Jimmy!«

»Kapitän Norden?«

»Haben Sie die Sauerstoffbehälter geprüft?«

»Jawohl, Herr Kapitän. Alles in Ordnung.«

»Und wie steht es mit dem automatischen Aufnahmegerät, das in den Schiffsraum eingebaut wurde? Funktioniert es noch?«

»Ich weiß nicht genau, jedenfalls macht es immer noch dieselben Geräusche wie zu Beginn.«

»Gut. Haben Sie in der Küche saubergemacht, wo Mr. Hilton die Milch übergekocht ist?«

»Jawohl, Herr Kapitän.«

»Dann sind Sie also mit allem fertig?«

»Ich nehme an, hoffte jedoch –«

»Ausgezeichnet. Ich habe nämlich noch eine andere ziemlich interessante Aufgabe für Sie – etwas ganz Ungewöhnliches. Mr. Gibson möchte gern seine astronautischen Kenntnisse etwas auffrischen. Natürlich könnte jeder von uns diese Aufgabe übernehmen, aber da Ihre Collegezeit noch nicht so weit zurückliegt wie unsere, habe ich gedacht, ob Sie sich nicht am besten dafür eignen würden. Sie haben die Schwierigkeiten, mit denen Anfänger zu kämpfen haben, gewiß noch nicht vergessen – wir würden wahrscheinlich viel zuviel voraussetzen. Viel von Ihrer Zeit werden Sie nicht dafür zu opfern brauchen – wenn er etwas von Ihnen wissen will, gehen Sie hin und beantworten ihm seine Fragen. Ich bin überzeugt, daß Sie damit zu Rande kommen werden.«

Exit Jimmy, mit langem Gesicht.

»Herein!« rief Gibson, ohne von seiner Schreibmaschine aufzublicken. Die Tür in seinem Rücken öffnete sich, und Jimmy Spencer kam hereingeschwebt.

»Hier ist das Buch, Mr. Gibson. Ich glaube, Sie werden alles darin finden, was Sie suchen, es sind die ›Astronautischen Elementarkenntnisse‹ von Richardson in einer besonderen Leichtgewicht-Ausgabe.«

Er legte den Band vor Gibson hin, der die dünnen Seiten rasch durchblätterte. Sein Interesse ließ aber sehr schnell nach, als er bemerkte, daß immer weniger Worte auf den einzelnen Seiten standen; der Rest bestand aus Gleichungen.

»Sind Sie auch ganz sicher, daß dies das elementarste Buch auf dem Schiff ist?« fragte er vorsichtig, da er Jimmy nicht gern enttäuschen wollte. Er war ein wenig überrascht gewesen, als man Jimmy zu seinem inoffiziellen Lehrer bestimmt hatte, aber er war klug genug, den Grund dafür zu erraten. Immer wenn es etwas zu tun gab, wovor alle anderen sich drückten, blieb die Arbeit unweigerlich auf Jimmy haften.

»Aber ja, es sind wirklich nur die Anfangsgründe, das Allerprimitivste. Da sollten Sie die Bücher sehen, die Mackay in seiner Kabine hat! Jede Gleichung darin geht über mehrere Druckseiten.«

»Na schön. Jedenfalls vielen Dank. Sobald ich festsitze, werde ich mich an Sie wenden. Ich habe schon seit zwanzig Jahren keine Mathematik mehr betrieben. Damals hat es mir großen Spaß gemacht. Sagen Sie mir nur Bescheid, wenn ich Ihnen das Buch zurückgeben soll.«

»Das eilt ganz und gar nicht, Mr. Gibson. Ich selber brauche es kaum noch, da ich mich inzwischen mit weiter fortgeschrittenen Dingen befasse.«

»Noch eines, bevor Sie gehen: Mir fällt da gerade etwas ein, was ich beantwortet haben möchte. Es scheint, daß viele Leute die Meteore noch immer für eine beträchtliche Gefahr halten. Man hat mich um den neuesten Stand der Dinge auf diesem Gebiet gebeten, und nun möchte ich gern wissen, wie es sich wirklich damit verhält.«

Jimmy dachte für einen Augenblick tief nach.

»Ich könnte Ihnen zwar einen ungefähren Überblick geben«, sagte er. »Aber an Ihrer Stelle würde ich mich an Mackay wenden. Er hat genaue Zahlenangaben.«

»Gut, dann werde ich mich bei ihm erkundigen.«

Mackay anzurufen, wäre das einfachste gewesen, aber Gibson ließ selten einen Vorwand, unter dem er seine Arbeit unterbrechen konnte, unausgenützt. Der Astronautiker spielte auf der großen elektrotechnischen Rechenmaschine, als er bei ihm eintrat.

»Meteore?« sagte Mackay. »Ein interessantes Gebiet. Ich fürchte nur, daß eine Menge irreführender Dinge darüber veröffentlicht worden sind. Noch vor ganz kurzer Zeit glaubte man, Weltraumschiffe müßten durchlöchert werden, sobald sie die Atmosphäre verließen.«

»Manche Leute glauben das noch immer«, erwiderte Gibson. »Zum mindesten halten sie den Passagierverkehr in vergrößertem Maßstab nach wie vor für höchst bedenklich.«

Mackay schnaubte verächtlich. »Meteore sind sehr viel ungefährlicher als Blitze etwa und normalerweise kaum erbsengroß.«

»Aber schließlich ist doch ein Schiff dadurch zu Schaden gekommen!«

»Sie meinen die ›Star Queen‹? Es will schon etwas heißen, wenn innerhalb von fünf Jahren nur ein einziges ernsthaftes Unglück geschieht. Aber noch nie ist ein Schiff durch Meteore verlorengegangen.«

»Und die ›Pallas‹?«

»Kein Mensch weiß, was ihr zugestoßen sein mag. Das Volk schiebt es auf Meteore. Aber die Fachleute sind gar nicht so überzeugt davon.«

»Ich darf also der Öffentlichkeit sagen, daß man ganz ruhig sein kann.«

»Ja. Aber es kommt noch etwas anderes hinzu: der Staub –«

»Staub?«

»Nun ja. Wenn Sie unter Meteoren größere Teilchen von ein paar Millimetern und mehr im Durchmesser verstehen, können Sie ganz unbesorgt sein. Aber der Staub ist eine wahre Plage, besonders für die Weltraumstationen. Die Außenfläche muß alle paar Jahre einmal auf winzige Durchschläge nachgesehen werden. Mit dem bloßen Auge kann man sie gewöhnlich kaum erkennen, aber ein Staubkörnchen, das sich mit fünfzig Stundenkilometern bewegt, hat eine überraschende Durchschlagskraft.«

Gibson fand diese Feststellung ziemlich alarmierend, doch Mackay beruhigte ihn sogleich.

»Sie können völlig unbesorgt sein«, wiederholte er. »Weltraumschiffe sind ohnehin nie ganz luftdicht, der geringe Verlust ist jedoch von vornherein einkalkuliert.«

Gibson saß auf dem Beobachtungsdeck und versuchte festzustellen, wie viele von den Plejaden er mit bloßem Auge ausmachen könnte, als ein kleiner Gegenstand an seinem Ohr vorbeipfiff und sich in das Fensterglas bohrte, wo er, wie ein Pfeil vibrierend, steckenblieb. Im ersten Augenblick konnte man ihn auch für einen solchen halten, und Gibson fragte sich, ob sich die Chirokesen etwa wieder auf dem Kriegspfad befänden. Dann bemerkte er, daß die Spitze in einen breiten Gummizapfen auslief, während hinter den Schaftfedern ein dünner Faden angebracht war, der sich in der Ferne verlor. Am Ende des Fadens stand Dr. med. Robert Scott und arbeitete sich behende wie eine kräftige Spinne näher heran.

Gibson überlegte sich noch immer eine treffende Bemerkung,

doch der Arzt kam ihm wie gewöhnlich zuvor.

»Finden Sie das nicht auch hübsch?« sagte er. »Es hat eine Reichweite von zwanzig Metern – und wiegt nur ein Pfund. Sobald ich wieder auf der Erde bin, werde ich ein Patent dafür beantragen.«

»Warum?« erkundigte sich Gibson ziemlich resigniert.

»Mein Gott, begreifen Sie denn nicht? Gesetzt den Fall, Sie befänden sich in einer Weltraumstation ohne Rotationsgravität und wollten von einem Ort zum anderen gelangen, ja? In einem solchen Falle brauchen Sie das Ding nur von einem ebenen Oberflächenpunkt auf ihr Ziel abzuschießen und die Leine einholen. Man hat dann so lange festen Halt, bis man den Saugzapfen löst.«

»Was haben Sie an der bisherigen Bewegungsweise auszusetzen?«

»Wenn Sie so viele Jahre im Weltraum werden zugebracht haben wie ich«, sagte Dr. Scott glatt, »werden Sie schon noch merken, woran es bisher gefehlt hat. Auf einem Schiff wie diesem gibt es natürlich genügend Handgriffe, an denen man sich festhalten kann. Aber angenommen, Sie möchten gern eine leere Wand gegenüber erreichen. Was tun Sie? Sie stoßen sich von der Stelle ab, auf der Sie stehen. Und was geschieht? Irgendwann müssen Sie Ihren Fall vermindern, gewöhnlich mit den Händen, es sei denn, daß Sie sich unterwegs drehten. Nebenbei bemerkt, wissen Sie, worüber man sich beim Arzt eines Weltraumschiffes am häufigsten beklagt? Über verstauchte Gelenke, und nur deswegen. Selbst wenn man sein Ziel erreicht, prallt man sofort ab, wenn man sich nicht an etwas festhalten kann. Man kann sogar mitten in der Luft stranden. Mir ist das einmal in Weltraumstation Drei passiert, in einem der großen Hangars. Die nächste Wand war fünfzehn Meter entfernt, und ich konnte sie einfach nicht erreichen.«

»Hätten Sie sich nicht durch Ausspucken vorwärtsbewegen können?« sagte Gibson feierlich und ernst. »Ich habe immer geglaubt, damit überwände man diese Schwierigkeit am ehesten.«

»Versuchen Sie es nur einmal und sehen Sie zu, wie weit Sie damit kommen. Außerdem ist es unhygienisch. Wissen Sie, was ich tun mußte? Es war mir recht peinlich. Wie gewöhnlich hatte ich nur meine Shorts und eine Weste an. Ich rechnete mir aus, daß die beiden Kleidungsstücke etwa ein Hundertstel meines Gewichtes ausmachten. Wenn es mir gelang, sie mit einer Geschwindigkeit von dreißig Metern in der Sekunde abzuwerfen, so konnte ich die Wand in etwa einer Minute erreichen.«

»Und? Was taten Sie?«

»Genau das. Und gerade an jenem Nachmittag führte der Direktor seine Frau durch die Station, und jetzt wissen Sie, warum ich mir meinen Lebensunterhalt auf einem alten Kasten wie diesem verdienen muß.«

»Mir scheint, Sie haben Ihren Beruf verfehlt«, sagte Gibson anerkennend. »Sie sollten schreiben.«

»Glauben Sie mir etwa nicht?«

»Das ist sehr milde ausgedrückt. Lassen Sie mich doch Ihr Spielzeug mal ansehen.«

Scott reichte es ihm hin. Es war eine zurechtgemachte Luftpistole mit einer Feder und einer Spule Nylonfaden am Kolben.

»Es sieht aus wie –«

»Wenn Sie jetzt behaupten, daß es wie ein Strahlenwerfer aussieht, bestätige ich Ihnen, daß Sie mit einer ansteckenden Krankheit behaftet sind. Es haben nämlich schon drei Leute diesen Witz gemacht.«

»Nur gut, daß Sie mich unterbrochen haben«, sagte Gibson und reichte die Waffe dem stolzen Erfinder zurück. »Was ich noch sagen wollte: hat Owen schon etwas erreicht und Kontakt mit dem Geschoß aufgenommen?«

»Nein, und dabei wird es wohl auch bleiben. Mac behauptet, daß es hundertundfünfundvierzigtausend Kilometer entfernt an uns vorbeisausen wird – völlig außer Reichweite. Es ist eine Schande! So bald fährt nämlich kein Schiff mehr nach dem Mars, deshalb war man auch so dringend bemüht, uns zu erreichen.«

»Owen ist ein etwas seltsamer Vogel, nicht wahr?« sagte Gibson unvermittelt.

»Man muß ihn näher kennenlernen. Aber an der Geschichte, daß er seine Frau vergiftet haben soll, ist kein wahres Wort. Sie hat sich aus freien Stücken zu Tode gesoffen«, erwiderte Scott schmunzelnd.

Owen Bradley, Ph. D. und Mitglied verschiedener internationaler Gesellschaften, war mit dem Leben überhaupt nicht zufrieden. Wie alle Männer an Bord der Ares nahm er seine Arbeit leidenschaftlich ernst, wie sehr er darüber auch manchmal witzeln mochte. In den vergangenen zwölf Stunden hatte er seine Nachrichtenkabine kaum verlassen und von Minute zu Minute gehofft, daß es ihm gelingen werde, Kontakt mit dem Trägergeschoß herzustellen. All seine Bemühungen waren jedoch vergeblich gewesen; es kam keine Bestätigung, daß die Rakete seine Signale empfangen hatte und auf die Ares zusteuerte. Der Hilfsrichtstrahler, der für derartige Zwecke vorhanden war, hatte zwar den beachtlichen Radius von zwanzigtausend Kilometern. Für normale Fälle war das ausreichend, aber dies war kein normaler Fall.

Bradley setzte sich über die Sprechfunkanlage des Schiffes mit dem astronautischen Büro in Verbindung. Mackay war sofort am Gerät.

»Was gibt's Neues, Mac?«

»Es kommt auf keinen Fall viel näher. Ich habe eben noch einmal genau nachgerechnet. Es ist im Augenblick hundertfünfzigtausend Kilometer entfernt und liegt fast genau auf Parallelkurs. In drei Stunden wird es sich uns auf hundertvierundvierzigtausend nähern. Es ist nichts zu machen – wir müssen es, glaube ich, aufgeben.«

»Sieht so aus«, knurrte Bradley. »Wir müssen abwarten. Ich gehe jetzt einmal kurz hinunter in die Werkstatt.«

»Weshalb?«

»Um eine Ein-Mann-Rakete herzustellen, damit wir das verdammte Ding einfangen können, weshalb denn sonst? In Martins Geschichten dauert so etwas nie länger als eine halbe Stunde. Komm doch auch herunter und geh mir ein bißchen zur Hand.«

Mackay befand sich näher am Äquator des Schiffes als Bradley und war deshalb zuerst in der Werkstatt am Südpol, wo er gespannt auf das Erscheinen Bradleys wartete, der nach einer Weile über und über mit Kabeln behangen auftauchte. Er erläuterte seinen Plan kurz.

»Ich hätte das schon vorher tun sollen, aber es wird eine ziemliche Schweinerei geben, und ich gehöre nun einmal zu jenen Käuzen, die sich bis zuletzt an die Hoffnung klammern. Das Dumme an unserem Richtstrahl ist, daß er nach allen Richtungen ausstrahlt – was unbedingt notwendig ist, da man ja nie weiß, woher so ein Trägergeschoß kommt. Ich werde eine Strahlenanlage konstruieren, mit der ich unsere gesamte Kraft auf den Ausreißer konzentrieren kann.«

Er entwarf die flüchtige Skizze einer einfachen Yagi-Antenne und erklärte Mackay kurz, worum es sich handelte.

»Dieser Dipol ist der eigentliche Radiator – alles andere ist nebensächlich. Veraltet, aber leicht herzustellen und wahrscheinlich sehr wirksam. Laß dir von Hilton helfen, wenn du noch jemanden brauchst. Wie lange wird es dauern, bis du fertig bist?«

Für einen Mann seines Geschmacks und seiner Interessen hatte Mackay eine förmlich atavistische Fingerfertigkeit; er warf einen Blick auf die Zeichnungen und auf die Materialien, die Bradley zusammengetragen hatte.

»Ungefähr eine Stunde«, sagte er, bereits mitten in der Arbeit. »Wo willst du denn hin?«

»Ich muß draußen noch verschiedenen Kontakte trennen. Komm mit allem in die Luftschleuse, sobald du fertig bist, ja?«

Mackay verstand nicht sehr viel von radiotechnischen Dingen, es war ihm jedoch völlig klar, was Bradley beabsichtigte. Im Augenblick strahlte die winzige Sendeanlage der Ares ihre Energie über die gesamte Raumsphäre aus; Bradley war im Begriff, die Anlage von ihrem jetzigen Antennensystem zu trennen und ihre Gesamtenergie auf das flüchtige Geschoß zu lenken, wodurch ihre Reichweite vervielfacht wurde.

Etwa eine Stunde später lief Gibson dem eiligen Mackay über den Weg. Gibson wunderte sich über das zerbrechliche Gestell aus parallelen, durch plastische Stäbe auseinandergehaltenen Drähten, das Mackay in der Hand hatte. Er folgte ihm zur Luftschleuse, wo Bradley bereits wartete. Er hatte Schutzkleidung angelegt und sah wie ein Taucher aus, der sich den Helm noch nicht übergestülpt hat.

»Welcher Stern steht dem Geschoß am nächsten?« fragte Bradley.

Mackay überlegte kurz.

»Wenn ich mich nicht irre, muß es der Arcturus sein; schätzungsweise etwa zehn Grad davon entfernt. Wenn du mir eine Minute Zeit läßt, gebe ich dir die genauen Zahlen.«

»Das genügt für den Anfang. Auf alle Fälle werde ich den Strahl herumschwingen. Wer ist denn im Augenblick in der Nachrichtenkabine?«

»Der Kapitän und Fred; sie wissen bereits Bescheid. Ich werde über den Schiffssender in Kontakt mit dir bleiben.«

Bradley setzte sich den Helm auf und verschwand durch die Luftschleuse. Neiderfüllt blickte Gibson ihm nach. Er hatte schon ein paarmal den Wunsch geäußert, Schutzkleidung anlegen zu dürfen, aber Norden hatte es stets als unvereinbar mit den Vorschriften abgelehnt. Der Mechanismus dieser Anzüge war recht kompliziert, und wenn er einen Fehler machte, konnte es die ernstesten Folgen haben, und man würde vielleicht gezwungen sein, ein völlig neuartiges Begräbnis zu arrangieren.

Als Bradley sich durch die Tür hinausmanövriert hatte, verschwendete er keine Zeit darauf, die Sterne zu bewundern. Er ließ sich durch den in seinem Anzug eingebauten Düsenantrieb über den glänzenden Schiffsrumpf treiben, bis er zu der Stelle gelangte, wo er bereits vorher eine Platte beseitigt hatte. Darunter kam ein Gewirr von Drähten und Kabeln zum Vorschein. Eines dieser Kabel war bereits zerschnitten. Er stellte den Kontakt her und schüttelte betrübt den Kopf; so ging es anscheinend nicht. Dann suchte er den Arcturus und richtete den Strahl darauf. Nachdem er eine Weile hoffnungsvoll damit herumexperimentiert hatte, schaltete er sein Sprechfunkgerät ein.

»Schon das geringste Anzeichen für irgendwelchen Erfolg?«

Mackays Stimme klang ziemlich verzagt.

»Nichts. Nicht das geringste. Ich verbinde dich mit der Nachrichtenstelle.«

Norden bestätigte Mackays Aussage.

»Wir empfangen noch, aber es liegt noch keine Bestätigung vor, daß wir durchkommen.«

Bradley war ratlos. Er war einigermaßen davon überzeugt gewesen, daß es auf diese Art funktionieren würde. Er unternahm noch einen Versuch, gab es jedoch dann auf. Im Geiste sah er das kleine Geschoß mit seiner seltsamen, aber kostbaren Fracht sich bereits hartnäckig seiner Einflußsphäre entziehen und den unbekannten Grenzen des Sonnensystems zujagen – um für immer dahinter zu verschwinden.

Er rief Mackay noch einmal an.

»Hör mal zu, Mac«, sagte er dringlich. »Prüf doch die Koordinaten noch einmal gründlich nach und komm dann heraus und versuch es selber einmal. Ich gehe inzwischen hinein und sehe die Sendeanlage nach.«

Als Mackay ihn abgelöst hatte, begab sich Bradley auf schnellstem Wege in seine Kabine. Er fand Gibson und die übrigen Mannschaftsmitglieder um den Empfänger versammelt, aus dem das gleichbleibende Pfeifen des fernen, jetzt zurückbleibenden

Geschosses ertönte.

Bradley, der sich gewöhnlich langsam und mit fast katzenhafter Würde bewegte, war kaum wiederzuerkennen, so schnell riß er ein Dutzend oder mehr Stromkreisdiagramme heraus und machte sich am Gerät zu schaffen. In wenigen Sekunden hatte er ein paar neue Drähte im Inneren des Senders angebracht. Noch während er damit beschäftigt war, bombardierte er Hilton mit einer Reihe von Fragen.

»Du weißt doch über diese Träger-Geschosse Bescheid. Wie lange muß ein solches Geschoß unsere Signale empfangen, ehe es Kurs auf uns nimmt?«

»Das hängt ganz von seiner relativen Geschwindigkeit und einigen anderen Faktoren ab. In diesem Falle dürfte es etwa zehn Minuten dauern.«

»Und es macht dann nichts mehr aus, wenn unser Richtstrahl versagt?«

»Nein. Sobald sich der Träger auf uns zu bewegt, kannst du abschalten. Du mußt ihm natürlich noch ein anderes Signal geben, sobald er an uns vorbeikommt, aber das dürfte einfach sein.«

»Und wenn er unsere Signale einmal empfangen hat, wie lange würde es dann dauern, bis er hier ist?«

»Wohl ein paar Tage, vielleicht auch nicht so lange. Was willst du denn jetzt ausprobieren?«

»Die Stromverstärker dieses Senders laufen auf siebenhundertfünfzig Volt. Ich schalte noch tausend Volt aus einer anderen Quelle dazu, das ist alles. Der Spaß dürfte ein schnelles Ende haben, aber wir senden jedenfalls mit doppelter Stärke, solange die Röhren halten.«

Er rief Mackay an, der noch nicht wußte, daß der Sender außer Betrieb war, und noch immer wie ein gepanzerter Wilhelm Tell mit der Hilfsantenne nach dem Arcturus zielte.

»Hallo, Mac. Fertig?«

»So gut wie erledigt«, erwiderte Mackay würdevoll. »Wie lange soll ich denn bloß noch –«

»Wir fangen ganz von vorne an. Achtung! Los geht's!«

Bradley schaltete ein. Gibson, der einen wahren Funkenregen erwartet hatte, war enttäuscht. Alles schien genauso zu sein wie vorher; aber Bradley, der besser Bescheid wußte, starrte auf seine Meßinstrumente und biß sich auf die Lippe.

Radiowellen brauchten nur eine halbe Sekunde, um die weit

entfernte Rakete mit ihrem ans Wunderbare grenzenden automatischen Mechanismus zu erreichen, der für immer leblos bleiben mußte, wenn ihn dieses Signal nicht zum Dasein erweckte. Die halbe Sekunde verstrich – dann die nächste. Es wäre schon Zeit für die Antwort gewesen, aber noch immer kam das wahnwitzige Gepfeife aus dem Lautsprecher. Plötzlich hörte es auf. Absolute, eine Ewigkeit dauernde Stille trat ein. Hundertfünfzigtausend Kilometer entfernt untersuchte der Roboter dieses neue Phänomen. Er brauchte ungefähr fünf Sekunden, um sich zu entschließen – dann drang die Trägerwelle erneut durch, aber diesmal ohne Pfeiftöne zu erzeugen, in einer gleichmäßigen ›piep-piep-piep‹-Folge.

Bradley dämpfte die Begeisterung in der Kabine.

»Wir sind noch nicht aus dem Schneider 'raus«, sagte er. »Es muß unsere Signale zehn Minuten lang empfangen, ehe es seine Kursänderung vollenden kann.« Er blickte gespannt auf die Meßinstrumente und fragte sich, wie lange die Röhren diesen ungleichen Kampf wohl noch aushalten würden.

»Du kannst jetzt 'reinkommen, Mac«, rief er in das Mikrophon. »Wir haben's geschafft!«

»Gott sei Dank! Ich komme mir schon vor wie Amor mit dem Pfeil und habe schon fast einen Sonnenstich und Gelenkverkalkung.«

»Wenn ihr ausgefeiert habt«, sagte Gibson, der interessiert zugeschaut, aber kaum etwas begriffen hatte, leicht vorwurfsvoll, »erklärt ihr mir vielleicht einmal in ein paar wohlgesetzten Worten, wie dieser Taschenspielertrick zustande gekommen ist.«

»Ganz einfach: wir haben unser Signal über den Richtstrahler ausgestrahlt und dann den Sender überlastet.«

»Das weiß ich auch. Ich verstehe nur nicht, warum ihr wieder abgeschaltet habt.«

»Das Kontrollgerät in dem Geschoß hat seine Aufgabe erfüllt«, dozierte Bradley im Tone eines Philosophieprofessors, der mit einem schwachsinnigen Kind spricht. »Das erste Signal bedeutete, daß es unsere Welle entdeckt hatte. In diesem Augenblick wußten wir, daß es sich automatisch in unsere Richtung zu bewegen begann. Das dauerte einige Minuten, und als es soweit war, schaltete es seine Motoren ab und gab uns ein zweites Signal. Es befindet sich noch immer in fast derselben Entfernung wie vorher, aber jetzt fliegt es auf uns zu und dürfte in ein paar Tagen in unserer Nähe sein. Dann nehme ich den Richtstrahl wieder in Betrieb und lenke es bis auf einen Kilometer oder noch näher an uns heran.«

»He!« rief Gibson, von plötzlicher Besorgnis ergriffen. »Angenommen, es schlägt wie ein Volltreffer bei uns ein?«

»Auch daran haben die Leute, die es entworfen haben, gedacht. Sobald es sich uns nähert, tritt eine Sicherheitsvorrichtung in Aktion. Sie werden sich ja wohl noch erinnern, daß die Feldstärke H im umgekehrten Verhältnis zu der Entfernung r steht; daraus folgt, daß dH/dr umgekehrt variiert wie r Quadrat und so klein ist, daß es nur gemessen werden kann, wenn man sehr nahe ist. Das Geschoß kann diese Messung vornehmen und entsprechend abbremsen.«

»Außerordentlich!« sagte Gibson mit gespielter Bewunderung.

Im Hintergrund des Zimmers hüstelte jemand unterdrückt.

»Ich erinnere Sie nicht gern daran, Sir –« begann Jimmy.

Norden lachte.

»O.K. – Ich weiß schon, was Sie wollen. Hier sind die Schlüssel – Spind 26. Was werden Sie denn mit der Flasche Whisky anfangen?«

»Ich wollte sie eigentlich wieder an Dr. Mackay zurückverkaufen.«

»Was denn?« sagte Scott und blickte Jimmy dabei ernsthaft an. »Ich dächte, wir hätten allen Grund, eine kleine Feier zu veranstalten, und ein Trinkspruch –«

Jimmy hörte sich jedoch den Rest des Satzes nicht mehr an und eilte davon, um seinen Gewinn einzuheimsen.

5

»Noch vor einer Stunde hatten wir nur einen einzigen Passagier«, sagte Dr. Scott, indem er die länglichen Metallbehälter behutsam durch die Luftschleuse beförderte. »Jetzt sind es ein paar Milliarden.«

»Ob sie die Reise gut überstanden haben mögen, was meinen Sie?« fragte Gibson.

»Die Thermostaten scheinen zu funktionieren, es müßte also alles in Ordnung sein. Ich werde sie sofort in die vorbereiteten

Kulturen setzen, wo sie bis zu unserer Ankunft sich außerordentlich wohl fühlen müßten; dort können sie sich nach Herzenslust vollfressen.«

Gibson begab sich auf den nächsten Beobachtungsstand. Von dort aus konnte er den gedrungenen, weißgestrichenen Geschoßkörper neben der Luftschleuse liegen sehen; die Kabel, mit denen es festgemacht war, hingen schlaff herab und sahen aus wie die Fühlhörner irgendeines Tiefseeungeheuers. Als die Rakete ein paar Kilometer entfernt durch ihr automatisches Radiogerät zum Stillstand gekommen war, hatte man sie auf höchst primitive Weise eingeholt. Hilton und Bradley hatten sich, mit Kabeln versehen, hinausbegeben und das langsam vorbeitreibende Geschoß durch einen lassoartigen Wurf eingefangen. Dann war es mittels der elektrischen Winden der Ares hereingezogen worden.

»Was wird denn jetzt damit geschehen?« erkundigte sich Gibson bei Kapitän Norden, der die Vorgänge beobachtete.

»Wir werden alles Brauchbare abmontieren und das übrige dem Raum überlassen. Es würde kaum den Brennstoff lohnen, das ganze Ding mit bis auf den Mars zu schleppen. Wir werden also bis zu dem Zeitpunkt, da wir unsere Fahrt beschleunigen, einen kleinen eigenen Mond haben.«

»Wie den Hund in der Geschichte von Jules Verne.«

»Ich habe die Geschichte nie zu Ende gelesen. Angefangen habe ich zwar einmal, bin aber nie recht weitergekommen. Mit diesen alten Geschichten ist das so eine Sache. Nichts wirkt so abgestorben wie die Weltraumgeschichten von gestern – und Verne ist noch von vorgestern.«

Gibson verspürte das Verlangen, seinen Beruf zu verteidigen.

»Sie meinen also, daß die gesamte Weltraumliteratur keinen bleibenden Bestand hat?«

»Kaum. Sie mag zuweilen so etwas wie einen gewissen ›gesellschaftlichen‹ Wert haben, aber schon der nächsten Generation muß sie veraltet und archaisch vorkommen. Denken Sie doch nur daran, was aus all den Weltraumreisebeschreibungen geworden ist.«

»Spechen Sie ruhig weiter. Sie brauchen keine Rücksicht auf meine Gefühle zu nehmen – was Sie ja sowieso nicht tun.«

Norden machte das Thema sichtlich Spaß, eine Tatsache, die Gibson nicht im geringsten überraschte. Er wußte, daß Weltraumliteratur in Kreisen berufsmäßiger Astronautiker geradezu verschlungen wurde.

»Also gut«, sagte Norden. »Betrachten wir einmal, was sich zutrug. Um 1960/70 herum gab es noch immer Leute, die Geschichten über die erste Mondfahrt schrieben. Diese Geschichten sind jetzt sämtlich unlesbar. Als man dann den Mond erreichte, ging man einen Schritt weiter und schrieb das gleiche Zeug über den Mars und die Venus. Auch diese Geschichten sind jetzt tot; man nimmt sie nur noch zur Hand, wenn man einmal herzlich lachen möchte. Ich nehme an, die nächste Generation wird sich literarisch auf die äußeren Planeten stürzen, aber die interplanetarische Romantik, in der unsere Großväter schwelgten, hat in Wirklichkeit Ende der siebziger Jahre aufgehört.«

»Trotzdem ist das Thema Weltraumfahrten noch immer populär.«

»Ja, aber jetzt ist es nicht mehr das halbwissenschaftliche Zeug wie früher. Es sind entweder Tatsachenberichte der Art, wie Sie sie jetzt für Ihre Auftraggeber schreiben, oder es sind rein phantastische Spekulationen. Diese Geschichten spielen fast alle außerhalb des Sonnensystems und sind nicht viel mehr als Märchen.«

»Ich muß Ihnen in zwei Punkten widersprechen«, sagte Gibson. »Erstens gibt es noch immer eine Menge Leute, die die Romane von Wells lesen, obwohl sie hundert Jahre alt sind. Und – um den Schritt vom Erhabenen zum Lächerlichen zu machen – auch meine ersten Bücher wie ›Mars-Staub‹ finden immer noch ihre Leserschaft, und es macht gar nichts, daß sie in vielen Punkten überholt sind.«

»Wells war ein wirklicher Dichter«, erwiderte Norden. »Aber trotzdem, ich glaube, ich kann den Beweis für meine Behauptung antreten. Welches sind seine bekanntesten Geschichten? Es sind die eigentlichen Romane wie ›Kipps‹ und ›Mr. Polly‹. Wenn seine utopischen Sachen überhaupt noch gelesen werden, so geschieht es bestimmt nicht der hoffnungslos falschen Voraussagen wegen, die darin stehen, sondern im Gegenteil. Einzig die ›Zeitmaschine‹ ist noch in weiteren Kreisen bekannt, einfach weil die Handlung in einer so fernen Zukunft spielt, daß die Mode noch nicht darüber hinweggegangen ist – und weil Wells darin als Schriftsteller sein Bestes gegeben hat.«

Eine kurze Pause trat ein. Gibson wartete, ob Norden auch seinen zweiten Punkt noch aufgreifen würde. Endlich sagte er:

»Wann haben Sie ›Mars-Staub‹ eigentlich geschrieben?«

»Gibson rechnete im Geiste nach.

»73 oder 74.«

»So früh! Das wußte ich gar nicht. Aber darin liegt ein Teil der Erklärungen. Die Weltraumschiffahrt war gerade erst im Kommen, und alle Leute wußten das. Sie hatten sich bereits einen Namen gemacht, und ›Mars-Staub‹ erschien gerade in dem Augenblick, da man auf ein solches Buch förmlich wartete.«

»Das erklärt nur, warum es damals gekauft wurde, ist aber keine Antwort auf meine andere Feststellung. Das Buch ist noch heute sehr populär, ich glaube, sogar die Marskolonie hat ein paar Exemplare angeschafft, obwohl darin ein Mars beschrieben wird, der nirgendwo außer in meiner Phantasie existiert hat.«

»Das ist wahrscheinlich auf eine sehr geschickte Reklame Ihres Verlegers zurückzuführen, oder auf die Art, in der Sie es verstanden haben, nie für einen Augenblick aus dem öffentlichen Interesse zu verschwinden, und – möglicherweise – auf die Tatsache, daß es das Beste war, was Sie je geschrieben haben. Hinzu kommt, daß es, wie Mac sagen würde, den ›Zeitgeist‹ der siebziger Jahre ansprach. Dadurch hat es jetzt einen gewissen Kuriositätswert.«

»Hm«, machte Gibson und überlegte. Für einen Augenblick war er still, dann huschte ein Lächeln über sein Gesicht, und er fing an zu lachen.

»Behalten Sie den Witz doch nicht für sich. Was ist denn so ulkig?«

»Unsere vorherige Unterhaltung. Ich mußte gerade daran denken, was H.G. Wells wohl gedacht hätte, wenn er gewußt hätte, daß sich eines Tages zwei Männer auf halbem Wege zwischen Erde und Mars über seine Geschichten unterhalten würden.«

»Übertreiben Sie nicht«, sagte Norden grinsend. »Bis jetzt haben wir erst ein Drittel des Weges zurückgelegt.«

Mitternacht war längst vorbei, als Gibson plötzlich aus traumlosem Schlaf erwachte. Irgend etwas hatte ihn gestört – irgendein Geräusch, das wie eine entfernte Explosion im Schiffsinnern klang. Er richtete sich im Dunkeln auf, so daß sich die Gurte spannten, die ihn an seinem Bett festhielten. Durch den Fensterspiegel fiel matter Sternenschimmer, da sich seine Kabine auf der Nachtseite des Schiffes befand. Er lauschte und hielt den Atem an, damit ihm auch das leiseste Geräusch nicht entgehe.

In halbwachem Zustand schlich Gibson an die Kabinentür und lauschte für eine Weile auf den Gang hinaus. Alles schien völlig normal zu sein; wahrscheinlich war er der einzige Mensch auf dem Schiff, der zu dieser Stunde wach war. Er überlegte einen Augenblick, ob er nicht doch lieber Norden benachrichtigen sollte, ließ den Gedanken dann aber fallen. Vielleicht hatte er nur geträumt, oder vielleicht rührte das Geräusch auch nur von einem Gerät her, das bisher nicht in Betrieb gewesen war.

Er lag bereits wieder im Bett, als ihm plötzlich erneut Zweifel kamen. War das Geräusch denn wirklich so weit entfernt gewesen? Das war nur der erste Eindruck, den er gehabt hatte. Unter Umständen war es auch ganz in der Nähe gewesen. Aber schließlich war er müde, und was machte es schon aus? Gibson hatte völliges Vertrauen in die Konstruktion des Schiffes. Wenn etwas fehlgegangen wäre, hätten die automatischen Alarmanlagen längst gewarnt. Man hatte während der Fahrt schon ein paarmal Probealarm gegeben, und das genügte, um die Toten zu erwekken. Er konnte beruhigt wieder einschlafen und völlig überzeugt sein, daß für seine Sicherheit alles getan war.

Die Kamera folgte dem Leichenzug aus dem Beratungssaal über endlos sich emporwindende Stufen bis hinauf auf die Zinnen hoch über dem Meer, wo ein heftiger Wind wehte. Für einen Augenblick verstummte die Musik; die einsamen Gestalten mit ihrer tragischen Last hoben sich gegen die sinkende Sonne ab und standen reglos auf den Wällen von Elsinor. ›Gute Nacht, süßer Prinz –‹ Das Spiel war aus.

Die Lichter in dem kleinen Theater gingen mit einemmal an, und Dänemark war vier Jahrhunderte und fünfzig Millionen Kilometer entfernt. Gibson hatte Mühe, sich in die Gegenwart zurückzufinden und den Zauber abzuschütteln, der ihn gefangengehalten hatte. Er fragte sich, was Shakespeare aus dieser Deutung gemacht haben würde, die bereits ein Menschenalter und von der Zeit noch immer so unberührt war, wie die noch älteren Schönheiten der unsterblichen Geschichte. Und was hätte er wohl aus diesem Theater gemacht, wo man auf Flechtsitzen saß, die mitten in der Luft schwebten und kaum Halt brauchten?

»Es ist schade«, sagte Dr. Scott, als die sechs Zuschauer auf den Gang hinaustraten, »daß wir auf unseren späteren Fahrten auf derartige Filme werden verzichten müssen. Die Kopien, die wir mit uns führen, sind für die Zentralbibliothek auf dem Mars bestimmt, und wir werden keine einzige für uns behalten dürfen.«

»Was ist denn für die nächste Veranstaltung vorgesehen?« erkundigte sich Gibson.

»Das ist noch nicht entschieden. Vielleicht führen wir einen Revuefilm vor, vielleicht auch ›Vom Winde verweht‹.«

»Mein Großvater hat mir immer ganz begeistert davon erzählt; jetzt, da sich eine Gelegenheit dazu bietet, möchte ich ihn gar zu gern sehen«, erklärte Jimmy Spencer voller Eifer.

»Gut», erwiderte Scott. »Ich werde die Sache vor dem Vergnügungskomitee zur Sprache bringen und sehen, was sich tun läßt.« Da dieses Komitee nur aus Scott bestand, würden die Verhandlungen wahrscheinlich erfolgreich verlaufen.

Norden, der seit dem Ende des Films in nachdenkliches Schweigen versunken war, trat von hinten an Gibson heran und hüstelte unterdrückt.

»Sagen Sie mal, Martin, Sie wollten doch immer gern einmal Schutzkleidung anlegen, wenn ich mich recht erinnere?«

»Ja. Bloß Sie behaupteten immer, das wäre gegen die Vorschriften.«

Norden war leicht verlegen, was ihm ziemlich unähnlich sah.

»In gewisser Hinsicht stimmt das schon, aber da dies keine normale Fahrt ist und Sie nicht als Passagier im strengen Sinne gelten können, läßt es sich vielleicht doch einrichten.«

Gibson war entzückt. Er hatte sich schon immer vorgestellt, wie es sein müßte, in einem solchen Anzug draußen im Nichts zu stehen, rings von Sternen umgeben. Es kam ihm gar nicht in den Sinn, zu fragen, was Norden dazu bewogen haben mochte, seine Ansicht zu ändern, und Norden war ihm sehr dankbar dafür.

Die Verschwörung war seit etwa einer Woche im Gange. Jeden Morgen, wenn Hilton mit den Tagesmeldungen zu Norden kam, fand in der Kabine des Kapitäns eine kleine Zeremonie statt. Gewöhnlich waren besondere Vorfälle nicht zu verzeichnen, und Norden unterschrieb die Meldungen und legte sie in seinem Logbuch ab. Abwechslung war das letzte, was er sich wünschte, aber mitunter bekam er sie.

»Hör mal zu, Johnnie«, sagte Hilton – er war der einzige, der Norden mit Vornamen anredete – »mit unserem Luftdruck stimmt etwas nicht, das ist jetzt ganz sicher. Er fällt konstant, wenn es noch zehn Tage so weitergeht, haben wir die Grenze des Erträglichen erreicht.«

»Verdammt! Das heißt, daß wir etwas unternehmen müssen. Hat es nicht Zeit, bis wir im Dock liegen?«

»So lange können wir nicht warten, fürchte ich. Wirkliche Gefahr besteht natürlich nicht, auch wenn das Leck zehnmal so groß wäre. Aber da wir unsere Protokolle der Sicherheitskommission einreichen müssen, sobald wir heimkommen, macht irgendein altes Weib bestimmt Krach, wenn wir unter die vorgeschriebene Grenze herabgehen.«

»Wo vermutest du denn die lecke Stelle?«

»Irgendwo im Rumpf.«

»Meinst du die Stelle am Nordpol, die schon immer Ärger gemacht hat?«

»Ich glaube nicht, daß es von dort kommt. Dazu kommt es mir zu plötzlich. Ich nehme eher an, daß wir uns ein neues Leck zugezogen haben.«

Norden machte ein leicht verstörtes Gesicht. Durchlöcherungen, die auf meteorischen Staub zurückzuführen waren, kamen auf einem Schiff dieser Größe höchstens zwei-, dreimal im Jahr vor. Man ließ sie ruhig bestehen, bis eine Reparatur sich lohnte, aber dieses Leck schien zu groß zu sein, als daß man es weiter ignorieren konnte.

»Wie lange werden wir brauchen, um die schadhafte Stelle ausfindig zu machen?«

»Das ist eben die Schweinerei«, sagte Hilton. »Wir haben nur einen einzigen Leckdetektor und fünfzigtausend Quadratmeter Rumpf, so daß wir bestimmt ein paar Tage zu tun haben werden. Wenn es wenigstens ein richtiges, schönes großes Loch gewesen wäre, dann wären die automatischen Sicherungen in Aktion getreten, und wir hätten sofort gewußt, wo wir nachzusehen haben.«

»Ich bin heilfroh, daß nichts dergleichen geschehen ist«, sagte Norden. »Stell dir nur vor, was wir für Mühe gehabt hätten, die Geschichte zu vertuschen!«

Jimmy Spencer fand das Leck drei Tage später, nachdem er das Schiff etwa ein dutzendmal umkreist hatte; wie gewöhnlich hatte man ihn mit der Aufgabe betraut, die kein anderer übernehmen mochte. Das gezackte kleine Loch war kaum dem bloßen Auge sichtbar, aber der supersensitive Leckdetektor hatte die Tatsache registriert, daß das Vakuum in der Nähe der betreffenden Stelle nicht so vollkommen war, wie es hätte sein müssen. Jimmy hatte die Stelle mit Kreide angekreuzt und sich wieder in die Luftschleuse begeben.

Norden suchte die Konstruktionspläne des Schiffes heraus und stellte nach Jimmys Angaben fest, wo sich das Leck ungefähr befinden mußte. Dann pfiff er leise vor sich hin und hob die Augenbrauen.

»Jimmy«, sagte er. »Ahnt Mr. Gibson, was Sie getrieben haben?«

»Nein«, erwiderte Jimmy. »Ich habe ihm trotzdem seine Stunden pünktlich gegeben, wenn beides auch nicht ganz einfach miteinander zu vereinbaren war.«

»Schon gut, Sie brauchen sich nicht zu entschuldigen. Meinen Sie, daß ihm jemand etwas von dem Leck erzählt hat?«

»Ich weiß nicht, aber dann hätte er mir gegenüber wohl etwas davon erwähnt.«

»Hören Sie jetzt einmal genau zu, Jimmy. Das verdammte Loch geht genau durch seine Kabinenwand, und wenn Sie auch nur ein Sterbenswörtchen darüber verlauten lassen, häute ich Sie bei lebendigem Leibe. Verstanden?«

»Jawohl«, preßte Jimmy hervor und machte sich schleunigst davon.

»Und nun?« fragte Hilton resigniert.

»Wir müssen Martin unter irgendeinem Vorwand für eine Weile am Betreten der Kabine hindern und den Schaden so schnell wie möglich reparieren.«

»Mich wundert nur, daß er den Einschlag nicht wahrgenommen hat. Es muß doch einen ziemlichen Lärm verursacht haben.«

»Wahrscheinlich war er gerade unterwegs. Was mich überrascht, ist, daß er noch nichts von dem Luftzug bemerkt zu haben scheint, der doch ziemlich beträchtlich sein muß.«

»Und wahrscheinlich von der Normalzirkulation überdeckt wird. Aber warum eigentlich all diese Geheimniskrämerei? Warum sagen wir ihm nicht einfach die Wahrheit?«

»Warum? Angenommen, Martin erzählte seinen Lesern, daß das Schiff von einem Meteor zwölfter Größe getroffen wurde – und fügte außerdem noch hinzu, so etwas käme auf jeder Reise vor? Wie viele seiner Leser würden begreifen, daß das Ganze recht harmlos ist und daß wir gewöhnlich gar nichts dagegen unternehmen? Ich kann dir genau sagen, wie die Öffentlichkeit darauf reagieren würde: ›Diesmal war es nur ein kleiner Meteor, aber ebensogut hätte es ein großer sein können.‹ Die Öffentlichkeit hat der Statistik noch nie Vertrauen entgegengebracht. Ich sehe die Schlagzeilen in den Zeitungen förmlich vor mir: ›Ares von Meteor durchlöchert!‹ Schlechtere Reklame könnte man sich kaum vorstellen.«

»Und warum bitten wir Martin nicht einfach, stillschweigend über die Sache hinwegzugehen?«

»Das wäre unfair ihm gegenüber. Er hat schon seit Wochen keinen rechten Stoff für seine Artikel. Ich finde es rücksichtsvoller, gar nichts zu sagen.«

»O.K.«, seufzte Hilton. »Wie du willst. Aber mach mich nicht verantwortlich, wenn es nicht klappt.«

»Darüber kannst du ganz beruhigt sein. Ich habe einen vollkommen wasserdichten Plan.«

»Ob wasserdicht oder nicht, ist mir vollkommen egal. Ob er luftdicht ist, möchte ich wissen.«

Technische Dinge hatten es Gibson von jeher angetan, und er hatte schon so manche Erfindung näher untersucht und gelernt, wie man damit umgeht; jetzt war die Schutzkleidung, die man draußen im Weltraum trägt, an der Reihe. Bradley hatte Anweisung bekommen, seine Ausbildung zu übernehmen, einen Ausflug in den Weltraum mit ihm zu machen und darauf zu achten, daß ihm nichts zustieß.

Gibson hatte vergessen, daß die Anzüge auf der Ares keine Beine hatten und daß man sich einfach hineinsetzte. Das war soweit ganz folgerichtig, da sie für den Gebrauch im Weltraum und nicht für Spaziergänge auf Planeten ohne Lufthülle gedacht waren. Der Zuschnitt der Anzüge hatte sich durch Verzicht auf den Einbau von Gelenken ungeheuer vereinfacht; es waren kaum mehr als rundliche Säcke mit Ärmeln. An den Seiten hatten sie geheimnisvolle Rillen und Aufbauschungen, in denen die Klimaanlage, das Radio, der Wärmeregulator und der schwache Antrieb untergebracht waren. Im Inneren genoß man ziemliche Bewegungsfreiheit. Man konnte die Arme herausziehen, um an die Schaltapparatur zu gelangen, und ohne besondere Akrobatik sogar eine Mahlzeit darin einnehmen.

Bradley hatte fast eine Stunde in der Luftschleuse verbracht und sich vergewissert, daß Gibson seine Erläuterungen und Anordnungen richtig verstanden hatte. Gibson fand seine Gründlichkeit zwar anerkennenswert, wurde aber doch ein wenig ungeduldig, als die Lektion sich weiter in die Länge zog. Als Bradley dazu überging, ihm die primitive sanitäre Anlage zu erklären, fing er offen an zu meutern.

»Zum Teufel damit!« protestierte er. »So lange werden wir uns doch wohl nicht draußen aufhalten!«

Bradley grinste. »Den Irrtum hat schon mancher begangen«, verkündete er düster. Er öffnete einen Verschlag in der Wand der Luftschleuse und nahm zwei zusammengerollte Leinen heraus, die sich fest in die Ösen an den Anzügen einhaken ließen.

»Sicherheitsvorrichtung Nummer eins«, erklärte er. »Sich nie ohne eine an dem Schiff festgemachte Leine hinausbegeben. Für diese Regel gibt es keine Ausnahmen. Um doppelt sicherzugehn, knüpfen wir noch ein weiteres Seil um uns beide. So. Und jetzt können wir das Matterhorn besteigen.«

Die Außentür öffnete sich. Gibson spürte den letzten entweichenden Luftzug. Die schwache Strömung setzte ihn nach dem Ausgang zu in Bewegung. Langsam trieb es ihn zu den Sternen hinaus.

Die Gemächlichkeit, in der das Ganze vonstatten ging, sowie die völlige Stille waren ungeheuer eindrucksvoll. Die Ares blieb mit fast tödlicher Unvermeidlichkeit hinter ihm zurück. Er befand sich im Weltraum, und das einzige Bindeglied, das seine Sicherheit garantierte, war die Leine an seiner Seite, die sich langsam aufrollte. Und doch weckte das Erlebnis, so neuartig es auch für ihn war, vertraute Erinnerungen in seiner Brust.

Sein Gehirn mußte ungewöhnlich rasch gearbeitet haben, denn die Parallele dazu fiel ihm fast im selben Augenblick ein. Er entsann sich eines Augenblicks aus seiner Kindheit – eines Augenblicks, den er total vergessen hatte –, als man ihn während der Schwimmstunde in ein zehn Meter tiefes Gewässer geworfen hatte. Jetzt stürzte er wieder kopfüber in ein neues und unbekanntes Element.

Die Reibung der Leine hatte sein Momentum verringert, als das Seil, das ihn mit Bradley verband, plötzlich einen Ruck gab. Er hatte seinen Gefährten fast ganz vergessen, der sich jetzt unter

Düsenantrieb von dem Schiff entfernte und Gibson hinter sich herzog.

Gibson erschrak, als er die Stimme des anderen plötzlich metallisch widerhallend aus dem eingebauten Lautsprecher vernahm.

»Schalten Sie Ihren Antrieb nur auf meinen ausdrücklichen Befehl ein. Wir wollen nicht zuviel Geschwindigkeit erzeugen und müssen darauf achten, daß sich unsere Leinen nicht ineinander verfitzen.«

»Gut«, erwiderte Gibson, ein wenig ungehalten über die Störung. Er warf einen Blick zurück auf das Schiff. Es war bereits ein paar hundert Meter entfernt und schrumpfte zusehends zusammen.

»Wieviel Leine haben wir denn überhaupt?« erkundigte er sich. Es erfolgte keine Antwort, und ein panikartiges Gefühl bemächtigte sich seiner. Erst jetzt fiel ihm ein, daß er vergessen hatte, auf den Schaltknopf zu drücken.

»Ungefähr einen Kilometer«, erwiderte Bradley, nachdem er die Frage wiederholt hatte. »Das genügt, um sich hübsch allein und verlassen vorzukommen.«

»Wenn die Leine nun aber reißt?« fragte Gibson halb im Ernst.

»Ausgeschlossen. Sie ist so fest, daß Sie sich auf Erden daran aufhängen könnten. Und selbst wenn sie zerrisse, könnten wir mit unserem Antrieb mit Leichtigkeit zurückgelangen.«

»Und wenn auch der Antrieb versagte?«

»Eine heitere Unterhaltung, das muß ich schon sagen. Ich kann mir das aber nur vorstellen, wenn jemand die gröbsten Fahrlässigkeiten begeht oder sonst eine Reihe von technischen Versagern gleichzeitig auftritt. Außerdem ist ein Ersatzantrieb vorhanden, und die Instrumente zeigen früh genug an, wenn der Brennstoff im Haupttank auszugehen droht.«

»Nur gesetzt den Fall«, sagte Gibson hartnäckig.

»Das einzige, was man unter solchen Umständen tun könnte, wäre, SOS zu funken und dann zu warten, bis jemand käme und einen holte. Ich glaube nicht, daß man sich sehr beeilen würde. Ein Trottel, der sich in eine solche Lage brächte, hätte auf Mitgefühl nicht zu rechnen.«

Es gab einen plötzlichen Ruck; die Leine war abgelaufen. Bradley dämpfte den Rückstoß, indem er kurz Gas gab.

»Jetzt sind wir ziemlich weit von daheim«, sagte er ruhig.

Es dauerte ein paar Stunden, ehe Gibson die Ares ausmachen konnte. Sie befanden sich auf der Nachtseite des Schiffes, so daß es fast ganz in Schatten gehüllt war. Die beiden Kugeln sahen aus wie dünne, ferne Halbmonde; aus einer Entfernung von einer Million Kilometer hätten Erde und Mond nicht viel anders ausgesehen. Man hatte nicht mehr das Gefühl, mit dem Schiff verbunden zu sein; es war jetzt so klein und schmächtig, daß es als Zuflucht kaum noch in Betracht kam. Endlich war Gibson mit den Sternen allein.

Er war Bradley dankbar, daß er ihn in Ruhe ließ und ihn nicht ablenkte. Vielleicht war Bradley von der großartigen Feierlichkeit des Augenblicks genauso überwältigt wie er. Die Sterne waren so hell und so zahlreich, daß Gibson zuerst nicht einmal die bekanntesten Konstellationen ausmachen konnte. Dann entdeckte er den Mars, der neben der Sonne das hellste Objekt am Himmel war. Auf diese Art stellte er fest, wie die Ebene der Sonnenbahn verlief. Er gab ein paarmal vorsichtig Gas und drehte sich, bis er den Polarstern vor sich sah. Damit hatte er mit einemmal wieder ›die richtige Lage‹ und konnte sich orientieren.

Langsam bewegte er sich den Tierkreis entlang und fragte sich, ob es viele Menschen geben mochte, die dieses Erlebnis bereits gehabt hatten. Alsbald entdeckte er den Jupiter und kurz darauf den Saturn – wenigstens bildete er es sich ein. Die Planeten waren nicht länger durch das stetige, unverwandte Licht von den Sternen zu unterscheiden, durch jenes Licht, das für die Astronomen ein so nützlicher, wenn auch oft trügerischer Anhaltspunkt war. Gibson versuchte gar nicht erst, die Erde oder die Venus zu entdecken, da die Sonne ihn geblendet haben würde, wenn er in diese Richtung geblickt hätte.

Die Milchstraße war ein bleiches Lichtband, das die beiden Hemisphären des Himmels zusammenschweißte. Ihr Rand war zackig und zerklüftet, wie Gibson deutlich sehen konnte; ganze Sternenkontinente schien sich dort selbständig machen und ihre einsame Fahrt in den Abgrund antreten zu wollen. Auf der südlichen Halbkugel gähnten die schwarzen Schlünde der Kohlensäcke wie Tunnel, die man durch die Sterne hindurchgebohrt hatte und die in ein anderes Universum führten.

Der Gedanke ließ Gibson eine Wendung nach der Andromeda vollführen. Dort lag der gewaltige Nebel in geisterhaftem Glanz.

Er konnte ihn mit seinem Daumennagel bedecken, und dennoch war es eine ganze Galaxe, so groß wie der himmelumspannende Sternenring, in dessen Mitte er schwebte. Dieses Nebelspektrum war eine Million mal weiter entfernt als die Sterne – und selbst diese lagen unendlich weit hinter den Planeten. Wie jämmerlich erschienen dagegen all die Entdeckungsfahrten und Abenteuer der Menschen!

Gibson hielt unter den unbekannten Konstellationen der südlichen Hemisphäre nach Alpha Centauri Ausschau, als sein Blick auf etwas fiel, das ihm für einen Augenblick völlig fremd vorkam. In weiter Ferne hob sich ein weißer, rechteckiger Gegenstand von den Sternen ab, so wenigstens erschien es Gibson im ersten Augenblick. Dann wurde ihm klar, daß sein Sinn für Perspektive nicht richtig funktionierte und daß er in Wirklichkeit etwas sehr Kleines, nur ein paar Meter von sich Entferntes vor sich hatte. Und selbst dann verging noch eine Weile, ehe er den interplanetarischen Wanderer als das erkannte, was es war – ein ganz gewöhnliches Blatt Schreibmaschinenpapier, das sich langsam im Raum drehte. Nichts hätte dümmer und gleichzeitig überraschender sein können als dies.

Gibson starrte für eine Weile auf die Erscheinung, ehe er merkte, daß sie nicht nur in seiner Einbildung existierte. Dann schaltete er sein Gerät ein und sprach zu Bradley. Der andere zeigte sich nicht im geringsten überrascht.

»Daran ist weiter nichts Besonderes«, erwiderte er ziemlich ungeduldig. »Wir haben seit Wochen täglich Abfälle hinausgekippt, und da wir keine Beschleunigung haben, treibt sich wahrscheinlich noch immer etwas davon in unserer Nähe herum. Sobald wir bremsen werden, bleiben wir natürlich hinter dem Zeug zurück, und es saust weiter aus dem Sonnensystem heraus.«

Wie vollkommen einleuchtend, dachte Gibson und kam sich ein wenig beschränkt vor, denn nichts bringt einen derartig aus der Fassung wie ein Geheimnis, das sich plötzlich aufklärt. Vielleicht handelte es sich sogar um den ersten Entwurf zu einem seiner Artikel. Wenn es ein wenig näher gewesen wäre, hätte man es als Erinnerung mitnehmen und untersuchen können, was der Ausflug in den Weltraum für eine Wirkung darauf gehabt haben mochte. Es war jedoch außer Reichweite, und um es einzufangen, hätte man die Verbindungsleine kappen müssen.

Wenn er längst tot war, würde das Blatt Papier die Botschaft, die darauf stand, noch immer empor zu den Sternen tragen; und er würde nie erfahren, um was für eine Botschaft es sich handelte.

Bei ihrer Rückkehr nahm Norden sie an der Luftschleuse in Empfang. Er schien außerordentlich zufrieden mit sich selber, obwohl Gibson nicht in der Verfassung war, auf derartige Belanglosigkeiten zu achten. Er fühlte sich noch immer unter die Sterne versetzt, und es würde noch einige Zeit dauern, ehe er sein Gleichgewicht wiederfand – ehe er sich an seine Schreibmaschine setzen und sein Erlebnis verarbeiten würde.

»Seid ihr rechtzeitig fertig geworden?« erkundigte sich Bradley, als Gibson außer Hörweite war.

»Ja, sogar noch eine Viertelstunde früher. Wir haben die Ventilatoren abgeschaltet und das Leck mit der guten alten Räucherkerzenmethode festgestellt. Eine Niete und ein bißchen schnell trocknende Farbe drüber – und schon war's getan. Wenn nötig, können wir den Rumpf von außen nachsehen, sobald wir im Dock sind. Mac hat seine Sache großartig gemacht.«

6

Für Gibson verlief die Reise glatt und vergnüglich genug. Seiner Gewohnheit entsprechend hatte er seine Umwelt – womit nicht nur die materielle Umgebung, sondern auch die Mitmenschen, die diese Umgebung mit ihm teilten, gemeint war – so weit organisiert, daß sie ihn nicht mehr störte. Er hatte eine ganze Menge geschrieben, darunter einiges Gute, wenn auch das meiste nur geradeso hingehen mochte. Aber in die eigentliche Arbeit würde er sich ohnehin erst nach der Ankunft auf dem Mars stürzen.

Die Fahrt näherte sich jetzt dem Ende, die Höhepunkte waren überschritten, das Interesse war abgeflaut, nichts Erwähnenswertes würde sich mehr ereignen, bis das Schiff die Marsbahn einschlug.

Der letze Höhepunkt für Gibson war der Augenblick gewesen, als man eines Morgens die Erde aus der Sicht verlor. Täglich war sie näher an die ungeheueren perlfarbenen Flügel der Korona herangerückt, als ob sie all ihre Millionen auf dem Sonnenscheiterhaufen opfern wollte. Eines Abends hatte man sie noch durch das Teleskop sehen können – ein winziger Funke, der sich tapfer gegen den Glanz hielt, der ihn bald überstrahlen würde. Gibson hatte geglaubt, daß die Erde auch am nächsten Morgen noch sichtbar sein würde, aber über Nacht hatte irgendeine gewaltige Explosion die Korona eine halbe Million Kilometer hinaus in den Weltraum geschleudert, und die Erde war hinter diesem weißglühenden Vorhang verschwunden. Erst in einer Woche würde sie wieder zum Vorschein kommen, aber bis dahin sollte sich Gibsons Welt derart verändert haben, wie er es in so kurzer Zeit nie für möglich gehalten hätte.

Hätte man Jimmy Spencer um seine wahre Meinung über Gibson gefragt, so hätte dieser junge Mann in den verschiedenen Stadien der Reise die verschiedensten Antworten darauf gegeben. Anfangs hatte ihn die Gegenwart seines berühmten Zeitgenossen ziemlich bedrückt, aber diese Epoche hatte nicht lange gedauert. Gibson war, um ihm Gerechtigkeit widerfahren zu lassen, völlig frei von Snobismus und nützte die Vorrechte, die er an Bord der Ares genoß, nie für sich aus. Es war also für Jimmy einfacher, Anschluß an ihn zu finden als an die übrigen Besatzungsmitglieder – die fast alle irgendwie seine Vorgesetzten waren.

Als Gibson ernsthafteres Interesse für astronautische Dinge zu zeigen begonnen hatte, hatte Jimmy ihn ein- oder zweimal wöchentlich völlig privat gesehen und versucht, sich ein Bild über ihn zu machen. Das war nicht ganz einfach gewesen, da Gibson nie für sehr lange derselbe zu sein schien. Es gab Zeiten, da er rücksichtsvoll, mitteilsam und ein guter Gesellschafter war. Aber dann konnte er wieder so verschlossen und mürrisch sein, daß man ihn mit Recht als den unter allen Umständen zu meidenden Menschen auf der Ares hätte bezeichnen können.

Darüber, was Gibson von ihm halten mochte, war sich Jimmy überhaupt nicht klar. Manchmal hatte er das unbehagliche Gefühl, daß er für den Schriftsteller nichts als Rohmaterial war, das man eines Tages vielleicht verwenden konnte. Die meisten Leute, die Gibson nur oberflächlich kannten, hatten dieses Gefühl, und die meisten hatten sogar recht damit. Aber da er Jimmy nie direkt auszuhorchen versucht hatte, schien dieser Verdacht unbegründet.

Noch etwas anderes war verwunderlich an Gibson: seine technischen Kenntnisse. Als Jimmy seine Abendkurse, wie sie allgemein genannt wurden, aufnahm, hatte er geglaubt, daß es Gibson nur darauf ankäme, die gröbsten Schnitzer in seinen Artikeln zu vermeiden, und daß er weiter kein Interesse an astronautischen Fragen um ihrer selbst willen hätte. Es zeigte sich jedoch schon bald, daß die Annahme auf einem Irrtum beruhte. Gibson bezeigte einen fast rührenden Eifer, sich mit den schwierigeren Teilgebieten dieser Wissenschaft vertraut zu machen, und verlangte mathematische Beweise, die selbst Jimmy manchmal nicht antreten konnte. Der ältere Mann mußte sich früher eine ganze Menge technisches Wissen angeeignet haben und war noch jetzt ziemlich beschlagen. Er verlor jedoch kein Wort darüber, wie er dazu gekommen war, gab auch keine Gründe für seine fast ans Besessene grenzenden, oft erfolglosen Bemühungen an, sich wissenschaftlicher Ideen zu bemächtigen, die zu weit forgeschritten für ihn waren. Nach derartigen Mißerfolgen war Gibson stets so enttäuscht, daß er Jimmy leid tat – mit Ausnahme jener Stunden natürlich, da sein Schüler wütend wurde und Neigung zeigte, die Schuld auf den Lehrer zu schieben. Dann packte Jimmy, nachdem man sich einige Grobheiten gesagt hatte, seine Bücher zusammen, und der Unterricht wurde erst fortgesetzt, nachdem Gibson sich entschuldigt hatte.

Es konnte aber ebensowohl geschehen, daß Gibson die Sache von der humoristischen, resignierenden Seite nahm und einfach das Thema wechselte. Dann berichtete er mitunter aus dem seltsamen literarischen Dschungel, in dem er lebte – aus einer Welt merkwürdiger Raubtiere, deren Benehmen Jimmy höchst interessant vorkam. Gibson war ein guter Erzähler, der keine Gelegenheit verstreichen ließ, Skandalgeschichten einzuflechten oder den Ruf irgendeines seiner Kollegen zu schädigen. Er schien durchaus keine boshafte Absicht damit zu verfolgen, und manche seiner Geschichten über Tagesberühmtheiten übten eine förmliche Schockwirkung auf den unerfahrenen Jüngling aus. Merkwürdig war die Tatsache, daß manche von den Leuten, die Gibson so bereitwillig sezierte, seine nächsten Freunde zu sein schienen. – Das war etwas, was Jimmy zuerst überhaupt nicht begreifen konnte.

Trotz all dieser Warnungen ließ Jimmy jedoch seiner Zunge freien Lauf, wenn der Augenblick kam. Einmal waren sie wieder auf die Klippe einer Integral-Differenz-Gleichung geraten, und es blieb ihnen nichts weiter übrig, als das Schiff zu verlassen. Gibson hatte einen seiner freundlichen Augenblicke, und als er seine

Bücher zuklappte, wandte er sich aufseufzend an Jimmy und bemerkte wie nebenbei:

»Sie haben mir noch nie etwas über sich selber erzählt, Jimmy. Aus welchem Teil Englands stammen Sie überhaupt?«

»Cambridge – wenigstens bin ich dort geboren.«

»Vor zwanzig Jahren habe ich die dortige Gegend gut gekannt. Sie wohnen also jetzt nicht mehr dort?«

»Nein. Als ich sechs Jahre alt war, zog meine Familie nach Leeds. Dort bin ich aufgewachsen.«

»Was hat Sie denn bewogen, sich mit Astronautik zu befassen?«

»Das ist ganz einfach zu beantworten. Ich hatte schon immer Interesse für wissenschaftliche Dinge, und Flüge in den Weltraum standen gewissermaßen vor der Tür. Wäre ich fünfzig Jahre früher zur Welt gekommen, hätte ich mich wahrscheinlich auf Äronautik geworfen.«

»Weltraumflüge interessieren Sie also nur als technisches Problem und nicht – wie soll ich sagen? – als etwas, wodurch das menschliche Denken revolutioniert und neue Planeten erschlossen werden können?«

Jimmy grinste.

»Das mag schon stimmen. Natürlich interessiere ich mich auch für diese Gedankengänge, aber die stärkste Anziehungskraft geht für mich vom Technischen aus. Selbst wenn es auf den Planeten überhaupt nichts gäbe – wie man sie erreichen und hingelangen kann, würde ich trotzdem gern wissen.«

Gibson schüttelte den Kopf und tat, als wäre er entsetzt.

»Aus Ihnen wird bestimmt einmal einer jener kaltherzigen Wissenschaftler, die alles über nichts wissen. Schade!«

»Ich bin froh, daß Sie so darüber denken«, erklärte Jimmy mutig. »Nur – warum zeigen Sie dann ein so großes Interesse für wissenschaftliche Dinge?«

Gibson lachte. Es klang jedoch ein wenig gezwungen. »Mich interessiert alles Wissenschaftliche nur als Mittel, nicht als Selbstzweck.«

Jimmy war fest davon überzeugt, daß diese Behauptung keineswegs der Wahrheit entsprach. Aber etwas warnte ihn davor, das Thema fortzusetzen, und ehe er etwas erwidern konnte, stellte Gibson ihm schon wieder neue Fragen.

Es ging alles auf so nette Art vor sich, Gibsons Anteilnahme schien so echt zu sein, daß Jimmy nicht umhin konnte, sich geschmeichelt zu fühlen und aus sich herauszugehen. Er erzählte aus seiner Kindheit und frühen Jugend, und Gibson merkte schon bald, warum der von Natur unbekümmert und fröhlich veranlagte junge Bursche manchmal recht bedrückt zu sein schien. Es war die alte Geschichte – eine der ältesten überhaupt. Jimmys Mutter war gestorben, als er noch in den Windeln lag, und sein Vater hatte ihn in die Obhut einer verheirateten Schwester gegeben. Die Tante war sehr nett zu ihm gewesen, aber er hatte sich nie recht heimisch bei seinen Verwandten gefühlt und war ein Außenseiter geblieben. Sein Vater hatte sich nur wenig um ihn gekümmert, da er selten in England war. Jimmy war etwa zehn Jahre alt, als sein Vater starb. Er schien keinen besonderen Eindruck auf seinen Sohn hinterlassen zu haben, der sich merkwürdigerweise sehr viel deutlicher an seine Mutter erinnerte, die er doch kaum gekannt haben konnte.

Nachdem die ersten Hemmungen überwunden waren, erzählte Jimmy unbekümmert drauflos, als verschaffe es ihm Erleichterung, sich alles von der Seele zu reden.

»Ich glaube nicht, daß meine Eltern sich sehr geliebt haben«, sagte Jimmy. »Aus den Andeutungen, die mir Tante Ellen gemacht hat, mußte ich entnehmen, daß ihre Ehe nicht sehr glücklich war. Zuerst war da noch ein anderer Mann, aber daraus ist nichts geworden. Mein Vater war dann der nächstbeste Notbehelf. Ich weiß, daß das alles ziemlich häßlich klingt, aber denken Sie bitte daran, daß die ganze Geschichte sich vor sehr langer Zeit zugetragen hat und mir jetzt nicht mehr viel bedeutet.«

»Ich verstehe«, sagte Gibson ruhig; und es schien, als wäre dies wirklich der Fall. »Erzählen Sie mir noch etwas von Ihrer Mutter.«

»Ihr Vater – mein Großvater – war Professor an der Universität. Ich glaube, Mutter hat ihr ganzes Leben in Cambridge zugebracht. Sie hat sogar studiert – Geschichte, wenn ich recht informiert bin. Aber das alles dürfte Sie kaum interessieren.«

»Es interessiert mich wirklich«, sagte Gibson ernst. »Fahren Sie fort.«

Jimmy nahm seine Erzählung wieder auf. Alles, was er berichtete, konnte er nur vom Hörensagen kennen, aber das Bild, das er entwarf, war deutlich und bis in alle Einzelheiten klar. Sein Zuhörer vermutete, daß Tante Ellen sehr geschwätzig und Jimmy ein sehr aufmerksamer Junge gewesen sein mußte.

Was Gibson zu hören bekam, war eine jener Liebesgeschichten, wie sie sich auf Universitäten immer wieder abspielen in jener Spanne von Jahren, die eine Welt für sich bedeuten. Aber diese war ernster verlaufen als die meisten. Während ihres letzten Semesters hatte sich Jimmys Mutter – er hatte Gibson gegenüber ihren Namen noch nie ausgesprochen – in einen jungen Mann verliebt, der Maschinenbau studierte und noch die Hälfte seines Studiums vor sich hatte. Es war Liebe auf den ersten Blick gewesen und ein geradezu ideales Verhältnis, obwohl das Mädchen ein paar Jahre älter als ihr Liebhaber war. Fast wäre es zur Verlobung gekommen, aber dann war etwas eingetreten, worüber Jimmy nicht genau Bescheid wußte. Der junge Mann war schwer erkrankt oder hatte einen Nervenzusammenbruch erlitten und war nicht wieder nach Cambridge zurückgekehrt.

»Meine Mutter ist nie richtig darüber hinweggekommen«, fuhr er fort. »Sie hat dann einen anderen Studenten geheiratet, der sehr für sie schwärmte. Mein Vater tut mir noch jetzt manchmal leid, denn er muß genau gewußt haben, was sich vorher abgespielt hat. Ich habe nie viel von ihm zu Gesicht bekommen – was haben Sie denn, Mr. Gibson? Ist Ihnen nicht wohl?«

Gibson zwang sich zu einem Lächeln. »Nicht der Rede wert«, sagte er. »Nur ein leichter Anfall von Raumkrankheit. Ich leide noch manchmal darunter, aber es geht immer schnell wieder vorüber.«

Wären diese Worte doch wahr gewesen! Doch statt dessen hatte er in all den vergangenen Wochen, in denen er sich sicher gegen alle Anfechtungen geglaubt, nichtsahnend einen Kurs gesteuert, der zum Zusammenstoß mit dem Schicksal führen mußte. Und jetzt war dieser Augenblick gekommen: die zwanzig Jahre, die dazwischen lagen, waren wie ausgelöscht, und aus dem Abgrund der Zeit erhoben sich die Geister seiner eigenen vergessenen Vergangenheit.

»Mit Martin scheint etwas ganz und gar nicht zu stimmen«, sagte Bradley und setzte einen Schnörkel unter die Logeintragung. »Um schlechte Nachrichten von der Erde kann es sich nicht handeln – ich habe alle seine Post gelesen. Ob er Heimweh haben mag?«

»Vielleicht wird er nur ungeduldig, wenn das eine Erklärung

ist«, erwiderte Norden. »Aber schließlich sind wir in vierzehn Tagen auf dem Mars. Sie bilden sich wohl ein, von Psychologie allerhand zu verstehen?«

»Wer tut das nicht?«

»Nun, ich bestimmt nicht«, begann Norden etwas von oben herab. »Sich in anderer Leute Angelegenheiten zu mischen, ist mir –«

In Bradleys Augen leuchtete es kurz warnend auf, und Norden unterbrach sich mitten im Satz. Gibson, der mit seinem Notizbuch wie ein junger Reporter auf der ersten Pressekonferenz aussah, war in die Kabine getreten.

»Sie wollten mir doch irgend etwas zeigen, Owen. Worum handelt es sich denn?« fragte er voller Eifer.

Bradley trat an das Nachrichtengerät.

»Weiter nichts Besonderes«, sagte er, »aber es bedeutet, daß wir einen weiteren Meilenstein hinter uns zurückgelassen haben, und das gibt mir immer ein Gefühl der Befriedigung. Hier, hören Sie mal zu.«

Er drückte den Lautsprecherhebel herunter und regulierte die Lautstärke. Im Gerät knisterte und zischte es wie von tausend Bratpfannen. Gibson hatte dieses Geräusch schon oft genug gehört, das ihn in seiner stetigen Monotonie schon immer tief beeindruckt hatte. Es war die Stimme der Sterne und kosmischen Nebel, waren Ausstrahlungen, die schon länger unterwegs waren, als das Menschengeschlecht alt war. Und von diesem Geknister und Geknatter übertönt, spielte sich vielleicht der Nachrichtenverkehr anderer Zivilisationen ab, die sich durch die Tiefe des Raumes miteinander unterhielten. Doch ihre Stimmen gingen unauffindbar in dem Aufruhr kosmischer Störungen unter, die die Natur selber geschaffen hatte.

Aber nicht deswegen hatte Bradley ihn zu sich gebeten. Stirnrunzelnd, mit äußerster Behutsamkeit nahm der Nachrichtenoffizier eine Feineinstellung am Gerät vor. »Vor einer Minute habe ich's noch gehabt – hoffentlich ist es nicht völlig verschwunden – aha! da ist es wieder!«

Zuerst vermochte Gibson keinen Unterschied in den Geräuschen festzustellen, doch dann bemerkte er, daß Bradley mit der Hand irgendeinen Takt schlug – ziemlich schnell, etwa zwei Schläge in der Sekunde. Das war ein Anhaltspunkt, und alsbald vernahm Gibson das leise, auf und ab schwellende Pfeifen, das durch den kosmischen Sturm drang.

»Was ist das?« fragte er und ahnte die Antwort schon halb.

»Der Sender Deimos. Auch Phobos hat einen Sender, er ist aber viel schwächer, so daß wir ihn noch nicht hören können. Sobald wir näher an den Mars herankommen, können wir uns auf wenige hundert Kilometer danach orientieren. Noch ist die Entfernung für praktische Zwecke etwa zehnmal zu groß, aber immerhin, es ist ein ganz beruhigendes Gefühl.«

Ja, dachte Gibson, es ist ganz beruhigend. Man brauchte diese radiotechnische Unterstützung selbstverständlich kaum, wenn man sein Ziel dauernd vor Augen sah, aber einige Navigationsprobleme erfuhren dadurch eine Vereinfachung. Mit halbgeschlossenen Augen lauschte er diesem leisen Pulsen aus der Ferne, das zeitweise völlig in den kosmischen Störungen unterging, und konnte nachfühlen, wie den Seefahrern früherer Zeiten zumute gewesen sein mußte, wenn sie den ersten Schimmer der Hafenlichter weit draußen vom Meer entdeckten.

»Das genügt, glaube ich«, sagte Bradley und schaltete den Lautsprecher ab. Stille trat ein. »Jedenfalls«, fuhr er fort, »haben Sie wieder etwas, worüber Sie schreiben können – die letzten Wochen waren ziemlich ereignislos, nicht wahr?«

Indem er diese Worte aussprach, beobachtete er Gibson aufmerksam, aber der Schriftsteller ließ sich nichts anmerken. Er kritzelte ein paar Worte in sein Notizbuch, bedankte sich zerstreut und ungewöhnlich höflich bei Bradley und begab sich dann in seine Kabine.

»Sie haben recht«, sagte Norden, nachdem er gegangen war. »Irgend etwas stimmt mit Martin nicht. Ich glaube, ich muß einmal mit dem Arzt reden.«

»Das halte ich für überflüssig«, entgegnete Bradley. »Was er auch haben mag – mit Pillen ist es bestimmt nicht zu kurieren. Lassen Sie ihn mit sich selber fertig werden.«

»Vielleicht haben Sie recht«, sagte Norden mürrisch. »Ich hoffe nur, daß er nicht allzu lange dazu braucht.«

Inzwischen war schon fast eine Woche vergangen. Der erste Schock, den er empfunden hatte, als er entdeckte, daß Jimmy Spencer der Sohn Kathleen Morgans war, hatte sich bereits gelegt, aber jetzt begannen die Sekundärwirkungen sich bemerkbar zu machen. Er empfand einen ausgesprochenen Verdruß darüber, daß ihm etwas Derartiges zustoßen mußte. Es war ein so himmelschreiender Verstoß gegen alle Wahrscheinlichkeitsgesetze – etwas, was in Gibsons Romanen nie vorgekommen wäre. Aber das Leben verfuhr nun einmal so unkünstlerisch, und es gab nichts, was man dagegen tun konnte.

Diese ersten kindischen Reaktionen wichen langsam einem tieferen Unbehagen. All die Empfindungen, die er unter zwanzigjähriger fieberhafter Betriebsamkeit für immer begraben zu haben glaubte, traten wieder an die Oberfläche wie Tiefseewesen, die durch irgendeine submarine Katastrophe umgekommen waren. Auf Erden hätte er sich durch Geselligkeit ablenken und zerstreuen können, aber hier saß er in einer Falle fest, und jeder Fluchtweg war ihm abgeschnitten.

Es war zwecklos, sich einzubilden, daß sich nichts geändert habe, und zu sagen: »Schön, ich wußte, daß Kathleen und Gerald einen Sohn hatten; was bedeutet das jetzt schon?« Es bedeutete sehr viel. Jimmys Dasein würde ihn stets an die Vergangenheit erinnern und – was noch schlimmer war – an eine Zukunft, wie sie hätte sein können. Es blieb nichts weiter übrig, als sich mit den Tatsachen abzufinden und mit der neuen Lage fertig zu werden. Gibson wußte sehr wohl, daß dies nur auf eine einzige Art zu bewerkstelligen war, und die Gelegenheit dazu würde sich schon bald bieten.

Jimmy war unten auf der südlichen Halbkugel gewesen und kam über das äquatoriale Beobachtungsdeck zurück, als er Gibson an einem der Fenster sitzen und ins Leere hinausstarren sah. Für einen Augenblick glaubte er, daß der andere ihn nicht bemerkt hätte, und wollte sich gerade an ihm vorbeischlängeln, als er angeredet wurde: »Hallo, Jimmy! Haben Sie einen Augenblick Zeit?«

Jimmy hatte zufällig eine Menge zu tun. Aber er wußte, daß mit Gibson etwas nicht ganz in Ordnung war, und spürte, daß der ältere Mann seine Gegenwart brauchte. Er trat also näher, setzte sich und erfuhr alsbald so viel von der Wahrheit, wie Gibson für angebracht hielt.

»Ich muß Ihnen etwas mitteilen, Jimmy«, begann er, »etwas, das bisher nur ein paar Leuten bekannt ist. Unterbrechen Sie mich nicht und stellen Sie keine Fragen – jedenfalls nicht bevor ich fertig bin.

Als ich noch ein paar Jahre jünger war als Sie, wollte ich Maschinenbau studieren. Ich war damals nicht auf den Kopf gefallen und hatte keine Schwierigkeiten, die Aufnahmeprüfungen für das College zu bestehen. Da ich mir nicht ganz klar darüber war, was ich eigentlich wollte, belegte ich einen Fünf-Jahr-Kursus in allgemeiner Maschinenbauphysik, was damals noch etwas ziemlich Neues war. Im ersten Jahr kam ich ziemlich gut mit – so gut, daß ich mich noch ernsthafter hinter meine Arbeit zu klemmen beschloß. Im zweiten Jahr leistete ich zwar nicht direkt Hervorragendes, war aber im ganzen doch besser als der Durchschnitt. Und im dritten Jahr verliebte ich mich. Es war nicht das allererstemal, aber ich spürte sofort, daß es die große Liebe war.

Wenn man sich während seiner Studienzeit verliebt, so ist das so eine Sache, den einen bringt es vorwärts, den anderen wirft es zurück, je nach den Umständen. Wenn es sich nur um einen harmlosen Flirt handelt, passiert gewöhnlich weder in der einen noch in der anderen Richtung viel. Aber wenn es wirklich ernst ist, gibt es nur zwei Möglichkeiten.

Es wirkt entweder als Ansporn und weckt den Ehrgeiz, das Beste aus sich herauszuholen und die anderen zu übertreffen, oder man wird derart davon aufgesogen, daß alles andere gleichgültig erscheint und die Arbeit darunter leidet. Genau das geschah in meinem Falle.«

Gibson schwieg und brütete still vor sich hin. Jimmy, der im Dunkeln nicht weit von ihm entfernt saß, warf ihm einen Blick zu. Sie befanden sich auf der Nachtseite des Schiffes, die Lampen auf den Gängen brannten nur mit halber Stärke, so daß man die Sterne in ihrer ganzen Pracht sehen konnte. Das Sternbild des Löwen lag unmittelbar vor ihnen, und in seiner Mitte leuchtete ihnen ihr Ziel wie ein Edelstein entgegen. Neben der Sonne war der Mars bei weitem der hellste Himmelskörper und bereits mit dem bloßen Auge zu erkennen. Der rötliche Widerschein verlieh Gibsons Zügen etwas Gesund-Fröhliches, das völlig in Widerspruch zu seinen Empfindungen stand.

Konnte man denn wirklich nie die geringste Kleinigkeit vergessen, fragte sich Gibson. Im Augenblick erschien ihm das völlig unmöglich. Er sah den Zettel am schwarzen Brett so deutlich vor sich wie vor zwanzig Jahren: ›Der Dekan der Maschinenbauabteilung wünscht Mr. Gibson um 3 Uhr in seinem Büro zu sprechen.‹ Er hatte natürlich bis 3.15 Uhr warten müssen, und das hatte gar nichts genützt. Wenn der Dekan wenigstens sarkastisch oder distanziert gewesen wäre, oder wenn er wenigstens getobt hätte! Gibson konnte sich das unmenschlich saubere Zimmer mit seinen Aktenschränken und Bücherreihen noch immer in allen Einzelheiten vorstellen, mit der Sekretärin in der Ecke, die auf ihrer Maschine tippte und sich stellte, als höre sie nichts von dem, was gesprochen wurde.

Jetzt, da er an sie denken mußte, fiel ihm ein, daß sie vielleicht gar nicht so aufmerksam zugehört hatte, wie es ihm vorgekommen war. Sie hatte derartige Szenen sicherlich schon häufiger mitgemacht.

Trotz all seiner Pedanterie hatte Gibson den Dekan leiden gemocht und Respekt vor ihm gehabt; und nun hatte der alte Mann ihn plötzlich fallenlassen, und er hatte sein Versagen doppelt schmerzlich empfunden. Der Dekan hatte ihn nicht geschont und mit väterlicher Strenge zu ihm gesprochen, die ihn tiefer verletzt hatte, als beabsichtigt gewesen war. Er hatte Gibson noch eine Chance gegeben, aber Gibson hatte diese Chance nicht mehr wahrgenommen.

Verschlimmert wurde das Ganze noch dadurch, daß Kathleen glatt durch ihre Prüfungen gekommen war, obwohl er sich das damals nicht hatte eingestehen wollen. Als sein eigenes Resultat bekannt wurde, hatte er sie für einige Tage gemieden, und als man sich dann wiedersah, hatte er sie bereits für sein Versagen verantwortlich gemacht. Es war ihm plötzlich alles so deutlich und klar, daß es nicht mehr schmerzte. Hatte er sie denn überhaupt geliebt, wo es ihm doch so leichtgefallen war, sie aus Gründen der Selbstachtung zu opfern? Denn genau das war geschehen; er hatte versucht, die Schuld auf sie abzuwälzen.

Was darauf folgte, war unvermeidlich. Da war jener Streit, den sie auf ihrem letzten gemeinsamen Radausflug miteinander gehabt hatten, von dem sie auf getrennten Wegen heimgekehrt waren. Da waren jene ungeöffneten Briefe – und vor allem die ungeschriebenen. Da war der letzte erfolglose Versuch, vor seiner Abreise aus Cambridge noch einmal ein Zusammentreffen herbeizuführen, und sei es auch nur, um auf Wiedersehen zu sagen. Aber auch dieses Treffen war nicht mehr zustande gekommen, da seine Mitteilung Kathleen nicht mehr rechtzeitig erreichte. Er hatte zwar bis zur letzten Minute auf sie gewartet, aber vergeblich. Da war der von fröhlichen Studenten überfüllte Zug, der langsam aus dem Bahnhof hinausglitt und Cambridge und Kathleen hinter sich zurückließ. Er hatte beide nie wiedergesehen.

Es bestand kein Anlaß, Jimmy etwas von den folgenden dunklen Monaten zu erzählen. Er brauchte nicht erst zu erfahren, was sich hinter so einfachen Worten verbarg wie: »Ich hatte einen Zusammenbruch, und mir wurde geraten, nicht mehr auf das College zurückzukehren.« Dr. Evans hatte ihn, so gut es ging, wieder auf die Beine gebracht, und er würde ihm stets dafür dankbar sein. Evans hatte ihm auch zugeredet, während seiner Genesung etwas zu schreiben. Sie waren beide von den Resultaten überrascht gewesen. Wieviel Leute mochten wissen, daß er seinen ersten Roman seinem Psychoanalytiker gewidmet hatte? Schließlich hatte Rachmaninoff das mit seinem c-moll-Konzert ebenfalls getan, und war sein Roman deswegen etwa weniger wert?

Evans hatte ihm zu einem neuen Persönlichkeitsbewußtsein verholfen und gleichzeitig zu einem Beruf, durch den er seine Selbstachtung zurückgewinnen konnte. Aber er konnte ihm die verlorene Zukunft nicht zurückgeben. Sein ganzes ferneres Leben würde Gibson neidisch auf Männer sein müssen, die das zu Ende führten, was er nur angefangen hatte – auf Männer, die ihr Studium beendet hatten und ihre Lebensarbeit auf Gebieten fanden, die er immer nur als Zuschauer betrachten durfte.

Das alles hätte noch nicht soviel ausgemacht, wenn das Übel nicht viel tiefer gelegen hätte. Aber indem er sich seinen Stolz dadurch rettete, daß er Kathleen die Schuld zuschob, hatte er sich sein ganzes Leben verdorben. Er hatte angefangen, Kathleen und durch sie alle anderen Frauen mit Versagen und Schande zu identifizieren. Er hatte zwar noch ein paar flüchtige Verhältnisse gehabt, die von keinem der Beteiligten übermäßig ernst genommen worden waren, sich jedoch nie mehr richtig verliebt, und jetzt wurde ihm plötzlich deutlich bewußt, daß er sich nie mehr richtig verlieben würde. Die Ursachen dafür waren ihm klar – aber genützt hatte ihm dieses Wissen nicht das geringste.

Das alles brauchte er Jimmy gegenüber nicht zu erwähnen. Es genügte, daß er ihm die Tatsachen mitteilte und es ihm überließ, den Rest nach Vermögen und Einsicht zu erraten. Eines Tages würde er ihm vielleicht noch mehr erzählen, doch das hing von vielen anderen Dingen ab.

Als Gibson geendet hatte, merkte er plötzlich, wie begierig er darauf war, Jimmys Reaktionen kennenzulernen. Er fragte sich, wieviel der junge Mensch zwischen den Zeilen gelesen, ob er bereits dort einen Schuldspruch gefällt haben mochte, wo er verdient war, und ob er Mitgefühl zeigen, böse oder nur peinlich berührt sein würde. Für ihn war es plötzlich zu einer Sache von ungeheurer Bedeutung geworden, Jimmys Achtung und Freundschaft zu gewinnen – es war wichtiger als alles, was Gibson seit langem erlebt hatte. Nur so konnte er sein Gewissen beruhigen und jene anklagenden Stimmen aus der Vergangenheit beschwichtigen.

Er konnte Jimmys Gesicht nicht erkennen, da der andere im Schatten saß. Eine Ewigkeit schien zu vergehen, ehe er das Schweigen brach.

»Warum haben Sie mir all das eigentlich erzählt?« fragte er mit ruhiger Stimme.

Gibson zögerte einen Augenblick mit der Antwort. Die Pause ergab sich ganz zwanglos, denn auch sich selbst gegenüber hätte er kaum alle Motive dafür klarlegen können.

»Ich mußte es Ihnen einfach erzählen«, erklärte er ernst. »Eher hätte ich keine glückliche Stunde mehr gehabt. Und außerdem hatte ich das Gefühl, daß ich Ihnen irgendwie helfen könnte.«

Wieder diese nervenzerreißende Stille. Dann erhob sich Jimmy langsam.

»Ich muß erst darüber nachdenken«, sagte er in gefaßtem Ton. »Ich weiß jetzt nicht, was ich darauf erwidern soll.«

Damit ging er. Gibson blieb in einem Zustand von Ungewißheit und Verwirrung zurück und fragte sich, ob er nicht eine große Dummheit begangen hätte. Jimmys Selbstbeherrschung und die Tatsache, daß er in keiner Weise entschieden reagiert hatte, brachten ihn aus dem Gleichgewicht. Er wußte nicht, was er davon halten sollte. Nur eines war gewiß: seit er sein Bekenntnis abgelegt hatte, verspürte er eine große Erleichterung.

Aber sein Bekenntnis war noch keineswegs lückenlos, und es fehlte darin noch manches, was er selber nicht wußte.

7

»Aber das ist doch völliger Wahnsinn!« tobte Norden. »Es muß doch irgendeine Erklärung dafür geben! Deimos hat noch nicht einmal richtige Dockanlagen – wie zum Teufel sollen wir denn unsere Fracht dort löschen? Ich werde gleich einmal die oberste Verwaltungsstelle anrufen und Krach schlagen!«

»Das würde ich nicht tun«, sagte Bradley gedehnt. »Haben Sie nicht auf die Unterschrift geachtet? Dies ist kein Befehl von der Erde auf dem Umweg über den Mars. Er stammt aus dem Büro des Oberingenieurs. Der Alte mag zwar ein Tatar sein, aber er unternimmt nur selten etwas, ohne gute Gründe dafür zu haben.«

»Nennen Sie mir einen einzigen!«

Bradley zuckte die Achseln.

»Ich habe die Dinge auf dem Mars nicht in Gang zu halten, wie soll ich das also wissen? Wir werden es schon noch früh genug erfahren.« Er kicherte leise vor sich hin. »Ich bin gespannt, was Mac dazu sagt. Er muß eine völlig neue Anflugbahn auskalkulieren.«

Norden war mit einem Satz am Schaltbrett und drückte einen Hebel.

»Hallo, Mac – hier der Kapitän. Wie hören Sie mich?«

Nach einer kurzen Pause kam Hiltons Stimme durch den Lautsprecher.

»Mac ist im Augenblick nicht hier. Hast du einen Spruch für ihn?«

»Schön – dann mußt du es ihm eben beibringen. Wir haben Befehl vom Mars, eine neue Route einzuschlagen. Phobos darf nicht angeflogen werden – ohne Angabe von Gründen. Sag Mac, er soll eine Anflugbahn auf Deimos auskalkulieren und sofort damit herkommen, wenn er fertig ist.«

»Das verstehe ich nicht. Deimos besteht doch nur aus bergigem Gelände ohne« –

»Das haben wir uns alles schon selber gesagt! Vielleicht erfahren wir die Antwort, wenn wir hinkommen. Sag Mac, er soll sich mit mir in Verbindung setzen, sobald er kann, hörst du?« –

Dr. Scott machte Gibson mit dieser neuesten Wendung der Dinge bekannt, als der Schriftsteller gerade letzte Hand an einen seiner Artikel legte.

»Wissen Sie schon das Neueste?« rief er atemlos. »Wir haben Befehl, Deimos anzufliegen. Der Alte kocht vor Wut – wahrscheinlich verlieren wir einen ganzen Tag dabei.«

»Weiß jemand, warum?«

»Nein, das Ganze ist ein völliges Geheimnis. Wir haben zurückgefragt, aber Mars verweigert die Auskunft.«

Gibson kratzte sich den Kopf und prüfte und verwarf mehrere

Vermutungen zugleich. Er wußte, daß Phobos, der innere Mond, seit den Tagen der ersten Marsexpedition als Basis benützt worden war. Nur sechstausend Kilometer von der Oberfläche des Planeten entfernt, betrug seine Anziehungskraft knapp ein Tausendstel der irdischen und ließ ihn wie geschaffen für diesen Zweck erscheinen. Für die leichtkonstruierten Weltraumschiffe war es völlig gefahrlos, auf einer Welt zu landen, wo ihr Gesamtgewicht bis auf eine Tonne zusammenschmolz und wo Minuten vergingen, ehe sie ein paar Meter fielen. Ein kleines Observatorium, eine Radiostation und ein paar künstlich unter Druck gehaltene Gebäude waren alles, was auf dem kleinen Satelliten vorhanden war, der einen Durchmesser von nur ungefähr dreißig Kilometern hatte. Auf dem kleineren und weiter entfernten Mond, Deimos, gab es nichts außer einer automatischen Radaranlage.

Die Ares war in knapp einer Woche im Hafen fällig. Der Mars zeigte sich bereits als eine kleine Scheibe, und man konnte schon mit bloßem Auge zahlreiche Merkmale an seiner Oberfläche wahrnehmen. Irgend jemand starrte fast zu jeder Tageszeit durch ein Teleskop; Karten und Fotografien wurden ausgebreitet, und es gab erhitzte Debatten darüber. Gibson hatte sich eine große Mercator-Karte des Planeten ausgeliehen, und er studierte die Namen, von denen die meisten vor länger als einem Jahrhundert von Astronomen geprägt worden waren, die nie im Traum daran gedacht hatten, daß Menschen sie einmal als etwas ganz Alltägliches gebrauchen würden. Was für einen Sinn für Poesie diese alten Kartenzeichner doch an den Tag gelegt hatten mit ihrer Vorliebe für mythologische Bezeichnungen! Man brauchte nur einen Blick auf die Karte mit diesen Namen zu werfen, und schon fühlte man den Puls schneller schlagen – Deucalion, Elysium, Eumenides, Arcadia, Atlantis, Utopia, Eos . . . Gibson konnte diese Namen stundenlang vor sich hinsagen; ihm war, als öffneten sich Keats' Zauberbüchsen vor ihm. Es gab jedoch keine Meere auf dem Mars, weder gefahrvolle noch andere, obwohl viele Landstriche ebenso wüst waren.

Die Ares schnitt jetzt bereits die Bahn des Planeten, und in einigen Tagen würden die Motoren die äußere Geschwindigkeit des Schiffes herabmindern. Der Geschwindigkeitswechsel, der erforderlich war, um den Kurs von Phobos auf Deimos zu ändern, war nur geringfügig; trotzdem hatte Mackay mehrere

Stunden gebraucht, ihn auszurechnen.

Während der Mahlzeiten herrschte ein einziges Thema vor – wie die einzelnen Besatzungsmitglieder ihre Zeit auf dem Mars verbringen würden. Als Vergnügungsreisendem stand es Gibson frei, sich sofort an Land zu begeben, die Arbeiter jedoch, wie man ihn, nicht ohne einige anzügliche Bemerkungen einzuflechten, aufklärte, würden noch einige Tage auf Deimos zubringen, das Schiff auf seinen Zustand überprüfen und das Löschen der Fracht überwachen müssen.

Gibsons Pläne ließen sich in einem Wort zusammenfassen – soviel zu sehen wie irgend möglich. Trotz Bradleys wiederholter Versicherung, daß zwei Tage für den Mars völlig genügten, war es vielleicht ein wenig optimistisch, sich einzubilden, daß man einen ganzen Planeten in zwei Monaten kennenlernen konnte.

Die mit dem Endstadium der Reise verbundene Aufregung hatte Gibson bis zu einem gewissen Grade von seinen persönlichen Problemen abgelenkt. Er begegnete Jimmy mehrmals am Tage bei den Mahlzeiten und auch sonst gelegentlich, aber sie hatten ihre frühere Unterhaltung nicht wieder aufgenommen. Für eine Weile glaubte Gibson, daß Jimmy ihn absichtlich miede, er merkte jedoch bald, daß es sich nicht ganz so verhielt. Wie alle Besatzungsmitglieder hatte Jimmy jetzt, da die Reise sich ihrem Ende näherte, alle Hände voll zu tun. Norden legte Wert darauf, das Schiff in tadellosem Zustand in den Hafen zu bringen, und so fehlte es nicht an Beschäftigung.

Jimmy hatte jedoch trotz aller Betriebsamkeit viel über das nachgedacht, was Gibson ihm erzählt hatte. Zuerst hatte er einen ziemlichen Groll gegen den Mann empfunden, der seine Mutter, wie unabsichtlich auch immer, unglücklich gemacht hatte. Doch nach einer Weile begann er, die Dinge von Gibsons Standpunkt aus zu sehen, und begriff etwas von den Gefühlen des anderen. Jimmy war klug genug, um zu erraten, daß Gibson ihm nicht nur eine Menge verschwiegen, sondern darüber hinaus seinen eigenen Fall im günstigsten Lichte dargestellt hatte. Gleichwohl war es offensichtlich, daß Gibson die Vergangenheit aufrichtig bereute und bemüht war, den Schaden, so weit es ging, wiedergutzumachen, wenn er damit auch eine ganze Generation zu spät kam. –

Die Ares verringerte ihre Geschwindigkeit, um sich der weit geringeren Marsvelozität anzupassen, und es war seltsam, sich plötzlich wieder als Körper mit innewohnender Schwere zu empfinden und das ferne Dröhnen der Motoren zu hören. Das Manövrieren und die letzten Kurskorrekturen, die feines Fingerspitzengefühl erforderten, nahmen gut vierundzwanzig Stunden in Anspruch. Als das vorüber war, erschien der Mars zwölfmal so groß wie der Vollmond von der Erde gesehen. Phobos und Deimos hatten das Aussehen von kleinen Sternen, und nachdem man sie ein paar Minuten beobachtet hatte, konnte man erkennen, daß sie sich bewegten.

Gibson hatte sich nie eine richtige Vorstellung davon gemacht, wie rot die großen Wüstenflächen waren. Das einfache Wörtchen ›rot‹ vermittelte jedoch keinen Begriff von der Vielfarbigkeit dieser langsam immer größer werdenden Scheibe. Einige Regionen waren fast scharlachrot gefärbt, andere gelbbraun. Die vorherrschende Farbe ließ sich vielleicht am besten als ziegelrot bezeichnen.

Auf der südlichen Halbkugel war Frühling, und die Polarkappe war dort, wo der Schnee sich in höheren Lagen noch immer hielt, zu einigen weißen Flecken zusammengeschmolzen. Der breite Vegetationsgürtel zwischen Pol und Wüste war zum größten Teil von einem blassen Blaugrün, jedoch mit allen erdenklichen anderen Farbschattierungen durchsetzt.

Langsam rückte diese zerklüftete Felslandschaft immer näher und glitt vorüber, als die Ares sich behutsam zu der Radiostation hinuntertastete, deren Ruf Gibson vor wenigen Tagen vernommen hatte. Alsbald erblickte er auf einer fast ebenen Fläche ein paar Kilometer unter sich die ersten Anzeichen dafür, daß Menschen diese Wüstenei besucht hatten. Zwei Reihen senkrecht stehender Pfeiler ragten aus dem Boden, und zwischen ihnen schlang sich ein ganzes Netzwerk von Kabeln. Fast unmerklich senkte sich die Ares auf Deimos nieder; der Hauptantrieb war längst abgeschaltet, da die kleinen Hilfsdüsen vollauf genügten, mit dem Effektgewicht des Schiffes, das ein paar hundert Kilogramm nicht überstieg, fertig zu werden.

Man spürte kaum etwas davon, daß das Schiff Kontakt machte; nur die plötzlich eintretende Stille, als die Düsen abgeschaltet wurden, verriet Gibson, daß die Reise vorüber war und daß die Ares in dem Schlitten ruhte, den man für sie vorbereitet hatte. Er war zwar noch immer zwanzigtausend Kilometer vom Mars entfernt, und es würde noch ein weiterer Tag verstreichen, ehe er sein Endziel in einer jener kleinen Raketen erreichte, von denen eine bereits unterwegs war, um ihn abzuholen; aber für die Ares bedeutete es das Ende der Fahrt. Die kleine Kabine, die ihn für so viele Wochen beherbergt hatte, würde bald nichts mehr von ihm wissen.

Er verließ das Beobachtungsdeck und eilte auf den Bedienungsstand, den er während der letzten ruhigen Stunden absichtlich gemieden hatte. Es war jetzt längst nicht mehr so einfach, sich auf der Ares zu bewegen wie vorher, da das schwache Gravitationsfeld des Deimos gerade genügte, ihn in seinen Bewegungen unsicher zu machen, und er sich erst sehr daran gewöhnen mußte. Wie würde es erst sein, nach so langer Zeit wieder ein richtiges Gravitationsfeld unter den Füßen zu haben! Es war kaum zu glauben, daß ihm der Gedanke, schwerelos zu sein, noch vor drei Monaten höchst seltsam vorgekommen war; dabei hatte er diesen Zustand schon bald als völlig normal empfunden. Wie anpassungsfähig der menschliche Körper doch war!

Die gesamte Mannschaft saß um den Kartentisch und strahlte eitel Selbstzufriedenheit aus.

»Sie kommen gerade im rechten Augenblick, Martin«, sagte Norden fröhlich. »Wir wollen nämlich eine kleine Feier veranstalten. Holen Sie Ihre Kamera und knipsen Sie uns, während wir auf den alten Kahn anstoßen.«

»Trinkt nicht schon vorher alles aus, ich möchte auch noch einen Schluck vorfinden«, sagte Gibson und ging, um seine Leica zu holen. Als er zurückkam, war Dr. Scott gerade dabei, ein interessantes Experiment zu machen.

»Ich habe es satt, wie ein Säugling an meiner Bierflasche zu nippeln«, erklärte er. »Ich möchte wieder einmal richtig aus einem Glase trinken. Jetzt ist die Gelegenheit dazu. Wollen mal sehen, wie lange es dauert.«

»Es wird schal sein, ehe es den Boden des Glases berührt«, warnte Mackay. Aber der Versuch war bereits im Gange. Scott hielt die durchlöcherte Bierbüchse etwa einen Fuß über sein Glas – und zum erstenmal seit drei Monaten hatte das Wörtchen ›über‹ wieder einen Sinn, wenn auch nur einen beschränkten. Unglaublich langsam sickerte die elfenbeinfarbene Flüssigkeit aus der Büchse – so langsam, daß man unwillkürlich an Sirup denken mußte. Eine dünne Säule erstreckte sich nach unten und bewegte sich zuerst fast unwahrnehmbar, erfuhr jedoch dann eine geringe Beschleunigung. Es schien eine Ewigkeit zu dauern, bis das Glas erreicht wurde; doch als die Flüssigkeit dann endlich den Boden berührte und langsam zu steigen begann, gab es ein lautes Hallo unter den Männern.

»Meiner Berechnung nach müßte es hundertzwanzig Sekunden dauern«, hörte man Mackays Stimme durch den allgemeinen Lärm.

»Rechnen Sie lieber noch einmal nach«, erwiderte Scott »Das wären zwei Minuten, und es ist bereits da!«

»Eh?« sagte Mackay erschrocken und schien erst jetzt zu merken, daß das Experiment vorüber war. Er rechnete schnell noch einmal nach, und plötzlich hellte sein Gesicht sich auf: er hatte sich um eine Dezimalstelle geirrt.

»Wie dumm von mir! Aber ich war schon immer schwach im Kopfrechnen. Ich meinte natürlich zwölf Sekunden.«

»Und dieser Mensch hat uns gefahren!« rief jemand entsetzt aus. »Heimzu laufe ich dann doch lieber!«

Niemand schien geneigt, Scotts Experiment zu wiederholen; man fand es zwar interessant, aber doch von geringem praktischem Nutzen. Und so trank man das Bier lieber auf ›normale‹ Weise, indem man sich große Mengen in den Mund spritzte, und bald schon machte sich eine ausgelassene Stimmung unter der Gesellschaft bemerkbar. Dr. Scott rezitierte sämtliche Strophen eines Liedes – eine erstaunliche Gedächtnisleistung –, das zahlende Passagiere selten zu hören bekommen und das mit den Worten beginnt:

›Das war das Weltraumschiff *Venus* . . .‹

Gibson folgte der Aufzählung der Abenteuer jenes Schiffes, das seinen Namen anscheinend mit vollem Recht trug, und seiner treuherzigen, wenn auch recht einseitigen Mannschaft für eine Weile. Dann wurde ihm die Atmosphäre jedoch zu stickig, und er ging hinaus, um frische Luft zu schöpfen. Fast automatisch kehrte er auf seinen Lieblingsplatz auf dem Beobachtungsdeck zurück.

Er mußte sich festschnallen, sonst wäre er durch das schwache, aber stetige Ziehen des Deimos aus dem Gleichgewicht geraten. Der zunehmende Mars lag direkt vor ihm. Dort unten wurden bereits Vorbereitungen zu seinem Empfang getroffen, und schon jetzt mochten die kleinen Raketen, die sie abholen sollten, unterwegs sein. Vierzehntausend Kilometer tiefer, aber noch immer sechstausend Kilometer über dem Mars, war Phobos im Durchgang durch die dunkle Seite des Planeten und hob sich hell gegen den sternverfinsternden Halbmond ab. Gibson fragte sich, was wohl auf diesem kleinen Mond vor sich gehen mochte. Nun, er würde schon noch früh genug dahinterkommen. Inzwischen würde er seine Aerographie ein wenig auffrischen. Er schaute aufmerksam hinunter. Dort lag die Doppelgabelung des Sinus Meridiani – sehr bequem, direkt auf dem Äquator und auf null Grad Länge – und etwas östlich davon Syrtis Major. Von diesen beiden leicht erkennbaren Landmarken ausgehend, konnte er die übrigen Details leicht ergänzen. Margaritifer Sinus war heute gut zu sehen, aber über Xanthe hingen Wolken und –

»Mr. Gibson!«

Er blickte sich um.

»Nanu, Jimmy – ist es Ihnen auch zuviel geworden?«

Jimmy war ziemlich erhitzt und rot im Gesicht – offensichtlich ebenfalls von dem Bedürfnis nach frischer Luft hergetrieben. Leicht schwankend stieg er auf den Beobachtungssitz und starrte für einen Augenblick schweigend auf den Mars, als hätte er ihn noch nie gesehen. Dann schüttelte er mißbilligend den Kopf.

»Er ist viel zu groß«, sagte er, wie zu sich selber.

»Die Erde ist noch größer«, wandte Gibson ein. »Und außerdem ist Ihre Kritik völlig bedeutungslos, wenn Sie nicht ganz klar sagen, welche Maßstäbe Sie anlegen. Wie groß oder wie klein sollte denn der Mars Ihrer Ansicht nach sein?«

Von dieser Seite hatte Jimmy die Sache offenbar überhaupt noch nicht betrachtet, und er dachte für eine Weile tief darüber nach.

»Ich weiß nicht«, sagte er traurig. »Er ist trotzdem zu groß. Alles ist zu groß.«

Diese Unterhaltung führt zu nichts, dachte Gibson, ich werde das Thema wechseln müssen.

»Was werden Sie denn machen, wenn Sie auf dem Mars sind? Die paar Monate bis zur Rückfahrt der Ares werden schnell genug vergehen.«

»Ich werde mich wahrscheinlich um Port Lowell herumtreiben und ab und zu hinaus in die Wüste wandern. Wenn ich könnte, würde ich das Land gern ein bißchen erforschen.«

Gibson hielt das für einen guten Gedanken, wußte jedoch, daß jede Erforschung des Mars, die nicht nur auf Spielerei hinauslief, ein schwieriges Unternehmen war und eine sachgemäße Ausrüstung sowie erfahrene Führer erforderte. Es erschien ihm unwahrscheinlich, daß Jimmy Gelegenheit finden würde, sich einer jener wissenschaftlichen Expeditionen anzuschließen, die von Zeit zu Zeit aus den einzelnen Siedlungen aufbrachen.

»Ich habe eine Idee«, sagte er. »Man hat Anweisung, mir all das zu zeigen, was ich zu sehen wünsche. Vielleicht kann ich ein paar Ausflüge nach Hellas oder Hesperia organisieren. Bisher ist noch niemand weiter dort gewesen. Hätten Sie Lust, mitzukommen? Vielleicht laufen uns sogar ein paar Marsmenschen über den Weg!«

Seit die ersten Schiffe mit der enttäuschenden Nachricht zurückgekehrt waren, daß es keine Marsmenschen gäbe, war dies der stehende Witz, den man machte, sobald vom Mars die Rede war. Doch es gab immer noch eine ganze Anzahl von Leuten, die sich wider besseren Augenschein nicht davon abbringen ließen, daß man in den unerforschten Regionen des Planeten doch noch auf intelligentes Leben stoßen könnte.

»Ja«, sagte Jimmy, »das ist ein großartiger Gedanke. Sobald wir den Mars betreten, bin ich völlig mein eigener Herr und kann tun und lassen, was ich will. Ich habe das sogar vertraglich.«

Er sprach in einem ziemlich aggressiven Ton, als wären seine Worte an irgendeinen unsichtbaren Vorgesetzten gerichtet, und Gibson hielt es für das klügste, zu schweigen.

Das Schweigen dauerte eine Weile. Dann begann Jimmy sich ganz unmerklich in die Luft zu erheben und langsam davonzutreiben; Gibson erwischte ihn gerade noch rechtzeitig und schnallte ihn fest, wobei er von der Voraussetzung ausging, daß Jimmy sich ebensogut hier wie woanders ausschlafen konnte. Es hatte keinen Zweck mehr, ihn erst noch in seine Kabine zu tragen.

Ob es wahr sein mag, daß wir unser wahres Gesicht nur während des Schlafes zeigen? fragte sich Gibson. Im Zustand völliger Entspannung sah Jimmy recht friedfertig und zufrieden aus – wenn es vielleicht auch der rötliche Widerschein des großen Planeten war, der ihm dieses durch und durch gesunde Aussehen verlieh. Gibson hoffte, daß es sich nicht um eine Täuschung handelte. Die Tatsache, daß Jimmy ihn endlich einmal aus völlig freien Stücken aufgesucht hatte, war bedeutsam. Natürlich war Jimmy nicht ganz bei sich, und es war leicht möglich, daß er sich beim Erwachen an nichts mehr erinnerte. Aber das hielt Gibson für unwahrscheinlich. Jimmy hatte ihm, wenn es ihm auch nicht deutlich bewußt sein mochte, vielleicht nur eine weitere Chance geben wollen.

Es war seine Bewährungsfrist.

Am nächsten Tage wurde Gibson durch einen höllischen Lärm geweckt. Es klang, als fiele die Ares in Stücke. Er zog sich in aller Eile an und trat auf den Gang hinaus. Der erste Mensch, dem er begegnete, war Mackay, der ohne ein Wort der Erklärung an ihm vorbeiging und ihm zurief: »Die Raketen sind da! Die erste fährt in zwei Stunden wieder ab. Beeilen Sie sich also – Sie sollen gleich mitfahren.«

Gibson kratzte sich ein wenig überrumpelt am Kopf.

»Das hätte man mir auch früher sagen können«, murmelte er. Dann fiel ihm ein, daß er ja Bescheid bekommen hatte und daß die Schuld allein bei ihm selber lag. Er kehrte in seine Kabine zurück und begann seine Koffer zu packen. Von Zeit zu Zeit lief eine spürbare Erschütterung durch die Ares, und er fragte sich, was vor sich gehen mochte.

Norden, der ziemlich abgespannt aussah, war an der Luftschleuse, als Gibson hinkam. Dr. Scott, ebenfalls reisefertig, stand neben ihm. Er hatte einen bauchigen Metallbehälter in der Hand, den er mit äußerster Sorgfalt behandelte.

»Hoffentlich habt ihr eine angenehme Fahrt«, sagte Norden. »In zwei Tagen, sobald die Fracht gelöscht ist, sehen wir uns wieder. Bis dahin also – aber da hätte ich fast etwas vergessen! Sie sollen noch etwas unterschreiben.«

»Was denn?« fragte Gibson argwöhnisch. »Ich unterschreibe nie etwas, bevor nicht mein Agent ja und amen dazu gesagt hat.«

»Lesen Sie es sich nur erst in Ruhe durch«, grinste Norden. »Es ist ein historisches Dokument ersten Ranges.«

Auf dem Pergament, das Norden ihm reichte, standen die folgenden Worte:

Hiermit wird bescheinigt, daß der Schriftsteller Martin M. Gibson die Jungfernreise der Ares von der Erde nach dem Mars als erster Passagier mitgemacht hat.

Es folgte das Datum, und darunter war Platz für die Unterschriften Gibsons und der übrigen Besatzungsmitglieder frei gelassen. Gibson setzte seinen Namenszug in schnörkelhaften Buchstaben darunter.

»Der Wisch wird wahrscheinlich einmal im Astronautischen Museum enden, vorausgesetzt, daß man je eines einrichtet«, bemerkte er.

»Die Ares vermutlich auch«, sagte Dr. Scott.

»Ihr das schon nach ihrer ersten Fahrt zu prophezeien, ist ein starkes Stück!« protestierte Norden. »Aber wahrscheinlich haben Sie recht. Ich muß leider jetzt weiter. Die anderen haben Schutzkleidung angelegt und sind draußen – macht euch nur durch Zurufe bemerkbar. Wir treffen uns dann später auf dem Mars!«

Gibson stieg zum zweitenmal in einen Schutzanzug und tat, als hätte er bereits eine Menge Übung darin.

»Später einmal, wenn alles besser organisiert sein wird«, sagte Dr. Scott belehrend, »werden die Passagiere sich selbstverständlich durch einen Verbindungszylinder auf das Fährboot begeben, und all diese Umstände werden sich erübrigen.«

»Da wird Ihnen aber eine Menge Spaß entgehen«, erwiderte Gibson und vergewisserte sich, daß an seinem Anzug alles in Ordnung war.

Die Außentür öffnete sich, und sie ließen sich langsam über die Oberfläche des Deimos treiben. Die Ares, die nur provisorisch vertäut war, sah aus, als hätte ein Abbruchtrupp sich über sie hergemacht. Jetzt war es Gibson auch klar, wo die Geräusche hergekommen waren, die ihn geweckt hatten. Man hatte fast sämtliche Metallplatten an der südlichen Halbkugel entfernt, um an die Laderäume heranzugelangen, und die durch Spezialkleidung geschützten Mitglieder der Besatzung waren damit beschäftigt, Frachtstücke herauszuschleppen, die auf dem felsigen Boden rings um das Schiff aufgestapelt wurden. Das Ganze machte auf Gibson den Eindruck einer mehr von Glück als von Geschicklichkeit abhängenden Operation. Er hoffte, daß niemand seinem Gepäck aus Versehen einen leichten Stoß versetzen würde; denn das hätte genügt, jeden Koffer unwiederbringlich in den Weltraum hinauszusenden und einen dritten, noch kleineren Marssatelliten daraus zu machen.

Fünfzig Meter von der Ares entfernt lagen die beiden Flügelraketen, die über Nacht vom Mars gekommen waren. Neben dem gewaltigen Rumpf der Ares wirkten sie fast unansehnlich. Eine davon wurde bereits beladen; die andere, die noch kleiner war, diente offensichtlich nur dem Passagierverkehr. Indem Gibson langsam und vorsichtig hinter Scott her darauf zusteuerte, schaltete er sein Sprechfunkgerät ein und verabschiedete sich von seinen Kameraden. Sie antworteten ihm neiderfüllt, und er hörte, wie sie keuchten und ächzten – denn die Lasten, die sie bewegten, obwohl praktisch gewichtslos, besaßen ihr normales Trägheitsmoment und waren ebenso schwer von der Stelle zu bewegen wie auf Erden.

»So ist's richtig!« ertönte Bradleys Stimme. »Sie hauen ab, und wir können uns hier zu Tode schuften!«

»Ein Trost bleibt euch jedenfalls«, lachte Gibson. »Ihr seid bestimmt die höchstbezahlten Transportarbeiter im ganzen Sonnensystem!« Er konnte Bradleys Standpunkt durchaus begreifen; dies war kaum die Arbeit, für die das hochqualifizierte technische Personal der Ares angeheuert worden war. Aber derartige Improvisationen waren unvermeidlich, seit man der Ares verboten hatte, den kleinen, aber leistungsfähigen Hafen auf Phobos anzufliegen.

Gibson hätte gern noch mit Jimmy ein persönliches Wort gewechselt, aber da sämtliche Teilnehmer mithören konnten, nahm er Abstand davon und vertagte es auf später.

Es berührte höchst eigenartig, nach so langer Zeit wieder ein neues menschliches Gesicht zu sehen. Der Raketenpilot kam in die Luftschleuse, um ihnen beim Ablegen der Anzüge behilflich zu sein, die für künftige Verwendung auf Deimos zurückblieben. Dann führte er sie in die schmale Kabine und empfahl ihnen, sich in den Polstersitzen zu entspannen.

»Da ihr für ein paar Monate so gut wie schwerelos gewesen seid«, sagte er, »werde ich euch so sanft hinunterbefördern, wie ich kann. Ich werde normale Erdenschwere benützen – aber selbst das wird euch vorkommen, als schlepptet ihr eine ganze Tonne mit euch herum.«

»Ja«, sagte Gibson und versuchte krampfhaft, seine letzte Erfahrung dieser Art zu vergessen.

Er vernahm ein leises, weit entferntes Dröhnen, und dann drückte ihn etwas fest in die Tiefen seines Sitzes. Die Bergzacken des Deimos blieben rasch zurück; er erhaschte einen letzten Schimmer der Ares – eine helle Silberkugel, die sich gegen düstere Felsen abhob.

Ein Kraftstoß von nur einer einzigen Sekunde hatte genügt, sie von dem kleinen Mond freizusetzen; jetzt umkreisten sie den Mars in freier Bahn. Der Pilot beschäftigte sich einige Minuten mit seinen Instrumenten, empfing Sprüche von dem Planeten unter ihnen und schwang das Schiff mit seinen Kreiselgeräten herum. Dann drückte er auf den Auslöser, und wiederum donnerten die Raketen sekundenlang. Das Schiff löste sich aus der Deimos-Bahn und stürzte in Richtung Mars. In verkleinertem Maßstab wiederholte sich alles, was zu einer interplanetarischen Reise gehört. Nur zeitlich stimmte es nicht überein, da sie ihr Ziel bereits in drei Stunden und nicht erst in drei Monaten erreichen würden und nur ein paar tausend statt Millionen von Kilometern zurückzulegen hatten.

»Nun?« sagte der Pilot, indem er seine Instrumente abschloß und sich auf seinem Sitz herumdrehte. »Wie war's? Habt ihr eine gute Fahrt gehabt?«

»Soweit ganz angenehm, danke«, erwiderte Gibson. »Viel hat sich natürlich nicht ereignet. Es ging alles ziemlich glatt.«

»Wie sieht es denn jetzt auf dem Mars aus?« fragte Scott.

»Genau wie immer. Viel Arbeit und wenig Abwechslung. Das Neueste ist die große Kuppel, die wir in Lowell errichten. Dreihundert Meter Gewölbespannung – ihr werdet euch wie auf die Erde zurückversetzt vorkommen. Wir sind gespannt, ob es uns gelingen wird, Wolken und Regen im Inneren hervorzubringen.«

»Was ist denn eigentlich an dieser ganzen Phobos-Geschichte dran?« erkundigte sich Gibson, begierig auf eine Sensation. »Wir haben eine Menge Scherereien deswegen gehabt.«

»Das hat wohl weiter nichts zu bedeuten. Niemand scheint genau Bescheid zu wissen, es sind jedoch eine ganze Menge Leute oben, die ein großes Laboratorium bauen. Ich vermute, daß Phobos von jetzt an rein wissenschaftlichen Zwecken dienen soll und daß man deswegen keinen Flugverkehr dort wünscht. Genaue Messungen wären unter diesen Umständen wahrscheinlich unmöglich.«

Damit wurden einige interessante Theorien, die Gibson sich zurechtgelegt hatte, hinfällig, und er fühlte sich enttäuscht. Hätte ihn die bevorstehende Ankunft nicht in eine gewisse Spannung versetzt, so hätte er die vorgebrachte Erklärung vielleicht etwas kritischer unter die Lupe genommen, aber wie die Dinge lagen, gab er sich damit zufrieden und dachte nicht weiter über die Angelegenheit nach.

Als der Mars nach einer Viertelstunde immer noch nicht sichtlich näher gerückt war, beschloß Gibson, soviel wie möglich über die dortigen Lebensverhältnisse in Erfahrung zu bringen und den Piloten auszuhorchen. Er hatte Furcht davor, sich entweder durch Unkenntnis oder Taktlosigkeit zu blamieren. Der Pilot hatte es nicht leicht, seine Instrumente zu bedienen und gleichzeitig Gibsons Fragen zu beantworten.

Der Mars war noch knapp tausend Kilometer entfernt, als Gibson endlich von seinem Opfer abließ und seine ganze Aufmerksamkeit der sich entfaltenden Landschaft unten zuwandte. Sie überquerten den Äquator in raschem Flug und stießen hinab in die äußeren Schichten der tiefen, aber dünnen Atmosphäre. Und dann kam plötzlich der Augenblick, da der Mars aufhörte, als ein im Weltraum schwebender Planet zu erscheinen und sich in ein Landschaftsbild verwandelte. Wüsten und Oasen glitten vorüber; Syrtis Major tauchte auf und war verschwunden, ehe Gibson sie zu erkennen vermochte. Sie flogen in fünfzig Kilometer Höhe, als man die ersten Anzeichen dafür verspürte, daß die Atmosphäre sich verdichtete. Ein fernes, leises Seufzen, das aus dem Nichts zu kommen schien, füllte die Kabine: der Widerstand, den ihnen die Luft entgegensetzte und der rasch anwachsen würde, falls mit der Navigation etwas nicht stimmte. Gibson spürte, wie sich ihre Geschwindigkeit zunehmend verringerte; das Pfeifen der Luft drang jetzt so laut durch die isolierten Wände, daß es ihnen schwergefallen wäre, sich zu verständigen.

Das Ganze schien eine geraume Weile zu dauern, in Wirklichkeit waren es jedoch nur ein paar Minuten. Allmählich ließ das Geheul nach und erstarb. Die Rakete flog jetzt so langsam, daß vom Luftwiderstand nichts mehr zu befürchten war. Das strahlenbrechende Material, aus dem ihre Nase und die messerscharfen Flügel bestanden und das in Weißglut geraten war, würde schnell wieder abkühlen. Die Rakete war jetzt kein Weltraumschiff mehr, sondern nur noch ein Segelflugzeug, das mit knapp tausend Stundenkilometern über die Wüste flog und sich durch Radar nach Port Lowell peilen ließ.

Die Siedlung lag als ein winziger weißer Fleck am Horizont und hob sich scharf von dem dunklen Hintergrund des Aurorae Sinus ab. Der Pilot wich in einem weit ausschwingenden Bogen nach Süden aus und verlor Höhe und Geschwindigkeit. Gibson erhaschte den flüchtigen Anblick einiger großer, runder, dicht beisammenstehender Kuppeln; dann war es, als höbe sich der

Boden ihm entgegen, und nach einigen leichten Stößen kam die Maschine langsam zum Stillstand.

Er befand sich auf dem Mars. Er stand auf Boden, der den Menschen des Altertums als ein bewegliches rotes Licht unter den Sternen und der noch dem vergangenen Jahrhundert als etwas Geheimnisvolles und völlig Unerreichbares vorgekommen war – und der jetzt die äußerste Grenze des Menschengeschlechts bildete.

»Allerlei Leute, die sich da zum Empfang eingefunden haben«, sagte der Pilot. »Alles, was auf Rädern läuft, ist da. Ich wußte gar nicht, daß so viele Fahrzeuge verfügbar sind!«

Zwei kleine, stämmige Wagen mit breiter Ballonbereifung waren zum Empfang aufgefahren. Beide verfügten über eine unter erhöhtem Luftdruck stehende Fahrerkabine, in der zwei Personen Platz hatten, doch mindestens zwölf Leute hatten es trotz des beschränkten Raumes fertiggebracht, mitgenommen zu werden, indem sie sich irgendwo festklammerten. Dahinter sah man zwei große Raupenfahrzeuge, ebenfalls dicht mit Zuschauern besetzt. Gibson hatte eine solche Menschenmenge keineswegs erwartet und überlegte sich eine kurze Ansprache.

»Ich weiß zwar nicht, vermute aber, daß Sie damit noch nicht Bescheid wissen«, sagte der Pilot und holte zwei Sauerstoffmasken hervor. »Sie brauchen sie nur die paar Schritte bis zu den Flöhen aufzusetzen.« Bis zu den was? fragte sich Gibson. Doch im selben Augenblick fiel ihm ein, daß es sich nur um jene kleinen Fahrzeuge handeln konnte, um die berühmten Mars-›Sandflöhe‹, das hier allgemein gebräuchliche Verkehrsmittel. »Ich werde sie Ihnen aufsetzen. Wie ist die Sauerstoffzufuhr? O.K.? Gut – dann also los. Es kommt Ihnen zuerst wahrscheinlich etwas komisch vor.«

Die Luft entwich zischend aus der Kabine, bis der Druck innen und außen gleich war. Gibson verspürte ein unbehagliches Prikkeln auf seiner nackten Haut. Die Atmosphäre, die ihn umgab, war dünner als über dem Gipfel des Everest. Es hatte drei Monate langsamer Gewöhnung auf der Ares und sämtlicher Hilfsmittel der modernen Medizin bedurft, daß er jetzt, durch nichts weiter geschützt als durch eine einfache Sauerstoffmaske, auf den Mars hinaustreten konnte.

Er fühlte sich geschmeichelt, daß so viele Leute sich zu seinem Empfang eingefunden hatten. Es kam eben nicht allzu häufig vor, daß so berühmte Besucher sich in die Kolonie verirrten, wo man im allgemeinen viel zu beschäftigt war, als daß man großen Wert auf Förmlichkeiten gelegt hätte.

Dr. Scott trat neben ihm ins Freie und hatte noch immer den großen Metallbehälter in der Hand, auf den er während der ganzen Fahrt so sorgfältig achtgegeben hatte. Bei seinem Erscheinen stürmte eine Gruppe von Kolonisten vorwärts, ignorierte Gibson völlig und umdrängte den Arzt. Gibson vernahm ihre Stimmen, die in dieser dünnen Luft so verzerrt klangen, daß man fast nichts verstehen konnte.

»Schön, daß man Sie einmal wiedersieht, Doc – geben Sie her und lassen Sie uns das Ding tragen!«

»Es ist alles vorbereitet, im Krankenhaus stehen zehn Kästen bereit. In einer Woche spätestens müßten wir wissen, ob es etwas nützt.«

»Kommen Sie – steigen Sie ein –, unterhalten können wir uns später!«

Bevor Gibson wußte, was geschah, waren die Männer, ohne ihn auch nur eines Blickes zu würdigen, mit Scott in Richtung Port Lowell davongebraust. Er kam sich unsäglich albern und dumm vor.

Zum Glück war er nicht ganz allein zurückgeblieben – noch standen die Sandflöhe da. Einer der Passagiere sprang herunter und kam auf ihn zu.

»Mr. Gibson? Darf ich mich vorstellen? Ich heiße Westerman und bin von der ›Times‹ – das heißt von unserer hiesigen ›Times‹. Freut mich, Ihre Bekanntschaft zu machen. Dies ist –«

»Henderson von der Abfertigung«, unterbrach ihn ein großer Mann mit scharfen Gesichtszügen, offensichtlich unwillig darüber, daß der andere ihm zuvorgekommen war. »Ich habe schon Anweisung gegeben, daß man sich um Ihr Gepäck kümmert. Kommen Sie nur.« Man merkte deutlich, daß Westerman den Neuankömmling gern in seinem eigenen Jeep mitgenommen hätte, aber er mußte sich wohl oder übel fügen. Gibson kletterte in Hendersons Floh, und zwar durch den sackartigen elastischen Vorhang, der dem Fahrzeug als Luftschleuse diente, und der andere kam alsbald hinter ihm her hereingekrochen. Es war eine Wohltat, die Sauerstoffmaske ablegen zu können; die paar Minuten, die er draußen zugebracht, hatten ihn ziemlich angestrengt. Ihm war, als hätte er Blei in den Gliedern – genau die gegenteilige

Empfindung, mit der man beim Eintreffen auf dem Mars rechnete. Aber da er für drei Monate überhaupt keine Schwere gekannt hatte, würde erst einige Zeit verstreichen müssen, ehe er sich daran gewöhnte – selbst wenn sein jetziges Gewicht nur ein Drittel seines irdischen betrug.

Das Fahrzeug steuerte in rascher Fahrt auf die Kuppeln von Port Lowell zu, die man in ein paar Kilometern Entfernung aufragen sah. Zum erstenmal nahm er mit vollem Bewußtsein etwas von dem hellgefleckten Grün jener widerstandsfähigen Pflanzen wahr, die die verbreitetste Lebensform auf dem Mars darstellten. Der Himmel war jetzt nicht mehr kohlschwarz, sondern von einem tiefen, strahlenden Blau. Die Sonne stand fast im Zenith, und ihre Strahlen drangen mit überraschender Wärme durch die Kuppel der Fahrerkabine.

Gibson ließ seine Blicke über das dunkle Himmelsgewölbe schweifen und versuchte, den kleinen Mond zu entdecken, auf dem seine Kameraden noch immer bei der Arbeit waren. Henderson bemerkte seine Kopfbewegung, ließ das Steuerrad mit einer Hand los und zeigte dicht neben die Sonne.

»Dort«, sagte er.

Gibson legte die Hand über die Augen und blickte in die angegebene Richtung. Nach einer Weile erkannte er etwas westlich von der Sonne einen hellen Stern, der sich wie ein ferner elektrischer Lichterbogen gegen das Blau abhob. Deimos konnte es nicht sein, dazu war er zu klein, und es dauerte einen Augenblick, ehe Gibson dahinterkam, daß sein Gefährte etwas ganz anderes meinte, als was er suchte.

Dieses stetige, unverwandte Licht, das so unerwartet am Taghimmel aufleuchtete, war jetzt und würde noch für viele Wochen der Morgenstern des Mars sein, weiteren Kreisen besser unter dem Namen Erde bekannt.

8

»Tut mir leid, daß ich Sie warten lassen mußte«, sagte Bürgermeister Whittaker. »Aber Sie wissen ja, wie das ist – der Chef ist seit einer Stunde in einer Sitzung. Ich habe ihm nur gerade zuflüstern können, daß Sie hier sind. Hier entlang – gleich durch die Registratur, das ist bedeutend kürzer.«

Es hätte auch eines der üblichen Büros auf Erden sein können. Die Tür trug die Aufschrift ›Gouverneur‹. Ein Name stand nicht darunter. Das war auch nicht nötig, da im ganzen Sonnensystem bekannt war, wer auf dem Mars regierte. Ja, man konnte den Planeten kaum in irgendeinem Zusammenhang erwähnen, ohne gleichzeitig an Warren Hadfield zu denken.

Der Gouverneur erhob sich von seinem Schreibtisch, und Gibson war überrascht, daß er viel kleiner war, als er ihn sich vorgestellt hatte. Unbewußt hatte er ihn wahrscheinlich nach seinen Leistungen beurteilt und erwartet, einen Hünen vorzufinden. Seine schlanke, sportliche Gestalt und der sensitive, an einen Vogel erinnernde Kopf entsprachen jedoch genau dem Bilde, das er sich von ihm gemacht hatte.

Das Interview begann mit ausweichenden Äußerungen Gibsons, der durchaus einen guten Eindruck machen wollte. Seine Aufgabe würde unendlich leichter zu erfüllen sein, wenn er den Chef auf seiner Seite hatte. Machte er sich dagegen Hadfield von vornherein zum Gegner, so konnte er ebensogut gleich wieder abreisen.

»Ich hoffe, Whittaker hat sich ein bißchen um Sie gekümmert«, sagte der Chef, nachdem man die einleitenden Höflichkeiten ausgetauscht hatte. »Ich konnte Sie leider nicht früher empfangen, da ich gerade erst von einer Inspektionstour zurückgekehrt bin. Haben Sie schon Fuß gefaßt hier?«

»Einigermaßen«, sagte Gibson lächelnd. »Ich fürchte zwar, daß ich ein paar Gegenstände zerbrochen habe, indem ich sie einfach mitten in der Luft losließ, aber langsam gewöhne ich mich wieder an die Schwere.«

»Und was halten Sie von unserem Städtchen?«

»Eine erstaunliche Leistung. Ich weiß nicht, wie Sie das alles in so kurzer Zeit fertiggebracht haben.«

Hadfield beobachtete ihn scharf. »Seien Sie ganz offen. Es ist kleiner, als Sie erwartet hatten, nicht wahr?«

Gibson zögerte.

»Das mag schon sein – aber schließlich bin ich an die Ausmaße von London und New York gewöhnt. Und schließlich würden zweitausend Einwohner auch auf Erden nur ein größeres Dorf ausmachen. Ein Großteil von Port Lowell liegt ja auch unter der Erde, und das macht eine Menge aus.«

Der Gouverneur schien weder verärgert noch überrascht.

»Alle Leute sind zuerst von der größten Stadt auf dem Mars enttäuscht«, sagte er. »Aber schon in der nächsten Woche, sobald die neuen Kuppelhallen fertig sind, wird sie wieder ein Stück gewachsen sein. Erzählen Sie mir jetzt einmal, wie Sie Ihren hiesigen Aufenthalt auszunützen gedenken. Sie wissen ja wahrscheinlich, daß ich von Ihrem Kommen zuerst nicht gerade begeistert war.«

»Das habe ich schon auf Erden zu spüren bekommen«, sagte Gibson leicht betroffen. Die Entdeckung, daß Offenheit eine der Haupttugenden des Gouverneurs war, stand ihm noch bevor, eine Eigenschaft, die nicht gerade zu seiner Beliebtheit beitrug. »Sie haben vermutlich befürchtet, daß ich nur im Wege sein würde.«

»Ja. Aber da Sie nun einmal hier sind, wollen wir Sie auch nach Kräften unterstützen und hoffen dasselbe von Ihnen.«

»Auf welche Weise?« fragte Gibson zurückhaltend.

Hadfield lehnte sich über den Tisch und verschränkte seine Hände.

»Wir befinden uns im Kriege, Mr. Gibson. Im Kriege mit dem Mars und all den Kräften, die er gegen uns ins Feld führen kann – Kälte, Wassermangel, Luftmangel. Und gleichzeitig befinden wir uns im Kriege mit der Erde. Es ist zwar nur ein Papierkrieg, aber ebenso mit Siegen und Niederlagen verbunden. Ich kämpfe am Ende einer Versorgungslinie, die nie weniger als fünfzig Millionen Kilometer lang ist. Es dauert mindestens fünf Monate, ehe die dringendsten Nachschubgüter hier eintreffen – und ich erhalte sie überhaupt nur, wenn man unten auf Erden von ihrer absoluten Unentbehrlichkeit überzeugt ist.

Ich nehme an, Sie wissen, worum es mir geht – in erster Linie, meine ich. Wir müssen imstande sein, uns selber mit allem zu versorgen. Sie werden sich erinnern, daß die ersten Expeditionen einfach alles mitbringen mußten. Nun, diese Zeiten sind gerade vorbei, und wir können unseren Grundbedarf bereits aus eigenen Quellen decken. In unseren Werkstätten kann fast alles bis auf die kompliziertesten Dinge hergestellt werden – das ist nur eine Frage von Arbeitskräften. Es gibt einige Spezialwaren, die unbedingt auf Erden gemacht werden müssen, und ehe unsere Bevölkerung nicht mindestens zehnmal so groß ist, müssen wir uns damit abfinden. Auf dem Mars ist jeder Kolonist Fachmann auf irgendeinem Gebiet – aber auf Erden gibt es mehr qualifizierte

Berufe, als es Leute auf diesem Planeten gibt, das steht einwandfrei fest, und daran ist nicht zu rütteln.

Sehen Sie diese graphischen Darstellungen dort drüben? Ich habe vor fünf Jahren damit angefangen. Sie zeigen unseren Produktionsindex für verschiedene Grundstoffe. Wir haben bereits die Selbstversorgungslinie erreicht – die horizontale rote –, allerdings erst für die Hälfte davon. Meine Hoffnung ist, daß wir in weiteren fünf Jahren ziemlich unabhängig vom Import sein werden. Unser größtes Problem liegt in der Beschaffung von Arbeitskräften, und dabei können Sie uns vielleicht helfen.«

Gibson war nicht ganz behaglich zumute bei diesen Ausführungen.

»Ich kann nichts versprechen. Vergessen Sie nicht, daß ich nur als Reporter hier bin. Gefühlsmäßig stehe ich auf Ihrer Seite, muß jedoch die Tatsachen so schildern, wie ich sie sehe.«

»Das anerkenne ich durchaus. Aber Tatsachen sind nicht alles. Ich hoffe, daß Sie den Leuten auf Erden nicht nur klarmachen werden, was bereits erreicht wurde, sondern auch auf die Dinge hinweisen, die wir zu erreichen hoffen. Sie sind noch wichtiger – wir können sie aber nur erreichen, wenn man uns von der Erde die nötige Unterstützung angedeihen läßt. Nicht alle Ihre Vorgänger haben das erkannt.«

Das ist leider nur allzu wahr, dachte Gibson. Er entsann sich einer Artikelreihe, die vor etwa einem Jahr im ›Daily Telegraph‹ erschienen war. Die Tatsachen waren ziemlich unverfälscht wiedergegeben worden, aber ein ähnlicher Bericht über die Leistungen der ersten Siedler in Nordamerika nach fünfjähriger Kolonisation hätte wahrscheinlich ebenso entmutigend geklungen.

»Ich glaube, ich kann beide Seiten des Problems sehen«, sagte Gibson. »Sie müssen immer im Auge behalten, daß der Mars vom Standpunkt der Erde ungeheuer weit entfernt ist, daß er eine Menge Geld verschlingt und mit keinerlei Gegenleistungen aufwarten kann. Die erste Begeisterung für interplanetarische Forschungsarbeit ist so ziemlich vorüber. Die Leute beginnen zu fragen: ›Was bringt es uns ein?‹ Und bisher lautet die Antwort darauf: ›Sehr wenig.‹ Ich bin davon überzeugt, daß Ihre Arbeit wichtig ist, aber bei mir ist das mehr Glaubenssache, als daß es etwas mit Logik zu tun hätte. Der Durchschnittsmensch auf der Erde denkt wahrscheinlich, daß die Millionen, die Sie hier ausgeben, auf Erden nützlicher angewandt wären – das heißt, falls er sich überhaupt Gedanken darüber macht.«

»Ich begreife Ihre Schwierigkeit; sie ist gar nicht so neu, aber es ist trotzdem nicht leicht, eine Lösung dafür zu finden. Lassen Sie mich es so ausdrücken: glauben Sie, daß die meisten Leute den Wert einer wissenschaftlichen Basis auf dem Mars zugeben würden, solange man dort rein wissenschaftliche Forschungsarbeit leistet?«

»Zweifellos.«

»Und daß sie sich nur dagegenstemmen, daß man dort eine sich selbst erhaltende Zivilisation aufbaut, die sich im Laufe der Zeit selbständig machen könnte?«

»Genau das. Man hält das nicht für möglich, und selbst Leute, die diese Möglichkeit einräumen, sind der Ansicht, daß es sich nicht lohnt. Sie werden des öfteren Artikel lesen, in denen darauf hingewiesen wird, daß der Mars eine Last für den Heimatplaneten ist und bleibt, und zwar wegen der ungeheuren natürlichen Schwierigkeiten, unter denen Sie arbeiten müssen.«

»Und wo bleibt die Analogie zwischen dem Mars und den amerikanischen Kolonien?«

»Man darf sie nicht zu weit treiben. Schließlich fanden die Menschen, die nach Amerika kamen, Verhältnisse vor, unter denen sie atmen und sich ernähren konnten.«

»Das stimmt schon. Aber wenn das Problem der Marskolonisation auch bedeutend schwieriger ist, so stehen uns auch ganz andere Kraft- und Energiequellen zur Verfügung. Man braucht uns nur Zeit zu lassen und uns mit Material zu versorgen, und wir machen aus dem Mars eine Welt, auf der es sich genauso leben läßt wie auf der Erde. Selbst im gegenwärtigen Stadium dürften nicht viele unserer Leute bereit sein, auf die Erde zurückzukehren. Sie sind von der Bedeutung dessen, was sie tun, überzeugt. Die Erde braucht den Mars zwar noch nicht, aber eines Tages wird sie ihn brauchen.«

»Ich wünschte, ich könnte das glauben«, sagte Gibson ein wenig unsicher. Er wies mit der Hand auf den üppigen Vegetationsgürtel, der sich dicht an die fast unsichtbare Kuppel der Stadt heranschob, wies auf die große Ebene, die hinter dem merkwürdig nahen Horizont verschwand, und auf die scharlachroten Hügel, zwischen denen die Stadt gebettet war. »Der Mars ist nicht nur interessant, sondern auch schön. Aber er kann nie so sein wie die Erde.«

»Warum auch? Und was heißt ›die Erde‹? Meinen Sie die südamerikanischen Pampas, die Weinberge Frankreichs, die Koralleninseln des Stillen Ozeans oder die sibirischen Steppen? Das alles ist ›die Erde‹! Wo Menschen leben können, wird auch eines Tages Heimat für irgendeinen sein. Und früher oder später werden die Menschen ohne all dies hier auf dem Mars leben können!« Er zeigte auf die Kuppel, die über der Stadt schwebte und ihr Leben verlieh.

»Meinen Sie wirklich«, protestierte Gibson, »daß der Mensch sich je der hiesigen Atmosphäre anpassen wird? Dann muß er aufhören zu sein!«

Der Gouverneur schwieg einen Augenblick. Dann sagte er ruhig: »Ich habe nichts davon gesagt, daß der Mensch sich dem Mars anpassen müßte. Haben Sie noch nie berücksichtigt, daß uns der Mars auf halbem Wege entgegenkommen könnte?«

Er ließ Gibson gerade nur soviel Zeit, den Sinn der Worte aufzunehmen, und erhob sich dann, noch ehe sein Besucher die Fragen stellen konnte, die in ihm aufstiegen.

»Nun, ich hoffe, daß Whittaker sich weiter Ihrer annimmt und Ihnen alles zeigt, was Sie zu sehen wünschen. Sie werden begreifen, daß wir verkehrstechnisch ziemlich in der Klemme sind, aber wenn Sie uns rechtzeitig Bescheid sagen, werden wir dafür sorgen, daß Sie auch aus der Stadt herauskommen. Wenden Sie sich ruhig an mich, falls Sie irgendwelche Schwierigkeiten haben.«

Damit war er entlassen, auf höfliche Art zwar, aber doch endgültig für diesmal. Der meistbeschäftigte Mann auf dem Mars hatte Gibson einen nicht unbeträchtlichen Teil seiner Zeit geopfert, und mit seinen Fragen mußte er bis zur nächsten sich bietenden Gelegenheit warten.

»Was halten Sie vom Chef, jetzt, da Sie ihn kennengelernt haben?« sagte Bürgermeister Whittaker, als Gibson aus dem Büro herauskam.

»Er war freundlich und entgegenkommend«, erwiderte Gibson vorsichtig. »Seine ganze Liebe scheint dem Mars zu gehören.«

Whittaker kräuselte die Lippen.

»Das ist wohl nicht das richtige Wort dafür. Ich glaube eher, daß er den Mars als einen Feind betrachtet, den er schlagen muß. Das tun wir mehr oder weniger alle, aber der Chef hat triftigere

Gründe dafür als die meisten von uns. Sie wissen doch wohl, was mit seiner Frau passiert ist?«

»Nein.«

»Sie ist als eine der ersten an Marsfieber gestorben. Die Familie war damals gerade erst zwei Jahre hier.«

»Oh«, sagte Gibson bedächtig. »Jetzt verstehe ich. Das ist wahrscheinlich einer der Gründe, warum man sich solche Mühe gegeben hat, ein Mittel dagegen zu finden.«

»Ja. Der Chef ist ganz versessen darauf. Außerdem leidet die ganze Kolonie darunter. Hier kann man es sich nicht erlauben, krank zu sein.«

Diese letzte Bemerkung, dachte Gibson, als er den Broadway überquerte, der diesen Namen trug, weil er ganze fünfzehn Meter breit war, war eine fast erschöpfende Zusammenfassung der Lage der Kolonie. Er hatte sich noch nicht völlig von seiner anfänglichen Enttäuschung darüber erholt, daß Port Lowell so klein war und nichts von den Bequemlichkeiten aufwies, an die er von der Erde gewöhnt war. Mit seinen uniformierten Häuserreihen und den paar öffentlichen Gebäuden glich es eher einem Soldatenlager als einer Stadt, obwohl die Einwohner alles getan hatten, dem Ganzen mit Blumen von der Erde einen freundlicheren Anstrich zu geben. Einige davon hatten unter der geringen Schwerkraft eine beträchtliche Größe erreicht, und auf Oxford Circus leuchteten Sonnenblumen von dreifacher Manneshöhe. Obwohl sie sich langsam zu einer wahren Plage auswuchsen, hatte noch niemand den Mut gehabt, auf ihrer Beseitigung zu bestehen; wenn sie jedoch in dem gegenwärtigen Tempo weiterwuchsen, würde es alsbald geschickter Holzfäller bedürfen, sie zu schlagen, ohne das Stadtkrankenhaus zu gefährden.

Gibson schlenderte nachdenklich den Broadway hinauf, bis er nach Marble Arch gelangte, wo Halle eins und zwei ineinander übergingen. Die vielen Luftschleusen verliehen dem Ort eine Art strategischer Bedeutung, und so war es auch kein Wunder, daß sich ›George's‹ hier befand, die einzige Marsbar.

»Guten Morgen, Mr. Gibson«, sagte George. »Hoffentlich war der Chef guter Laune.«

Da er das Verwaltungsgebäude erst vor knappen zehn Minuten verlassen hatte, erstaunte es ihn einigermaßen, daß die Nachricht von seinem Besuch schon bis hierher gedrungen war. Er sollte jedoch schon bald erfahren, daß sich Neuigkeiten sehr rasch in Port

Lowell herumsprachen und daß das meiste über George zu gehen schien.

George war ein interessanter Charakter. Da Gastwirte nur als relativ und nicht als absolut wichtig für das Wohl der Stadt angesehen wurden, hatte er zwei Berufe. Auf Erden war er ein bekannter Kabarettist gewesen, aber die unbegründeten Forderungen der drei oder vier Frauen, die er sich in jugendlichem Überschwang angeschafft hatte, hatten ihn zur Auswanderung bewogen. Jetzt hatte er die Leitung des kleinen Stadttheaters inne und schien völlig zufrieden mit seinem Los zu sein. Schon jenseits der Vierzig, war er einer der ältesten Männer auf dem Mars.

»Nächste Woche haben wir wieder ein neues Programm«, bemerkte er, nachdem er Gibson bedient hatte. »Es sind ein oder zwei recht gute Nummern darunter. Ich hoffe, Sie werden kommen.«

»Gewiß«, sagte Gibson. »Ich freue mich schon darauf. Wie oft findet denn so etwas statt?«

»Gewöhnlich einmal im Monat. Daneben laufen drei Filmvorstellungen wöchentlich, wir sind also ziemlich auf der Höhe.«

»Ich finde es sehr schön, daß Port Lowell auch ein bißchen Nachtleben hat.«

»Sie werden staunen. Aber darüber schweigt man wohl besser, sonst steht es eines Tages in der Zeitung.«

»Für derartige Blätter schreibe ich nicht«, erwiderte Gibson und nahm einen nachdenklichen Schluck von dem lokalen Gebräu. Es schmeckte nicht schlecht, man mußte sich jedoch erst daran gewöhnen, da es völlig synthetisch war – ein Produkt von Hydrokulturen und chemischem Laboratorium.

Die Bar war zu dieser Tageszeit noch ziemlich leer. Gibson zog sein Notizbuch aus der Tasche und nahm ein paar sorgfältige Eintragungen vor, wobei er leise vor sich hinpfiff. Es war eine dumme Angewohnheit von ihm und ihm gar nicht bewußt, und George erwiderte darauf, indem er das Bar-Radio in voller Lautstärke anstellte.

Diesmal wurde Unterhaltungsmusik gesendet, was nicht allzu häufig vorkam. Das Programm kam irgendwoher von der Nachtseite der Erde, von soundso vielen Megawatt durch den Äther gejagt und von der Rundfunkstation auf den niedrigen Hügeln südlich der Stadt übernommen.

Gibson hatte sich inzwischen die vielen Fragen notiert, die er an die verschiedensten Leute richten wollte. Er kam sich noch immer so befangen wie ein Knabe am ersten Schultag vor; alles war so fremd, nichts konnte man als ausgemacht hinnehmen. Es war schwer, sich mit dem Gedanken vertraut zu machen, daß zwanzig Meter jenseits jenes tranparenten Gewebes der sichere Erstikkungstod auf einen wartete. Derartige Gefühle hatten ihn auf der Ares merkwürdigerweise nie gequält. Man war mitten im Weltraum gewesen und hatte sich damit abgefunden. Aber hier, wo man ins Freie hinausschauen und den Daseinskampf der Pflanzen beobachten konnte, stimmte es irgendwie nicht.

»George«, sagte Gibson unvermittelt. »Ich bin jetzt fünf Tage hier und noch nicht einmal draußen gewesen. Man hat mich gewarnt, die Stadt ohne Begleiter zu verlassen. Bei Ihnen ist es ruhig im Augenblick, und Kunden sind für die nächste Stunde kaum zu erwarten – also seien Sie nett und führen Sie mich für zehn Minuten durch die Luftschleuse ins Freie.«

George hält dieses Ansinnen sicherlich für ziemlich albern, dachte Gibson und kam sich selbst ein wenig blöd vor; aber er irrte sich. George hatte diesen Wunsch schon so oft zu hören bekommen, daß er ihn als etwas Selbstverständliches hinnahm. Schließlich war es Teil seiner Aufgabe, die Launen seiner Kunden zu befriedigen, und nach ein paar Tagen unter der Kuppel schienen die meisten Neuankömmlinge kein anderes Verlangen zu haben. Er zuckte gleichmütig die Achseln und überlegte kurz, ob er sich nicht auch noch um den Posten eines Psychotherapeuten bewerben sollte, und verschwand in einem Nebenraum. Nach einem Weilchen kehrte er mit zwei Sauerstoffmasken und der nötigen Ausrüstung zurück.

»An einem so schönen Tage wie heute brauchen wir nur das Notwendigste anzulegen«, sagte er, während Gibson unbeholfen an den Gerätschaften herumhantierte. »Achten Sie darauf, daß der Gummischwamm am Hals fest anliegt. Fertig? Dann also los. Aber – wie gesagt – nur für zehn Minuten!«

Bis zum Ausgang trottete Gibson brav hinter George her, wie ein Hund hinter seinem Herrn. Es waren zwei Schleusen vorhanden, eine große, die weit offenstand und in Halle zwei führte, und eine kleinere, durch die man ins Freie gelangte. Sie bestand aus einem einfachen Metallzylinder von etwa drei Meter im Durchmesser, der durch die Glasziegelwand führte, in welcher die plastische Hülle der Kuppel verankert war.

Von den vier vorhandenen Türen konnte immer nur eine geöffnet werden. Gibson wußte diese Vorsichtsmaßnahmen zu schätzen, es kam ihm jedoch unendlich lange vor, ehe die letzte Tür sich schloß und die leuchtende grüne Ebene offen vor ihm lag. Der verminderte Druck rief ein Prickeln auf seiner nackten Haut hervor, aber die Luft war verhältnismäßig warm, und er fühlte sich schon bald recht behaglich. Ohne sich im geringsten um George zu kümmern, bahnte er sich seinen Weg durch den niedrigen, üppigen Pflanzenwuchs und fragte sich, woher es kommen mochte, daß die Pflanzen sich so eng und dicht um die Kuppel drängten. Vielleicht wurden sie durch die Wärme angelockt oder durch den Sauerstoff, von dem stets ein geringer Teil aus der Stadt entwich.

Nach einigen hundert Metern blieb er stehen und genoß das Gefühl, endlich jener bedrückenden Überdachung entgangen zu sein und den freien Himmel über sich zu haben. Die Tatsache, daß zum mindesten sein Kopf immer noch völlig eingeschlossen war, machte nicht das geringste aus. Er bückte sich und untersuchte die Pflanzen, die ihm bis ans Knie reichten.

Er hatte natürlich schon häufig Aufnahmen von Marspflanzen gesehen. Sie waren nicht weiter aufregend, und er war nicht genügend botanisch geschult, um ihre Besonderheiten würdigen zu können. Hätte er derartige Pflanzen irgendwo abseits vom Wege auf Erden gefunden, so hätte er bestimmt keinen zweiten Blick darauf verschwendet. Keine war mehr als hüfthoch, und diejenigen, von denen er sich umgeben sah, schienen aus hellgrünen, pergamentartigen Blättern zu bestehen, die sehr dünn und sehr widerstandsfähig waren, dazu bestimmt, so viel Sonnenlicht wie möglich aufzunehmen und so wenig Wasser wie möglich abzugeben. Diese gezackten Blätter, die wie kleine Segel aussahen, waren stets der Sonne zugewandt. Gibson wünschte, daß durch irgendwelche Blumen ein Farbengegensatz zu diesem lebhaften Smaragdgrün geschaffen worden wäre, aber es gab keine Blumen auf dem Mars. Vielleicht hatte es einst welche gegeben, damals, als die Lufthülle noch dicht genug war, um Insekten das Fliegen zu ermöglichen, aber jetzt beruhte fast das gesamte Pflanzenleben auf dem Mars auf Selbstbestäubung.

George holte ihn ein und betrachtete die einheimischen Pflanzen mit verdrießlicher Gleichgültigkeit. Gibson fragte sich, ob er verstimmt darüber sein mochte, daß er ihn so ohne weiteres mit hinausgeschleppt hatte, aber seine Gewissensbisse waren ungerechtfertigt. George dachte nur über die Zusammenstellung seines nächsten Programms nach und überlegte, ob es ratsam wäre, nach dem Fehlschlag vom letztenmal ein Noel-Coward-Stück herauszubringen. Plötzlich kam er aus seinem Nachsinnen zu sich und sagte mit einer Stimme, die schwach, aber deutlich über diese kurze Strecke zu vernehmen war: »Wie amüsant! Verhalten Sie sich einmal für eine Minute ganz still und passen Sie auf die Pflanze in Ihrem Schatten auf.«

Gibson kam dieser seltsamen Aufforderung nach. Für einen Augenblick geschah nichts. Dann sah er, daß die pergamentartigen Blätter sich ganz langsam schlossen. Der ganze Vorgang dauerte nur etwa drei Minuten; als sie vergangen waren, hatte sich die Pflanze in eine kleine grüne Kugel verwandelt und war zu einem Bruchteil ihrer vorherigen Größe zusammengeschrumpft.

George lachte leise in sich hinein.

»Sie denkt, es wäre Abend«, sagte er, »und möchte nicht von der Nacht überrumpelt werden. Sobald Sie sich weiterbewegen, wird sie erst noch eine halbe Stunde nachdenken, ehe sie es wagt, ihren Laden wieder zu öffnen. Wenn man das Spiel den ganzen Tag fortsetzte, könnte man sie wahrscheinlich ganz verrückt machen.«

»Haben diese Pflanzen denn irgendeinen Nutzen?« fragte Gibson. »Ich meine, sind sie eßbar oder enthalten sie irgendwelche wertvollen Chemikalien?«

»Sie zu essen, würde ich Ihnen nicht empfehlen – sie sind zwar nicht giftig, aber Sie würden sich doch recht unbehaglich danach fühlen. Mit Pflanzen in unserem Sinne haben sie nämlich überhaupt nichts zu tun. Sie stimmen nur in der Farbe mit ihnen überein. Ihr Grün ist kein – wie nennt man das Zeug doch gleich? –«

»Chlorophyll?«

»Ja. Sie sind nicht von der Luft abhängig wie bei uns und ziehen alles, was sie zum Leben brauchen, aus dem Boden. Sie würden auch in einem vollkommenen Vakuum gedeihen, wie die Pflanzen auf dem Mond, vorausgesetzt, daß sie den richtigen Boden hätten und genügend Sonne bekämen.«

Triumph der Evolution, dachte Gibson. Aber zu welchem Zweck? Warum klammerte sich das Leben, trotz der Hindernisse, die ihm die Natur in den Weg legte, so fest an diese kleine Welt? Vielleicht bezog der Gouverneur sogar etwas von seinem

Optimismus von diesen zähen standhaften Pflanzen.

»He«, sagte George. »Es ist Zeit, daß wir umkehren.«

Gibson folgte ihm ohne Widerspruch. Er fühlte sich nicht länger durch die Tatsache bedrückt, daß der Mars nicht völlig seinen Vorstellungen und Erwartungen entsprach. Andere, so sagte er sich, die hergekommen waren, um eine feste Stellung anzutreten, und keine Zeit zum Grübeln gehabt hatten, hatten wahrscheinlich überhaupt keine Bedrückung empfunden. Aber er war hergeschickt worden, um Eindrücke zu sammeln, die sich, bis jetzt wenigstens, zu einem Gefühl der Hilflosigkeit verdichteten, wenn er verglich, was der Mensch bis zu dieser Stunde auf dem Mars erreicht hatte und welchen Problemen er noch gegenüberstand.

Die ersten paar Tage in Port Lowell waren unruhig und aufregend genug gewesen. Er war an einem Sonntag angekommen, und Bürgermeister Whittaker hatte genügend Zeit gehabt, ihn persönlich durch die Stadt zu führen, nachdem man ihn in einer von den vier Zimmerfluchten des Grand Hotel untergebracht hatte. Sie hatten mit Halle eins angefangen, die auch zuerst errichtet worden war, und der Bürgermeister hatte das Wachstum der Stadt stolz an einer Gruppe von unter künstlichem Luftdruck stehenden Hütten demonstriert. So hatte die Stadt vor zehn Jahren ausgesehen. Es war amüsant und schon beinahe rührend, zu sehen, wie die Kolonisten bei der Benennung ihrer Straßen und Plätze auf Namen ihrer weit entfernten Heimatorte zurückgegriffen hatten. Es gab auch ein wissenschaftliches System, die Straßen in Port Lowell zu beziffern, doch niemand machte Gebrauch davon.

Die meisten Wohnhäuser waren gleichförmige Metallgebäude, zwei Stockwerke hoch, mit abgerundeten Ecken und ziemlich kleinen Fenstern. Es waren Zweifamilienhäuser, und bei aller Geräumigkeit nicht zu groß, da Port Lowell den höchsten Geburtenüberschuß im ganzen bekannten Universum hatte. Das war weiter nicht verwunderlich, bestand doch fast die gesamte Bevölkerung aus Leuten zwischen zwanzig und dreißig mit einigen älteren Verwaltungsbeamten, die bereits die Vierzig überschritten hatten. Vor jedem Haus befand sich eine seltsame Veranda, aus der Gibson zuerst nicht schlau wurde, bis er merkte, daß sie notfalls als Luftschleuse dienen konnte.

Whittaker hatte ihn zuerst in das Verwaltungszentrum geführt, das höchste Gebäude in der ganzen Stadt. Stand man auf seinem Dach, so konnte man fast die schwebende Kuppel darüber berühren. Sonst gab es weiter nichts Besonderes darin zu sehen. Mit seinen Schreibtischreihen, seinen Schreibmaschinen und Aktenregalen hätte es ein beliebiges Bürogebäude auf Erden sein können.

Die Luftanlage war viel interessanter. Hier schlug das eigentliche Herz der Stadt; wenn es je aufhörte, zu funktionieren, so würde das den Tod für alle Bewohner bedeuten. Gibson war sich nicht ganz im klaren darüber gewesen, wo die Siedlung ihren Sauerstoff herbezog. Für eine Weile hatte er unter dem Eindruck gestanden, daß man ihn der Luft entnahm, von der man umgeben war, wobei er allerdings übersehen hatte, daß die dürftige Marsatmosphäre weniger als ein Prozent des Gases enthielt.

Bürgermeister Whittaker hatte ihn auf einen Sandhaufen von roter Farbe aufmerksam gemacht, der von draußen angefahren worden war. Man gebrauchte allgemein die Bezeichnung ›Sand‹ dafür, obwohl er nur wenig Ähnlichkeit mit irdischem Sand hatte. Er bestand nämlich aus nichts weiter als aus metallischen Oxyden, den letzten Überresten einer Welt, die sich zu Tode gerostet hatte.

»Unser gesamter Sauerstoffbedarf ist in diesen Erzen enthalten«, sagte Whittaker und stieß mit dem Fuß gegen den festgestampften Haufen. »Und außerdem sämtliche erdenklichen Metalle. Von allen Glückszufällen, denen wir auf dem Mars begegnet sind, ist dies der größte.«

Er bückte sich und hob einen Klumpen auf, der fester als der Rest war.

»Ich verstehe zwar nicht viel von Geologie«, sagte er, »aber schauen Sie sich das einmal an. Hübsch, nicht wahr? Hauptsächlich Eisenoxyd, wie man sagt. Für Eisen haben wir zwar keinen großen Bedarf, aber desto mehr für die anderen Metalle. Magnesium ist das einzige, das sich direkt aus dem Sand gewinnen läßt. Am häufigsten kommt es dort vor, wo früher einmal Meer war. Draußen in Xanthe gibt es ein paar Stellen, wo die Salzschicht Hunderte von Metern tief ist; wir brauchen das Zeug nur zu holen.«

Sie traten in ein niedriges, hellerleuchtetes Gebäude, dem durch ein Transportband ununterbrochen große Sandmengen zugeführt wurden. Darin gab es weiter nichts Bemerkenswertes zu sehen, und obwohl der leitende Ingenieur bereitwilligst Auskunft erteilte, begnügte sich Gibson damit, in Erfahrung zu bringen, daß die Erze in elektrischen Öfen einen Schmelzprozeß durchmachten, daß ihnen der Sauerstoff entzogen und durch eine Klärungsanlage in einen Kompressor geleitet wurden und daß man die verschiedenen metallischen Nebenprodukte anderweitig verwendete. Auch beträchtliche Wassermengen wurden hier produziert – nahezu ausreichend für den Gesamtbedarf der Kolonie, für den jedoch auch noch andere Quellen zur Verfügung standen.

»Es handelt sich nicht nur darum, den Sauerstoff aufzuspeichern«, sagte Bürgermeister Whittaker, »außerdem müssen wir noch darauf achten, daß der Luftdruck den richtigen Stand hat, und zusehen, daß wir das CO_2 loswerden. Es ist Ihnen sicherlich schon aufgefallen, daß die Kuppeln nur durch inneren Druck gehalten werden und keine andere Stütze haben.«

»Ja«, sagte Gibson. »Vermutlich würde ein Nachlassen des Druckes bedeuten, daß das Ganze wie ein Ballon in sich zusammensackte.«

»Genauso. Im Sommer beträgt unser Luftdruck hundertfünfzig Millimeter, im Winter etwas mehr. Das ist etwa der gleiche Sauerstoffdruck wie in der Erdatmosphäre. Die Beseitigung des CO_2 überlassen wir den Pflanzen. Wir haben genügende Mengen importiert, da sich die Marspflanzen nicht dafür eignen, weil sie keine Photosynthese durchmachen.«

»Daher wohl auch die übernatürlich großen Sonnenblumen auf Oxford Circus?«

»Die sind allerdings mehr als Zierde gedacht, als daß sie einen bestimmten Zweck erfüllen sollen. Ich fürchte, sie werden langsam lästig, und ich werde sie davon abhalten müssen, ihren Samen über die ganze Stadt zu verstreuen, oder wie sie das sonst machen mögen. Aber jetzt wollen wir gehen und uns die Farm anschauen.«

Der Name war so unpassend wie möglich für das große Treibhaus in Halle drei. Hier war die Luft ziemlich feucht, und das Sonnenlicht wurde durch künstliche Bestrahlung abgelöst, so daß das Wachstum auch nachts keine Unterbrechung erfuhr. Gibson wußte nur sehr wenig über Hydrokulturen und war nicht besonders beeindruckt von den Ziffern, die ihm Bürgermeister Whittaker stolz ins Ohr raunte. Er sah jedoch ein, daß die Fleischproduktion eines der größten Probleme darstellte, und bewunderte die Findigkeit, mit der man diese Schwierigkeit teils dadurch überwunden hatte, daß man in riesigen Bottichen voller Nährstoffflüssigkeit Gewebekulturen anlegte.

»Es ist besser als nichts«, sagte der Bürgermeister ein wenig betrübt. »Aber ich würde sonst was für ein richtiges Hammelkotelett geben! Viehzucht im irdischen Sinne zu betreiben, können wir uns aber bei unseren beschränkten Raumverhältnissen nicht leisten. Sobald jedoch die neue Halle fertig ist, werden wir eine kleine Farm mit ein paar Schafen und Kühen in Betrieb nehmen. Die Kinder werden begeistert sein – sie haben nämlich noch nie ein Tier gesehen.«

Das war nicht ganz richtig, wie Gibson bald entdecken sollte. Bürgermeister Whittaker hatte nämlich in der Eile vergessen, zwei der bekanntesten Mitbewohner Port Lowells zu erwähnen.

Nach einer Stunde etwa schwirrte Gibson der Kopf. Der Lebensmechanismus der Stadt war äußerst kompliziert, und Bürgermeister Whittaker setzte seinen Ehrgeiz darein, ihm alles zu zeigen. Er war nicht ungehalten, als die Besichtigung endlich vorüber war und man zum Essen in das Haus des Bürgermeisters zurückkehrte.

»Ich glaube, das genügt für heute«, sagte Whittaker, »aber ich wollte soviel wie möglich erledigen, da morgen kaum jemand Zeit haben dürfte, Sie herumzuführen. Der Chef ist unterwegs und kommt erst Donnerstag zurück, so daß ich mich um alles kümmern muß.«

»Wo ist er denn hin?« fragte Gibson mehr aus Höflichkeit als aus wirklichem Interesse.

»Auf Phobos«, erwiderte Whittaker nach einem kaum merklichen Augenblick des Zögerns. »Sobald er wieder hier ist, wird er sich freuen, wenn Sie ihn besuchen.«

Die Unterhaltung war dann durch die Dazwischenkunft Mrs. Whittakers und der übrigen Familie unterbrochen worden, und für den Rest des Abends hatte sich Gibson gezwungen gesehen, von der Erde zu erzählen. Bei dieser Gelegenheit erlebte er zum erstenmal etwas von dem unersättlichen Interesse, mit dem die Kolonisten alles aufnahmen, was mit dem Heimatplaneten zusammenhing. Sie gaben das selten offen zu und taten gewöhnlich, als wäre ihnen die ›alte Welt‹ samt ihren Angelegenheiten höchst gleichgültig. Aber ihre Fragen und vor allem ihre blitzschnelle Reaktion auf die geringste Kritik von irdischer Seite straften ihre Behauptung Lügen.

Es war seltsam, mit Kindern zu sprechen, die noch nie auf der Erde gewesen waren, die das Licht der Welt unter dem Schutz der großen Kuppeln erblickt und ihr kurzes Dasein unter ihnen verbracht hatten. Was, fragte sich Gibson, mochte die Erde ihnen bedeuten? Hielten sie sie für wirklicher als die fabelhaften Länder, von denen man in Märchen las? Alles, was sie über die Welt wußten, aus welcher ihre Eltern stammten, war ihnen aus zweiter Hand überliefert, aus Büchern und Bildern. Wenn sie sich auf ihre sinnliche Wahrnehmung verließen, so war die Erde nichts weiter als ein Stern unter vielen.

Nie hatten sie das Kommen der Jahreszeiten erlebt. Freilich konnten sie beobachten, wie außerhalb der Hallen der lange Winter sich über das Land legte; sobald die Sonne weiter nach Norden rückte, konnten sie sehen, wie die Pflanzen welkten und starben, um einer neuen Generation zu weichen, wenn es Frühling wurde. Aber davon drang nichts durch die Schutzhüllen, von denen die Stadt umgeben war.

Aber so künstlich die Bedingungen auch sein mochten, unter denen diese Kinder aufwuchsen, sie waren trotzdem glücklich und gesund und nahmen ihre Umgebung als etwas völlig Natürliches hin. Gibson fragte sich, wie sie wohl reagieren würden, wenn sie je auf die Erde kämen. Es würde ein sehr interessantes Experiment sein, doch im Augenblick war keines der auf dem Mars geborenen Kinder alt genug, das Elternhaus zu verlassen.

Die Lampen in den Straßen brannten nur noch mit halber Stärke, als Gibson nach seinem ersten Tage auf dem Mars das Haus des Bürgermeisters verließ. Whittaker begleitete ihn bis zu seinem Hotel, Gibson sprach indes auf dem ganzen Wege kaum ein Wort und war von den vielen neuen Eindrücken ziemlich verwirrt. Am Morgen wollte er versuchen, Ordnung hineinzubringen, im Augenblick jedoch beherrschte ihn das Gefühl, daß die größte Stadt auf dem Mars nichts weiter war als ein übermechanisiertes Dorf.

Gibson hatte die Schwierigkeiten des Marskalenders noch nicht gemeistert, wußte jedoch, daß die Wochentage in derselben Reihenfolge aufeinander folgten wie auf Erden und daß, wenn gestern Sonntag gewesen war, heute Montag sein mußte. Auch die Monate hatten dieselben Namen, waren aber von fünfzig bis zu sechzig Tagen lang. Als er sein Hotel zu einer Stunde verließ, die ihm noch einigermaßen früh vorkam, lag die Stadt wie verlassen da. Nirgends war eine jener schwatzenden Menschengruppen zu erblicken, die ihn gestern neugierig betrachtet hatten. Alle waren auf Arbeit, in Büro, Fabrik oder Laboratorium, und Gibson kam sich mehr oder weniger wie eine Drohne vor, die in einen besonders arbeitsamen Bienenstock geraten ist.

Er traf Bürgermeister Whittaker inmitten einer ganzen Schar von Sekretärinnen an und sah, daß er zwei Telefonate gleichzeitig erledigte. Da er nicht den Mut hatte, ihn zu stören, schlich er davon und ging auf eigene Faust auf Entdeckung aus. Die Gefahr, sich zu verirren, war nicht sehr groß. Die maximale Entfernung, die er zurücklegen konnte, wenn er sich geradeaus bewegte, betrug kaum einen halben Kilometer. Das Ganze war kaum mit den Marsentdeckungen zu vergleichen, die er in seinen Büchern beschrieben hatte.

Die ersten paar Tage vergingen, indem er umherstrolchte und den Leuten während der Arbeitszeit Fragen stellte und die Abende im Familienkreise des Bürgermeisters oder anderer leitender Beamter verbrachte. Er hatte bereits das Gefühl, jahrelang hier ansässig zu sein. Neues gab es kaum zu sehen; er kannte alle wichtigen Leute bis hinauf zum Gouverneur selbst.

Aber er wußte, daß er noch immer fremd war. In Wirklichkeit kannte er kaum ein Tausendmillionstel der Marsoberfläche. Die Gegend hinter den roten Bergen – was hinter der smaragdgrünen Ebene liegen mochte –, all das war ein einziges großes Geheimnis.

9

»Es freut mich außerordentlich, euch alle wiederzusehen«, sagte Gibson, indem er die Getränke vorsichtig von der Bar hinübertrug. »Vermutlich werdet ihr jetzt ganz Port Lowell auf den Kopf stellen oder, was noch näher liegt, erst einmal eure Freundinnen anrufen.«

»Das hat sein Für und Wider«, sagte Norden. »Die meisten verheirateten sich zwischen den einzelnen Fahrten und man muß verdammt vorsichtig sein. Ehe ich's vergesse, George, was ist eigentlich aus Miss Margarete Mackinnon geworden?«

»Sie meinen wohl Mrs. Henry Lewis«, sagte George. »Soll ein niedliches kleines Baby haben.«

»Hat sie es wenigstens John genannt?« erkundigte sich Bradley, nicht besonders sanft.

»Na schön«, seufzte Norden. »Ich hoffe nur, sie hat mir etwas Hochzeitskuchen aufgehoben. Prost, Martin!«

»Auf die Ares«, sagte Gibson und stieß an. »Hoffentlich habt ihr sie wieder instand gesetzt. Mein letzter Eindruck war, daß sie ziemlich mitgenommen aussah.«

Norden lachte leise vor sich hin.

»Damit hat es noch Zeit. Die Platten kommen erst wieder drauf, wenn wir geladen haben werden. Reinregnen wird es ja nicht gerade!«

»Was halten Sie vom Mars, Jimmy?« fragte Gibson. »Sie sind außer mir der einzige Neuling hier.«

»Bis jetzt habe ich noch nicht viel davon zu sehen bekommen«, erwiderte Jimmy vorsichtig. »Es kommt mir jedoch alles ziemlich klein vor.«

Gibson verschluckte sich plötzlich heftig, und man mußte ihm auf den Rücken klopfen.

»Auf dem Deimos haben Sie genau das Gegenteil behauptet, erinnern Sie sich noch? Aber das haben Sie wahrscheinlich vergessen. Sie waren nämlich ein bißchen beschwipst.«

»Ich war noch nie betrunken«, sagte Jimmy empört.

»Dann beglückwünsche ich Sie zu einer erstklassigen Imitation; ich war völlig überzeugt davon. Aber was Sie sagen, interessiert mich deswegen, weil es mir in den ersten Tagen meines Hierseins, nachdem ich mich in der Halle umgeschaut hatte, genauso erging. Es gibt nur ein einziges Mittel dagegen – man muß hinaus ins Freie und sich Bewegung verschaffen. Ich bin schon ein paarmal ein bißchen spazierengegangen, aber jetzt habe ich endlich erreicht, daß mir das Verkehrsamt einen Sandfloh zur Verfügung gestellt hat. Morgen will ich einmal in die Berge hinausfahren. Hätten Sie Lust, mitzukommen?«

Jimmys Augen leuchteten. »Vielen Dank – furchtbar gern.«

»Und was soll aus uns werden?« protestierte Norden.

»Sie kennen das ja bereits«, sagte Gibson. »Wir haben jedoch noch einen Platz frei, und ihr könnt ihn unter euch auslosen. Wir müssen allerdings einen Fahrer nehmen, allein vertraut man uns das Fahrzeug nicht an, was man ihnen kaum verübeln kann.«

Das Los fiel auf Mackay, worauf die übrigen allesamt sofort beteuerten, daß ihnen nicht das geringste daran läge, mitzufahren.

»Das wäre also geklärt«, sagte Gibson. »Treffpunkt vor dem Verkehrsamt, Halle vier, morgen früh um zehn. Ich muß leider gehen. Habe noch drei Artikel zu schreiben – oder wenigstens einen Artikel mit drei verschiedenen Titeln.«

Pünktlich zur verabredeten Zeit traf man sich; jeder der Ausflügler hatte die Schutzausrüstung bei sich, die man ihnen bei ihrer Ankunft ausgehändigt hatte und für die sie bisher noch keine Verwendung gehabt hatten. Diese Ausrüstung bestand aus einem Kopfstück, Sauerstoffzylinder und einem Luftverbesserer – die völlig genügten, um an einem warmen Marstage ins Freie zu gehen – sowie einem Anzug, der als Wärmespeicher diente. Mit diesem isolierten Kleidungsstück war man auch gegen hohe Kältegrade geschützt. Auf diesem Ausflug würde man es kaum brauchen, es sei denn, daß man unterwegs eine Panne hätte und weit draußen übernachten müßte.

Der Fahrer war ein zäher junger Geologe, der von sich behauptete, er hätte ebensoviel Zeit außerhalb wie innerhalb der Stadt verbracht. Er machte einen durchaus zuverlässigen und fähigen Eindruck, und Gibson hatte keine Bedenken, ihm seine wertvolle Persönlichkeit anzuvertrauen.

»Erlebt man oft Pannen mit diesen Wagen?« fragte er, als man einstieg.

»Nicht allzu oft. Sie haben einen enormen Sicherheitsfaktor, und es passiert nur sehr selten etwas. Natürlich bleibt hin und wieder ein unvorsichtiger Fahrer damit stecken, aber gewöhnlich kann man sich mit eigenen Mitteln wieder flottmachen. Im vergangenen Monat hat es sich nur zweimal ereignet, daß Leute nach Hause laufen mußten.«

»Hoffentlich sind wir nicht der dritte derartige Fall«, sagte Mackay, als das Fahrzeug in die Schleuse rollte.

»Darüber würde ich mir an Ihrer Stelle keine Sorgen machen«, sagte der Fahrer lachend und wartete darauf, daß die Außentür sich öffnete. »Wir werden uns nicht sehr weit vom Stützpunkt entfernen, so daß wir immer zurück können, auch wenn das Schlimmste eintreten sollte.«

Von einer Kraftwoge getragen, schossen sie durch die Schleuse und aus der Stadt hinaus. Ein schmaler Weg wand sich durch den niedrigen Pflanzenbestand – ein Weg, der im Kreis um den Hafen herumführte und von dem andere Straßen strahlenförmig nach den nahen Gruben, der Radiostation und dem Flugplatz liefen, auf dem noch jetzt, von Deimos kommend, die Raketen mit den Frachtgütern der Ares landeten.

Am ersten Knotenpunkt hielt der Fahrer an.

»Nun, meine Herren, welche Richtung schlagen Sie vor?«

Gibson schlug eine Karte auf, die dreimal zu groß für die Kabine war. Ihr Führer warf einen verächtlichen Blick darauf.

»Ich möchte nur wissen, woher Sie die haben«, sagte er. »Wahrscheinlich vom Amt. Sie ist völlig veraltet und überholt. Sagen Sie mir doch einfach, wohin ich Sie fahren soll, und packen Sie das Ding beiseite.«

»Also gut«, sagte Gibson schüchtern. »Ich schlage vor, daß wir ein Stück in die Berge hinein fahren bis zu einer Stelle, wo wir etwas Aussicht und Überblick haben, und daß wir das Observatorium besuchen.«

Der Floh machte einen förmlichen Sprung die schmale Straße entlang, und das leuchtende Grün zerschmolz zu einem gestaltlosen Flimmern.

»Welche Geschwindigkeit erreichen denn diese Dinger?« erkundigte sich Gibson, nachdem er sich aus Mackays Schoß freigemacht hatte.

»Auf guter Straße mindestens hundert. Aber da es auf dem Mars keine guten Straßen gibt, müssen wir langsamer fahren. Im Augenblick machen wir etwa sechzig. Aber man muß schon Glück haben, wenn man auf unebenem Gelände im Durchschnitt die Hälfte davon schafft.«

»Und was den Bereich angeht?« sagte Mackay offensichtlich noch etwas nervös.

»Gute tausend Kilometer mit einer einzigen Ladung, selbst wenn man großzügig alles abrechnet, was für Heiz- und Kochzwecke und den Rest draufgeht. Für längere Strecken haben wir einen Anhänger mit Ersatzelementen. Die Rekordleistung beträgt ungefähr fünftausend Kilometer. Dreitausend bin ich selber schon gefahren, als ich draußen in Argyre geologische Untersuchungen angestellt habe. Auf solchen Fahrten wird man allerdings aus der Luft mit allem Lebensnotwendigen versorgt.«

Obwohl sie erst einige Minuten unterwegs waren, versank

Port Lowell bereits hinter dem Horizont. Bei der starken Marskrümmung war es sehr schwierig, Entfernungen zu schätzen, und die Tatsache, daß die Kuppeln bereits zur Hälfte hinter der Krümmung des Planeten verschwunden waren, ließ sie aus der Ferne viel größer erscheinen, als sie in Wirklichkeit waren.

Als der Floh bald darauf höher gelegenes Gelände erreichte, kamen sie wieder zum Vorschein. Die Berge bei Port Lowell waren kaum tausend Meter hoch, schützten die Stadt jedoch vor den kalten Winterstürmen aus Süden und gaben vorteilhafte Punkte für Sender und Observatorium ab.

Nach halbstündiger Fahrt erreichte man die Radiostation. Da man das Bedürfnis verspürte, sich die Beine etwas zu vertreten, setzte man die Masken auf und kletterte nacheinander durch die nicht sehr widerstandsfähige Luftschleuse ins Freie.

Die Aussicht, die sich bot, war nicht sehr bedeutend. In nördlicher Richtung sah man die Kuppeln von Port Lowell wie Blasen auf einem smaragdgrünen See schwimmen. Als Gibson seine Blicke nach Westen schweifen ließ, konnte er gerade noch etwas von dem roten Wüstengürtel erkennen, der sich um den gesamten Planeten herumzog. Die Aussicht nach Süden war durch den Kamm versperrt, der noch vor ihnen lag, aber er wußte, daß sich die Grünfläche dahinter mehrere hundert Kilometer weit erstreckte, bis sie sich in dem Mare Erythraeum verlor. Hier oben auf der Höhe war von Vegetation kaum etwas zu sehen, was wahrscheinlich auf den Mangel an Feuchtigkeit zurückzuführen war.

Er begab sich hinüber zu der Radiostation. Der Betrieb war vollautomatisch, und es war demgemäß auch niemand da, den er auf seine übliche Weise hätte ausfragen können, aber er war doch so weit mit dem Gegenstand vertraut, daß er erraten konnte, was vor sich ging. Der riesige parabolische Reflektor lag fast auf seinem Rücken und zeigte ein wenig ostwärts des Zeniths – auf die Erde, die sechzig Millionen Kilometer sonnenwärts lag. Auf seinem unsichtbaren Strahl kamen und gingen die Nachrichten, die diese beiden Welten miteinander verbanden. Es war nicht ausgeschlossen, daß jetzt in diesem Augenblick einer seiner eigenen Artikel erdwärts raste – oder daß eine von Ruth Goldsteins Anweisungen sich ihren Weg in entgegengesetzter Richtung hinaufbahnte.

Mackays Stimme, die in der dünnen Luft verzerrt und schwach

klang, bewog ihn, sich umzudrehen.

»Dort drüben rechts versucht jemand zu landen.«

Es gelang Gibson erst nach einigen Schwierigkeiten, die blitzschnell über den Himmel schießende Rakete auszumachen, die im freien Gleitflug hereinkam, genau wie diejenige, mit welcher er vor einer Woche gekommen war. Über der Stadt legte sie sich auf die Seite und verschwand beim Ansetzen zur Landung hinter den Kuppeln. Gibson hoffte, daß sie den Rest seines Gepäcks mitbrächte, auf den er schon seit einer ganzen Weile wartete.

Das Observatorium lag etwa fünf Kilometer weiter südlich unmittelbar hinter dem Kamm, wo die Lichter von Port Lowell keine beeinträchtigende Wirkung mehr ausübten. Gibson hätte zum mindesten damit gerechnet, einen so glänzenden Kuppelbau vorzufinden, wie er es im Zusammenhang mit Sternwarten von der Erde her gewohnt war, doch statt dessen war nur eine einzige kleine Kuppel vorhanden, die Schutzhülle über den Wohnquartieren. Die Instrumente selber befanden sich im Freien, wenn auch Vorkehrungen getroffen waren, sie beim Eintritt schlechten Wetters zuzudecken, was allerdings nur selten einmal vorkam.

Die ganze Gegend machte den Eindruck völliger Verlassenheit. Man hielt neben dem größten Instrument an – einem Reflektor mit einem Spiegel, der nicht ganz einen Meter breit sein mochte, wie Gibson schätzte. Für die Hauptsternwarte auf dem Mars war es ein erstaunlich kleines Instrument. Außerdem gab es noch zwei kleinere Strahlenbrecher und eine komplizierte horizontale Angelegenheit, von welcher Mackay behauptete, daß sie einen Transitspiegel darstellte, was immer das auch sein mochte. Und dies schien, abgesehen von der unter künstlichem Druck stehenden Kuppel, alles zu sein.

Vor dem Gebäude stand ein kleiner Sandfloh, es war also offenbar jemand zu Hause.

»Die Leute hier sind äußerst umgänglich«, sagte der Fahrer, indem er den Wagen zum Stehen brachte. »Es ist ziemlich langweilig hier oben, und man freut sich immer, wenn jemand kommt. Drinnen ist Platz genug, so daß wir die Beine von uns strecken und in aller Gemütlichkeit essen können.«

»Wir können den Leuten doch nicht zumuten, uns zu bewirten«, protestierte Gibson, der sich nicht gern verpflichtet fühlte.

Der Fahrer machte ein ehrlich überraschtes Gesicht; und brach dann in ein herzliches Gelächter aus.

»Wir sind hier nicht auf der Erde, wissen Sie. Auf dem Mars hilft man sich gegenseitig – man muß, oder man würde überhaupt nicht weiterkommen. Ich habe Verpflegung für uns alle mit und möchte nur ihren Herd benützen. Wenn ihr je versucht hättet, in einem mit vier Personen besetzten Sandfloh eine Mahlzeit herzurichten, wüßtet ihr warum.«

Wie vorausgesagt, wurden sie von den beiden diensthabenden Astronomen herzlich begrüßt, und alsbald roch es in dem kleinen Raum verlockend nach Essen. Mackay verwickelte den leitenden Beamten unterdessen in ein Fachgespräch über die Aufgaben des Observatoriums. Das meiste überstieg Gibsons Fassungsvermögen, er versuchte jedoch, soviel wie möglich aus der Unterhaltung zu profitieren.

In der Hauptsache, so schien es, befaßte man sich hier mit positioneller Astronomie – mit dem langweiligen, aber wichtigen Geschäft also, Längengrade und Breitengrade festzulegen, für Zeitzeichen zu sorgen und Sendestationen in das in Gebrauch befindliche Marsgitternetz einzutragen. Reine Observatoriumsarbeit wurde kaum ausgeführt; das blieb seit langem den riesigen Instrumenten auf dem Erdmond vorbehalten, mit denen die hiesigen kleinen Teleskope, die noch dazu durch eine Atmosphäre beeinträchtigt wurden, niemals konkurrieren konnten. Man hatte die Parallaxen einiger Nachbarsterne gemessen, aber der durch die größere Umlaufbahn des Mars erzielte größere Genauigkeitswert war gegen den bereits bekannten so gering, daß es kaum die Mühe lohnte.

Während des Essens, das ihm seit seiner Ankunft auf dem Mars zum erstenmal richtig schmeckte, empfand Gibson ein Gefühl der Befriedigung darüber, daß er ein wenig dazu beigetragen hatte, etwas Abwechslung in das Leben dieser ganz in ihre Tätigkeit aufgehenden Männer zu bringen. Da Gibson nie genügend von ihnen kennengelernt hatte, um ihm die Illusion zu rauben, hatte er einen geradezu übertriebenen Respekt vor Astronomen, unter denen er sich Menschen vorstellte, die in ihrer Bergeinsamkeit mit mönchischem Eifer ihrer Arbeit oblagen. Selbst seine erste Begegnung mit der ausgezeichneten Cocktailbar auf Mount Palomar hatte diesen einfältigen Glauben nicht zu erschüttern vermocht.

Nach dem Essen, das doppelt so lange dauerte, da alle sich verpflichtet fühlten, beim Abwasch zu helfen, lud man die Besucher ein, einen Blick durch den großen Reflektor zu werfen. Gibson glaubte nicht, daß viel zu sehen sein würde, aber das war ein Versehen seinerseits.

Für einen Augenblick war das Bild verwischt, und er drehte mit unbeholfenen Fingern an der Klareinstellung. Durch das Spezialokular zu blicken, das benötigt wurde, wenn man eine Sauerstoffmaske trug, war nicht ganz einfach, aber nach einer Weile kam Gibson dahinter, wie man es machen mußte.

In seinem Blickfeld hing, sich scharf gegen den nahezu schwarzen Himmel in der Nähe des Zeniths abhebend, ein prächtiger, perlschimmernder junger Halbmond. Auf dem erleuchteten Teil traten einige seiner Merkmale nur gerade eben sichtbar hervor, aber obwohl Gibson seine Augen auf das äußerste anstrengte, vermochte er nicht, sie zu identifizieren. Insgesamt war es auf dem Planeten zu dunkel, als daß die Hauptkontinente für ihn erkennbar gewesen wären.

Nicht weit davon entfernt schwebte ein ähnlich gestalteter, aber viel kleinerer Mond, und Gibson konnte einige der Krater längs des Randes deutlich ausmachen. Zwillingsplaneten, die sie waren, bildeten Erde und Mond ein prächtiges Paar, aber irgendwie haftete ihnen etwas Fernes und Ätherisches an, daß er weder Heimweh noch Bedauern darüber empfand, sie verlassen zu haben.

Einer der Astronomen brachte seinen Helm dicht an Gibson heran und sagte: »Bei Nacht kann man die Lichter der Städte dort unten auf der dunklen Seite erkennen. New York und London sind leicht zu finden. Aber das Schönste sind wohl die Sonnenreflexe, die vom Meer zurückgeworfen werden. Sie treten hauptsächlich in der Nähe des Scheibenrandes in Erscheinung, aber nur, wenn es wolkenlos ist – das Ganze erinnert an Sternenschimmer. Jetzt kann man nichts davon sehen, weil der zunehmende Teil hauptsächlich Landmassen umfaßt.«

Vor dem Verlassen des Observatoriums warf man noch einen Blick auf Deimos, der gemächlich im Osten aufging. Unter der vollen Teleskopstärke schien der zerklüftete kleine Mond nur wenige Kilometer entfernt, und zu seiner Überraschung konnte Gibson sogar die Ares ganz klar erkennen, die aussah wie zwei helle, dicht aneinandergereihte Punkte. Er hätte das Fernrohr auch gern einmal auf Phobos gerichtet, der innere Mond war jedoch noch nicht aufgegangen.

Als es nichts mehr zu sehen gab, verabschiedete man sich von den beiden Astronomen, die ein wenig melancholisch hinter dem Floh herwinkten, der auf dem Kamm entlang fuhr. Der Fahrer teilte ihnen mit, er müsse aus privaten Gründen einen kleinen Umweg machen, da er einige Gesteinsproben mitnehmen wolle, und da für Gibson ein Teil des Mars wie der andere aussah, erhob er keine Einwände dagegen.

Es führte kein eigentlicher Weg über die Berge, aber da sämtliche Unebenheiten schon vor Jahrhunderten abgeschliffen worden waren, hatte man vollkommen glattes Gelände vor sich. Hier und da ragte noch ein zerklüfteter, phantastisch geformter und phantastisch leuchtender Felsblock aus dem Boden, aber diese Hindernisse waren leicht zu vermeiden. Das eine oder andere Mal kam man an kleinen Bäumen vorbei – wenn man sie überhaupt als solche bezeichnen konnte –, Bäumen von einer Art, die Gibson noch nie gesehen hatte. Sie glichen abgebrochenen Korallenstücken und waren völlig starr und versteinert. Nach Aussagen des Fahrers mußten sie unermeßlich alt sein; denn obgleich es gewiß war, daß sie noch Leben in sich hatten, war bisher noch niemand imstande gewesen, das Tempo ihres Wachstums festzustellen. Man schätzte ihr Alter auf mindestens fünfzigtausend Jahre.

Am Spätnachmittag gelangte man zu einer niedrigen, aber prächtig gefärbten klippenartigen Erhebung – ›Regenbogen-Grat‹, wie sie von Geologen genannt wurde –, die Gibson unwiderstehlich an Arizona und seine in jeder Hinsicht gewaltigeren Canyons erinnerte. Man stieg aus, und während der Fahrer seine Gesteinsproben einsammelte, vergnügte sich Gibson damit, eine halbe Rolle des neuen Multichromfilms zu verschießen, den er extra für derartige Gelegenheiten mitgebracht hatte. Wenn der Film diese Farben vollkommen herausbringen sollte, mußte er zum mindesten so gut sein, wie seine Hersteller behaupteten; nur würde er mit dem Entwickeln bis zur Rückkehr auf die Erde warten müssen; denn auf dem Mars verstand niemand etwas davon.

»Wenn wir zum Tee zurück sein wollen, müssen wir jetzt langsam aufbrechen«, sagte der Fahrer. »Wir können denselben Weg nehmen, den wir gekommen sind, und uns auf der Höhe halten. Wir können aber auch einen Bogen um die Berge machen. Mir ist es gleich.«

»Warum fahren wir nicht direkt in die Ebene hinunter? Das wäre der nächste Weg«, sagte Mackay, dem es langsam langweilig wurde.

»Und würde am längsten dauern – durch diese überlebensgroßen Kohlköpfe kann man nämlich nur ganz langsam fahren.«

»Ich mache nie gern denselben Weg zurück«, sagte Gibson. »Schlagen wir einen Bogen um die Berge und sehen wir zu, was wir dort finden.«

Der Fahrer grinste.

»Machen Sie sich nur keine falschen Hoffnungen. Beide Seiten sind sich ziemlich ähnlich. Los geht's!«

Der Floh machte einen Sprung vorwärts, und der Regenbogen-Grat war alsbald hinter ihnen versunken. Die Gegend, durch die sie sich wanden, war vollkommen verödet, selbst die versteinerten Bäume waren verschwunden. Stellenweise leuchteten seltsame grünliche Flecken in der Landschaft auf, die Gibson für Pflanzenwuchs hielt, aber jedesmal, wenn sie näher kamen, stellte es sich heraus, daß es sich um Gesteinsformationen handelte. Der ganze Landstrich war auf eine phantastische Art schön, ein Paradies für jeden Geologen, und Gibson hoffte, daß er nie durch Grubenanlagen verunstaltet werden würde. Es war sicherlich eine der schönsten Gegenden auf dem Mars.

Nach halbstündiger Fahrt ging es hinunter in ein langes gewundenes Tal, das früher unverkennbar ein Flußbett gewesen sein mußte. Vor etwa fünfzig Millionen Jahren, belehrte sie der Fahrer, wäre hier ein gewaltiger Strom entlang geflossen und hätte seinen Weg in das Mare Erythraeum genommen – eines der wenigen Marsmeere. Sie hielten an und starrten mit gemischten Gefühlen hinunter in das leere Flußbett. Gibson versuchte sich vorzustellen, wie es damals hier ausgesehen haben mochte, als die großen Reptilien die Erde beherrschten und der Mensch noch im Traumschoß einer fernen Zukunft ruhte. Die roten Klippen hatten sich während dieser Zeit wohl kaum verändert, doch zwischen ihnen hatte der Strom seine Fluten durch die geringe Schwerkraft langsam und träge dem Meere entgegengewälzt. Es war ein Bild, das fast irdisch anmutete, und man fragte sich unwillkürlich, ob je intelligente Wesen Augenzeugen davon gewesen sein mochten. Niemand wußte es. Vielleicht hatte es in jenen Tagen tatsächlich Marsmenschen gegeben, und vielleicht hatte nur die Zeit sämtliche Spuren von ihnen verwischt.

Der Urstrom hatte jedoch eine Erbschaft hinterlassen, denn in den niederen Talregionen war noch immer etwas Feuchtigkeit zu spüren. Ein schmaler Vegetationsgürtel, dessen lebhaftes Grün in scharfem Gegensatz zu den roten Klippen stand, hatte sich vom Erythraeum her vorgeschoben. Die Pflanzen waren von derselben Art, wie Gibson sie bereits auf der anderen Seite der Berge gesehen hatte, doch hier und dort waren neuartige darunter. Sie erreichten eine Höhe, daß man in Versuchung war, sie als Bäume zu bezeichnen, hatten jedoch keine Blätter – nur dünne, rutenartige Zweige, die trotz der stillen Luft unausgesetzt zitterten. Sie gehörten zum Gespenstischsten, was Gibson je gesehen zu haben glaubte, und man war unwillkürlich darauf gefaßt, sie mit tückischen Fangarmen nach ahnungslos Vorübergehenden greifen zu sehen. In Wirklichkeit waren sie, wie er nur allzu gut wußte, genauso harmlos wie alles auf dem Mars.

Sie hatten das Tal durchquert und fuhren den gegenüberliegenden Hang hinauf, als der Fahrer plötzlich anhielt.

»Komisch«, sagte er. »Ich wußte gar nicht, daß hier auch noch andere Wagen fahren.«

Für einen Augenblick wußte Gibson, der längst nicht ein so guter Beobachter war, wie er sich gern einbildete, nicht, was er von der Bemerkung halten sollte. Dann bemerkte er eine verblichene Wagenspur, die im rechten Winkel zu ihrer gegenwärtigen Richtung verlief.

»Irgendwelche schweren Fahrzeuge sind hier entlang gefahren«, sagte der Chauffeur. »Das letzte Mal, als ich hier war, existierten diese Spuren noch nicht, das weiß ich genau. Es ist allerdings schon ungefähr ein Jahr her. Aber während dieser Zeit haben keine Erythraeum-Expeditionen stattgefunden.«

»Wohin führt denn die Spur?« fragte Gibson.

»Wenn man das Tal hinauf über die Höhe fährt, wie ich es vorhatte, gelangt man zurück nach Port Lowell. In der anderen Richtung geht es zum Mare Erythraeum hinaus.«

»Wir haben noch Zeit – fahren wir doch ein Stück in dieser Richtung.«

Der Fahrer drehte sich bereitwilligst um und fuhr unten im Tal entlang. Von Zeit zu Zeit, wenn das Gelände felsig wurde, verschwand die Spur völlig, kam jedoch immer wieder zum Vorschein. Gleichwohl kam der Augenblick, da sie überhaupt nichts mehr davon zu entdecken vermochten.

Der Fahrer hielt an.

»Ich weiß schon, was los ist«, sagte er. »Es gibt nur einen Weg, den das Fahrzeug genommen haben kann. Haben Sie den Paß etwa einen Kilometer weiter zurück bemerkt? Zehn gegen eins, daß er dort hinaufführt.«

»Und wo würde man dort hingelangen?«

»Das ist eben das Komische; es ist eine völlige Sackgasse. Sie führt in ein hübsches, kleines amphitheatralisches Tal, aber man kann nirgends hinaus, außer auf dem Wege, auf dem man hineingekommen ist. Ich habe schon einmal ein paar Stunden dort zugebracht, damals, als wir die ersten Vermessungsarbeiten in dieser Gegend vornahmen. Es ist sehr nett dort, der Ort liegt sehr geschützt, und im Frühjahr gibt es sogar Wasser.«

»Das gegebene Schmugglernest«, sagte Gibson lachend.

Der Fahrer grinste.

»Kein schlechter Gedanke. Vielleicht haust eine Bande dort, die Beefsteaks von der Erde einschmuggelt. Eines davon wöchentlich – und ich wäre bereit, den Mund zu halten.«

Der Engpaß war offenbar einst das Bett eines Nebenflusses gewesen, und das Gelände war bei weitem unebener als in dem Haupttal. Schon nach kurzer Fahrt merkte man, daß man auf der richtigen Fährte war.

»Hier sind sogar Sprengungen vorgenommen worden«, sagte der Fahrer. »Als ich hier war, existierte dieses Wegstück noch nicht. Ich mußte den Hang hinauffahren und hätte den Floh beinahe stehenlassen müssen.«

»Was meinen Sie, was hier vor sich geht?« fragte Gibson, der anfing, in Erregung zu geraten.

»Wer weiß? Manche Projekte sind derart spezialisiert, daß man kaum je etwas darüber erfährt. Und andere lassen sich in der Nähe der Stadt überhaupt nicht durchführen. Vielleicht errichtet man ein magnetisches Observatorium hier – davon war schon die Rede. Die Generatoren in Port Lowell würden durch die Berge ziemlich gut geschützt sein. Aber ich glaube nicht, daß es sich darum handelt, denn ich habe gehört – Guter Gott!«

Sie waren plötzlich aus dem Paß herausgekommen, und vor ihnen lag eine fast vollkommen ovale Grünfläche, von ockerfarbenen Hügeln umsäumt. Einst mochte sich hier ein lieblicher Bergsee befunden haben; noch jetzt war es nach den grellbunten Felsen eine wahre Erquickung für die Augen. Gibson nahm jedoch von dem leuchtenden Vegetationsteppich im Augenblick kaum Notiz; er stand völlig im Bann einer Reihe von Kuppelbauten, die sich am Rande der kleinen Ebene erhoben und wie ein Miniatur-Port-Lowell aussahen.

Schweigend fuhren sie den Weg entlang, der durch den lebendigen Grünteppich gebahnt worden war. Nichts rührte sich vor den Gebäuden, nur ein großer Lastwagen, ein paarmal so groß wie der Floh, verriet, daß jemand da sein mußte.

»Allerhand, was?« sagte der Fahrer und setzte sich die Maske auf. »Wartet hier, ich gehe rasch mal hinüber und spreche mit ihnen.«

Sie sahen ihn durch die Luftschleuse des größeren Baues verschwinden. Es schien seinen ungeduldigen Passagieren, daß er recht lange ausblieb. Dann sahen sie ihn durch die Außentür treten und langsam auf sie zukommen. »Nun?« fragte Gibson begierig, als der Fahrer in die Kabine kletterte. »Was gab's?«

Nach einer kurzen Pause warf der Fahrer den Motor an, und der Sandfloh setzte sich in Bewegung.

»Nanu?« rief Mackay. »Wo bleibt denn die vielgepriesene Marsgastfreundschaft? Werden wir nicht eingeladen?«

Der Fahrer schien sichtlich verlegen. Er sieht genauso aus wie ein Mensch, der gerade entdeckt hat, daß er eine Dummheit begangen hat, dachte Gibson. Er räusperte sich nervös.

»Es ist eine Forschungsanstalt«, sagte er und wählte seine Worte offensichtlich mit Bedacht. »Sie ist noch nicht lange in Betrieb, deswegen habe ich auch noch nichts davon gehört. Wir können nicht hinein, da das ganze Werk steril ist und weil man vermeiden will, daß Sporen eingeschleppt werden – wir müßten die Kleider wechseln und uns desinfizieren lassen.«

»Ich verstehe«, sagte Gibson. Sein Gefühl verriet ihm, daß es keinen Zweck hatte, weitere Fragen zu stellen. Er wußte genau, daß ihr Führer ihm nicht die ganze Wahrheit gesagt und nur das Belangloseste gestreift hatte. Zum erstenmal wurden ihm die kleinen Widersprüche und Zweifel, die er bisher ignoriert oder vergessen hatte, bewußt. Angefangen hatte es noch vor seiner Ankunft auf dem Mars, als die Ares den Befehl erhalten hatte, Phobos nicht anzufliegen. Und jetzt war er durch Zufall über diese versteckte Forschungsanstalt gestolpert. Für ihren erfahrenen Führer war es eine genauso große Überraschung gewesen wie für sie, und nun versuchte er, seine Unvorsichtigkeit zu bagatellisieren.

Irgend etwas war im Gange. Was es sein mochte, konnte sich

Gibson nicht vorstellen. Jedenfalls mußte es von ziemlicher Bedeutung sein, denn es betraf nicht nur den Mars, sondern auch Phobos. Es war etwas, wovon die meisten Kolonisten keine Ahnung hatten, an dessen Geheimhaltung sie sich jedoch sofort beteiligten, wenn sie darauf stießen.

Der Mars verbarg etwas; und wenn er etwas zu verbergen hatte, so konnte es nur vor der Erde sein.

10

Das Grand Marshotel hatte jetzt nicht weniger als zwei ständige Gäste, ein Zustand, der erhebliche Anforderungen an das einstweilige Personal stellte. Der Rest seiner Kameraden wohnte privat in Port Lowell, aber da er in der Stadt niemanden kannte, hatte sich Jimmy entschlossen, die offizielle Gastfreundschaft in Anspruch zu nehmen. Gibson fragte sich, ob das gut gehen werde. Er wollte ihre noch recht ungefestigte Freundschaft nicht gleich allzu großen Belastungen aussetzen, und wenn Jimmy zuviel mit ihm zusammen war, konnten die Folgen verheerend sein. Er entsann sich eines Epigramms, das sein bester Freund einst geprägt hatte: ›Martin ist einer der nettesten Kerle, man darf ihn nur nicht zu häufig sehen.‹ So bitter das klang, so wahr war es, und er hatte kein Verlangen, noch einmal die Probe darauf zu machen.

Seine Tageseinteilung hatte inzwischen ziemlich regelmäßige Formen angenommen. Frühmorgens arbeitete er und schrieb seine Marseindrücke nieder – ein recht anmaßendes Unterfangen, wenn er bedachte, wie wenig er bisher von dem Planeten gesehen hatte. Der Nachmittag war für Besichtigungsfahrten reserviert. Manchmal begleitete Jimmy ihn auf diesen Wegen und Fahrten, und einmal ging die gesamte Ares-Besatzung mit ins Krankenhaus, um zu sehen, wie Dr. Scott und seine Kollegen mit ihrem Kampf gegen das Marsfieber vorankamen. Es war indes noch zu früh, endgültige Schlüsse zu ziehen, aber Scott war ziemlich optimistisch. »Was wir brauchten«, sagte er und rieb sich hämisch die Hände, »wäre eine richtige, anständige Epidemie, damit wir das Zeug einmal ordentlich ausprobieren könnten. Im Augenblick haben wir nicht genügend Fälle.«

Jimmy hatte zwei Gründe, Gibson auf seinen Gängen durch

die Stadt zu begleiten. Erstens hatte der ältere Mann fast überall ungehindert Zutritt, und zweitens nahm sein Interesse an dem merkwürdigen Charakter Martin Gibsons ständig zu. Ihre frühere Unterhaltung hatten sie jedoch trotz aller Vertraulichkeit nicht wieder aufgenommen. Jimmy wußte, daß Gibson Wert auf seine Freundschaft legte und irgendwelche vergangenen Versäumnisse wiedergutmachen wollte. Dieses Angebot kam ihm nicht ungelegen, denn er war sich nicht einen Augenblick im unklaren darüber, daß Gibson ihm, was seine spätere Laufbahn anging, von äußerstem Nutzen sein könnte. Wie die meisten ehrgeizigen jungen Männer hatte auch Jimmy einen kalt berechnenden, egoistischen Zug in seinem Wesen, und Gibson wäre wahrscheinlich mitunter leicht erschrocken, wenn er geahnt hätte, wie gut Jimmy die Vorteile auszunützen verstand, die sich für ihn aus ihrer Verbindung ergaben.

Man täte Jimmy jedoch Unrecht, wollte man behaupten, daß diese materiellen Erwägungen ausschlaggebend für ihn gewesen wären. Es gab Augenblicke, da er etwas von Gibsons innerer Einsamkeit spürte – von der Einsamkeit des Junggesellen, der das Alter herannahen fühlt. Vielleicht ahnte Jimmy auch, daß er für Gibson immer mehr den Sohn darstellte, den dieser nie gehabt hatte. Er fürchtete sich etwas vor dieser Rolle, doch dann tat ihm Gibson wieder leid, und er hätte ihm gern jeden Gefallen getan. Denn schließlich kann der Mensch selten umhin, Zuneigung für jemanden zu spüren, der ihm selber welche entgegenbringt.

Das zufällige Ereignis, das ein neues und unerwartetes Element in Jimmys Dasein brachte, war geringfügig genug. Er war eines Nachmittags allein unterwegs gewesen und war, da er plötzlich Durst verspürte, in das Café gegenüber dem Verwaltungsgebäude getreten. Der Zeitpunkt dafür war nicht sehr glücklich gewählt, denn während er seine Tasse Tee trank – einen Tee, der Ceylon bestimmt nie gesehen hatte –, wurde das Lokal plötzlich gestürmt. Es war gerade um die Zeit der Nachmittagspause von zwanzig Minuten, die von allen Betrieben auf dem Mars auf Anordnung des Gouverneurs strikt eingehalten wurde, der eine Leistungssteigerung damit zu errichen hoffte, obwohl die Leute selber gar nicht sehr erbaut davon waren und lieber zwanzig Minuten früher nach Hause gegangen wären.

Jimmy sah sich plötzlich von einer ganzen Schar jüngerer Frauen umgeben, die ihn mit bestürzender Offenheit und ohne die geringste Scheu musterten. Die übrigen sechs oder sieben Männer, die ebenfalls mit hereingespült worden waren, hatten aus gegenseitigem Schutzbedürfnis an einem einzigen Tisch Platz genommen und schienen, ihren ernsten Mienen nach zu urteilen, noch immer mit den Aktenstücken beschäftigt, die sie auf ihren Schreibtischen zurückgelassen hatten. Jimmy beschloß, so schnell wie möglich auszutrinken und das Lokal zu verlassen.

Ihm gegenüber saß eine ältere Frau – vermutlich eine Abteilungsleiterin – und unterhielt sich mit einem sehr viel jüngeren Mädchen. Jimmy mußte sich dicht an ihnen vorbeischlängeln, und als er sich einen Weg durch das Gedränge im Gang bahnen wollte, stolperte er plötzlich über ein ausgestrecktes Bein. Er konnte sich gerade noch am Tisch festhalten, schlug aber mit dem Ellbogen derart gegen die Glasplatte, daß er vergaß, wo er sich befand, und seinem Schmerz in ein paar eindeutigen Worten Luft machte. Doch dann fiel ihm ein, daß er nicht mehr auf der Ares war; er errötete tief und stürzte hinaus ins Freie, nicht ohne noch zu bemerken, daß die ältere Frau nur mit Mühe das Lachen unterdrückte, während die jüngere einen solchen Versuch gar nicht erst unternahm.

Und dann, obwohl es rückerinnernd überhaupt nicht zu fassen war, vergaß er sie beide völlig.

Gibson gab, ohne es zu ahnen, den zweiten Anstoß. Sie unterhielten sich über das rasche Wachstum der Stadt in den vergangenen paar Jahren und stellten Betrachtungen darüber an, ob es in Zukunft in diesem Tempo weitergehen würde. Gibson hatte etwas über die völlig anomale Altersstufenverteilung gesagt, die sich aus der Tatsache ergab, daß man Jugendliche unter Einundzwanzig von der Einwanderung nach dem Mars ausgeschlossen hatte und daß es infolgedessen zwischen den Zehn- und Einundzwanzigjährigen eine vollkommene Lücke gab – eine Lücke, die selbstverständlich durch die hohe Geburtenziffer der Kolonie schon in Kürze ausgefüllt sein würde. Jimmy hatte nur mit halbem Ohr zugehört, war jedoch dann bei einer von Gibsons Bemerkungen plötzlich hellhörig geworden.

»Komisch«, sagte er. »Erst gestern habe ich ein Mädchen gesehen, das bestimmt noch nicht älter als achtzehn war.«

Weiter sagte er nichts; denn plötzlich explodierte die Erinnerung an das lachende Mädchengesicht und sein Hinausstolpern aus dem Lokal wie eine Bombe mit Zeitzündung in seinem

Gehirn.

Er überhörte völlig, daß Gibson ihm einen Irrtum nachzuweisen versuchte, und wußte nur, daß er sie wiedersehen mußte, wer sie auch sein und wo sie auch herstammen mochte.

In einem Ort von der Größe Port Lowells war das Sich-gegenseitig-über-den-Weg-Laufen nur eine Zeitfrage und ging nach den Gesetzen der Wahrscheinlichkeitsrechnung vor sich. Jimmy hatte jedoch nicht die Absicht, so lange zu warten, bis es diesen fragwürdigen Verbündeten einfiel, eine zweite Begegnung herbeizuführen. Am folgenden Tage saß er kurz vor der Nachmittagspause bereits wieder an demselben Tisch in dem kleinen Café und trank seinen Tee.

Dieser nicht gerade sehr geistreiche Schachzug hatte ihm ziemliches Kopfzerbrechen verursacht. Erstens sah es nach Aufdringlichkeit aus. Doch warum sollte er seinen Tee eigentlich nicht dort trinken, wo alle Verwaltungsangestellten ihn tranken? Der zweite Einwand war schwerwiegender und bezog sich auf sein Mißgeschick vom vorherigen Tage. Aber auch dazu fiel Jimmy eine Ausrede ein: ein Zitat über zaghafte Herzen und schöne Frauen.

Seine Bedenken waren indes höchst überflüssig. Obwohl er wartete, bis das Café sich wieder geleert hatte, war weder von dem Mädchen noch ihrer Begleiterin das geringste zu entdecken. Wahrscheinlich waren sie woanders hingegangen.

Das war zwar verdrießlich, aber ein so einfallsreicher junger Mann wie Jimmy ließ sich dadurch nicht lange entmutigen. Man konnte fast mit Sicherheit annehmen, daß sie in der Verwaltung arbeitete, und es gab unzählige Gründe, dort einzudringen. Er konnte unter dem Vorwand dort vorsprechen, daß er sich nach seinem Gehalt erkundigen wolle, obwohl er mit einem solchen Anliegen kaum bis zur Stenogrammabteilung gelangen würde, wo sie wahrscheinlich arbeitete.

Das Einfachste war wohl, man beobachtete das Gebäude, wenn das Personal kam oder ging, doch auch das war unauffällig kaum zu bewerkstelligen und stellte ein beträchtliches Problem dar. Noch ehe er sich um seine Lösung bemüht hatte, kam ihm das Schicksal in der Gestalt Martin Gibsons entgegen, der sich ihm leicht außer Atem näherte.

»Ich habe Sie schon überall gesucht, Jimmy. Beeilen Sie sich und ziehen Sie sich um. Wissen Sie nicht, daß heute abend Theatervorstellung ist? Wir sind vorher zum Essen beim Chef eingeladen. In zwei Stunden ist es soweit.«

»Was trägt man denn zu Banketten auf dem Mars?« fragte Jimmy.

»Schwarze Shorts und weiße Binde, glaube ich«, sagte Gibson ein wenig unsicher. »Oder vielleicht auch umgekehrt. Das kann man uns im Hotel sagen. Ich hoffe, man findet etwas Passendes für mich.«

Das war indes nicht ganz einfach. Abendanzug auf dem Mars, wo die Städte mit Klimaanlage versehen waren und die Bekleidung auf das Notwendigste beschränkt wurde, bestand ganz einfach aus einem weißen, doppelreihig mit Perlmutterknöpfen besetzten seidenen Hemd und schwarzen Satinshorts sowie einem elastischen, mit Aluminiumschnalle verzierten Gurt. Es sah eleganter aus, als man zuerst vermutete, doch als Gibson ausstaffiert war, kam er sich wie eine Kreuzung zwischen einem Pfadfinder und dem Kleinen Lord Fauntleroy vor. Norden und Hilton dagegen sahen äußerst vorteilhaft aus, während Mackay und Scott eine weniger glückliche Rolle spielten und es Bradley offenbar vollkommen gleichgültig war, wie er aussah.

Der Chef bewohnte das größte Privathaus auf dem Mars – ein Haus allerdings, das man auf Erden als sehr bescheiden bezeichnet haben würde. Vor dem Essen standen die Gäste in kleinen Gruppen schwatzend im Vorraum umher und tranken einen Sherry – richtigen Sherry. Bürgermeister Whittaker, als Hadfields Stellvertreter, war ebenfalls eingeladen worden, und als Gibson sie mit Norden reden hörte, begriff er zum erstenmal, mit welcher Hochachtung und Bewunderung die Kolonisten auf die Männer blickten, die ihre einzige Verbindung mit der Erde darstellten. Hadfield ließ sich ziemlich umständlich über die Ares aus und geriet ein wenig in Überschwang über ihre Geschwindigkeit und ihr Fassungsvermögen und die Wirkungen, die man sich wirtschaftlich für den Mars davon versprach.

»Ehe wir hineingehen«, sagte der Chef, nachdem man seinen Sherry ausgetrunken hatte, »möchte ich Ihnen meine Tochter vorstellen. Sie schaut drin gerade noch einmal nach dem Rechten – entschuldigen Sie mich einen Augenblick, ich will sie nur herholen.«

Er blieb nur ein paar Sekunden weg.

»Das ist Irene«, sagte er und bemühte sich, seinen Stolz nicht allzu deutlich zu zeigen, was aber vollkommen mißlang. Er führte sie der Reihe nach herum und gelangte endlich auch zu Jimmy.

Irene blickte ihn an und lächelte freundlich.

»Ich glaube, wir kennen uns schon«, sagte sie.

Jimmy wurde rot, stand jedoch seinen Mann und lächelte ebenfalls.

»So ist es«, erwiderte er.

Es war dumm von ihm, daß er die Zusammenhänge nicht gleich erraten hatte. Bei einigem Nachdenken hätte ihm sofort einfallen müssen, wer sie war. Auf dem Mars gab es nur einen einzigen Mann, der sich über alle Vorschriften hinwegsetzen konnte, und das war der Mann, der sie erlassen hatte. Jimmy entsann sich, bereits irgendwo gehört zu haben, daß der Chef eine Tochter hätte, aber er hatte die Tatsachen nie miteinander verknüpft. Jetzt war alles klar. Als Hadfield und seine Frau auf den Mars gekommen waren, hatten sie sich vertraglich ausbedungen, daß sie ihr einziges Kind mitbringen durften. Niemand anderem war das je gestattet worden.

Das Essen war hervorragend, aber Jimmy hatte nur wenig davon. Es hatte ihm zwar nicht völlig den Appetit verschlagen – das war überhaupt undenkbar –, aber er aß ziemlich zerstreut. Da er fast am Tischende saß, konnte er Irene nur sehen, wenn er sich den Hals auf eine kaum mehr mit den guten Sitten zu vereinbarende Weise ausrenkte. Er war froh, als man die Mahlzeit aufhob.

Die beiden anderen Haushaltsmitglieder des Gouverneurs warteten bereits auf die Gäste. Zwei herrliche siamesische Katzen, die es sich längst auf den besten Plätzen bequem gemacht hatten, ließen ihre unergründlichen Blicke über die Besucher schweifen. Sie wurden als Topas und Türkis vorgestellt, und Gibson, der Katzen liebte, versuchte sogleich, sich mit ihnen anzufreunden.

»Haben Sie Katzen gern?« erkundigte sich Irene bei Jimmy.

»Ziemlich«, erwiderte Jimmy, der sie in Wirklichkeit verabscheute. »Wie lange sind sie denn schon hier?«

»Ungefähr ein Jahr. Denken Sie nur – es sind die einzigen Tiere auf dem Mars! Ich möchte nur wissen, ob sie das auch zu würdigen wissen.«

»Ich bin überzeugt, auf dem Mars weiß man es zu würdigen.

Werden sie nicht recht verwöhnt?«

»Sie sind viel zu unabhängig dazu. Ich glaube nicht, daß sie jemandem eine besondere Anhänglichkeit entgegenbringen – nicht einmal Daddy, der allerdings gern so tut, als wären sie vernarrt in ihn.«

Mit großer Geschicklichkeit – wobei es jedem Zuschauer sofort aufgefallen wäre, daß ihm Irene stets einen Sprung voraus war – brachte Jimmy das Gespräch auf persönliche Dinge. Er erfuhr, daß sie in der Buchhaltung arbeitete, aber über alles, was in der Verwaltung sonst vor sich ging, recht gut Bescheid wußte, und daß sie eines Tages einen leitenden Posten dort zu bekleiden hoffte. Jimmy vermutete, daß die Stellung ihres Vaters ihr mitunter ziemlich hinderlich gewesen sein mußte. Auf eine Art verschaffte es ihr gewisse Erleichterungen, auf die andere war es von ausgesprochenem Nachteil für sie, da Port Lowell leidenschaftlich demokratisch war.

Es war schwer, mit Irene bei dem Thema Mars zu bleiben. Sie wollte viel lieber etwas über die Erde hören, den Planeten, den sie schon als Kind verlassen hatte und der für sie von traumartiger Unwirklichkeit sein mußte. Jimmy versuchte ihre Fragen, so gut es ging, zu beantworten. Ihm war es gleichgültig, worüber man sprach, solange es sie nur interessierte. Er erzählte von den großen Städten auf Erden, von den Gebirgen und Meeren, dem blauen Himmel und den wandernden Wolken, von Flüssen und Regenbögen und all den Dingen, die dem Mars abhanden gekommen waren. Und je länger er redete, um so tiefer geriet er in den Bann ihrer lachenden Augen. Das war der einzig treffende Ausdruck dafür: sie schien stets im Begriff, einen an irgendeinem geheimen Witz teilhaben zu lassen.

Ob sie immer noch über ihn lachte? Jimmy war sich dessen gar nicht sicher – aber es machte ihm nichts aus. Was für ein Unsinn von den Leuten, die da behaupteten, bei solchen Gelegenheiten wäre man um Worte verlegen! In seinem ganzen Leben hatte er noch nie fließender und zusammenhängender gesprochen . . .

Plötzlich merkte er, daß eine große Stille eingetreten war. Alle blickten auf ihn und Irene.

»Hm«, sagte der Gouverneur. »Wenn ihr beide soweit seid, können wir gehen. Die Vorstellung beginnt in zehn Minuten.«

Als man hinkam, schien bereits ganz Port Lowell in dem kleinen Theater versammelt zu sein. Bürgermeister Whittaker, der vorausgeeilt war, um zu sehen, daß alles seine Richtigkeit hatte, nahm sie an der Tür in Empfang und geleitete sie zu den Plätzen, die in der ersten Reihe für die Gesellschaft reserviert waren. Gibson, Hadfield und Irene saßen in der Mittte, und zu Jimmys geheimem Kummer fanden Norden und Hilton rechts und links von ihnen Platz. Ihm blieb kein anderer Ausweg, als auf die Darbietungen zu achten.

Wie bei allen derartigen Amateurveranstaltungen waren Teile davon recht gut. Die Musiknummern waren sogar ausgezeichnet, und ein Mezzosopran konnte sich mit den besten Sängerinnen auf Erden durchaus messen. Gibson war nicht weiter überrascht, als er auf dem Programmzettel neben ihrem Namen die Bemerkung fand: ›Früher Königliche Covent Garden Oper‹.

Dann folgte ein dramatisches Zwischenspiel, und die verzweifelte Heldin und der altmodische Schurke ließen sich keinen Effekt entgehen. Das Publikum war begeistert, man jubelte und pfiff, je nachdem, und feuerte die Schauspieler durch Zurufe an.

Als nächstes folgte eine der erstaunlichsten Bauchrednernummern, die Gibson je erlebt hatte. Das Ganze war schon fast vorüber, ehe er merkte – nur eine Minute bevor der Darsteller selbst das Geheimnis lüftete –, daß in der Puppe ein Radioempfänger verborgen war und daß hinter der Bühne jemand mitwirkte.

Bei der nächsten Nummer schien es sich um eine Spitze auf das Leben in der Stadt zu handeln, und der Text war derart mit rein lokalen Anspielungen gespickt, daß Gibson kaum etwas davon verstand. Gleichwohl erregten die Possen der Hauptfigur – eines geplagten Beamten, für den offenbar Bürgermeister Whittaker das Vorbild abgegeben hatte – stürmisches Gelächter. Dieses Gelächter steigerte sich noch, als eine phantastische Person auftrat, die ihn andauernd mit albernen Fragen belästigte, sich die Antworten in ein Büchlein notierte, das andauernd herunterfiel, und alles, was sie sah, sofort fotografierte.

Es dauerte eine Weile, ehe Gibson merkte, was im Gange war. Er wurde für einen Augenblick tief rot, machte jedoch dann gute Miene zum bösen Spiel und lachte noch lauter als die anderen.

Die Vorstellung endete mit gemeinsamem Gesang, eine Art von Unterhaltung, der Gibson sonst lieber aus dem Wege ging, als daß er sie suchte. Er fand es jedoch lustiger, als er erwartet hatte, und als er zuletzt mit einstimmte, war er plötzlich so gerührt, daß ihm die Stimme versagte. Für einen Augenblick saß er als einziger schweigsam unter der Menge und fragte sich, was denn mit ihm los wäre.

Die Gesichter rings um ihn enthielten die Antwort. Diese Männer und Frauen waren in einer einzigen Aufgabe vereint, sie strebten nach einem gemeinsamen Ziel und wußten, daß ihre Arbeit von wesentlicher Bedeutung für das Ganze war. Sie waren von dem Gefühl erfüllt, daß es etwas zu vollbringen galt, einem Gefühl, das man auf Erden kaum noch kannte, wo man längst alle Grenzen erreicht hatte. Gesteigert und stärker ins Persönliche abgewandelt wurde dieses Gefühl noch dadurch, daß Port Lowell noch so klein war, daß einer den anderen kannte.

Freilich, es war zu gut, um von Dauer sein zu können. Mit dem Anwachsen der Kolonie würde sich auch der Pioniergeist verflüchtigen. Alles würde größere Ausmaße annehmen und zu gut organisiert werden; alles, was mit der Weiterentwicklung des Planeten zusammenhing, nur noch bezahltes Stück Arbeit sein. Im Augenblick jedoch war es ein wunderbares Gefühl, wie es nur wenige in ihrem ganzen Leben kennenlernten. Gibson wußte, daß seine gesamte Umgebung davon durchdrungen war, und dennoch vermochte er nicht, es mit ihnen zu teilen. Er war ein Außenseiter. Stets und von jeher hatte er sich auf diese Rolle beschränkt – aber jetzt hatte er sie lange genug gespielt. Und wenn es nicht überhaupt zu spät dazu war . . .

Das war der Augenblick – wenn sich ein Zeitpunkt dafür auch nur annähernd festlegen ließ –, da Gibson sein Treueverhältnis zur Erde auf den Mars übertrug. Nie erfuhr jemand etwas davon. Selbst die neben ihm Sitzenden, falls sie überhaupt etwas bemerkten, sahen nur, daß er für einige Augenblicke aufgehört hatte zu singen, jetzt jedoch mit doppelter Stärke in den Chor einstimmte.

Lachend, schwatzend, singend, in kleine Gruppen aufgelöst, verlor sich das Publikum nach der Vorstellung in der Nacht. Gibson und seine Freunde schlugen, nachdem sie sich vom Gouverneur und Bürgermeister Whittaker verabschiedet hatten, den Weg nach ihrem Hotel ein. Die beiden Männer, die den Mars nach besten Kräften regierten, blickten ihnen nach, bis sie in der Enge der Gassen verschwunden waren. Dann wandte sich Hadfield an seine Tochter und sagte leise: »Lauf du jetzt hübsch nach Hause, Schatz – Mr. Whittaker und ich wollen noch einen kleinen Spaziergang machen. Ich werde in einer halben Stunde zurück sein.«

Den letzten Nachzüglern gute Nacht wünschend, warteten sie, bis der kleine Platz verlassen und leer dalag. Bürgermeister Whittaker ahnte, was kommen würde, und trat unruhig von einem Bein auf das andere.

»Erinnern Sie mich daran, daß ich George zu der heutigen Vorstellung gratuliere«, sagte Hadfield.

»Jawohl«, erwiderte Whittaker. »Am meisten gefreut hat mich, daß man auch unserem gemeinsamen Schmerzenskind, Gibson, eins ausgewischt hat. Ich nehme an, Sie wollen noch nachträglich ein paar Worte über seinen letzten Streich sagen.«

Der Chef war von dieser direkten Anrede leicht betroffen.

»Es lohnt sich wohl kaum noch – und außerdem liegen keine Beweise vor, daß wirklicher Schaden angerichtet wurde. Kopfzerbrechen macht mir nur, wie man derartige Zwischenfälle in Zukunft vermeiden kann.«

»Den Fahrer trifft so gut wie keine Schuld. Ihm war nichts über das Projekt bekannt, und er ist im Grunde nur durch einen dummen Zufall darübergestolpert.«

»Meinen Sie, daß Gibson Verdacht geschöpft hat?«

»Offen gestanden, ich weiß es nicht. Er ist ein ziemlich durchtriebener Bursche.«

»Daß man uns auch gerade jetzt einen Reporter auf den Hals hetzen muß! Ich habe, weiß Gott, alles getan, um sein Kommen zu verhindern!«

»Wenn er noch länger hier bleibt, merkt er bestimmt, daß etwas im Gange ist. Es gibt, glaube ich, nur einen Ausweg.«

»Und der wäre?«

»Wir müssen ihm reinen Wein einschenken. Man braucht ihm ja nicht gerade alles auf die Nase zu binden, aber wenigstens etwas.«

Schweigend liefen sie für ein paar Meter nebeneinander her. Dann sagte Hadfield: »Das wäre eine Art Radikallösung. Ich weiß nur nicht, ob man ihm völlig trauen kann.«

»Ich habe in den vergangenen Wochen ziemlich häufig mit ihm zu tun gehabt. Im Grunde steht er auf unserer Seite. Wir verwirklichen nämlich das, worüber er sein ganzes Leben geschrieben hat, obwohl er das noch nicht recht glauben will, verstehen Sie, was ich meine? Völlig falsch wäre es meiner Ansicht nach, ihn jetzt mit seinem Argwohn auf die Erde zurückkehren zu lassen.«

Wieder trat ein längeres Schweigen ein. Sie hatten das Ende der Halle erreicht und starrten hinaus auf die schimmernde Marslandschaft, die schwach von den Ausstrahlungen der Stadt erhellt wurde.

»Das muß ich mir erst noch durch den Kopf gehen lassen«, sagte Hadfield und drehte sich um. »Es hängt natürlich alles davon ab, wie schnell wir vorankommen.«

»Schon irgendwelche Andeutungen?«

»Nein, leider nicht. Man kann diese verdammten Wissenschaftler nie auf einen Termin festlegen.«

Ein junges, ineinander verschlungenes Pärchen ging selbstvergessen an ihnen vorüber. Whittaker lachte leise in sich hinein.

»Das bringt mich auf etwas anders. Irene scheint einen ziemlichen Narren an diesem jungen Kerl, Spencer, oder wie er heißt, gefressen zu haben.«

»Ich weiß nicht recht. Für sie ist es wohl nur die Abwechslung, wieder einmal ein neues Gesicht zu sehen. Und Weltraumfahrten sind nun einmal romantischer als die Arbeit, die wir hier leisten.«

»Die Liebe der Matrosen, hieß es nicht einmal so? Machen Sie mir also später keine Vorwürfe, daß ich Sie nicht gewarnt hätte.«

Für Gibson lag es alsbald klar auf der Hand, daß mit Jimmy eine Veränderung vorgegangen war, und es bedurfte keines großen Scharfsinns, um die Zusammenhänge zu erraten. Er war mit der Wahl, die der junge Mensch getroffen hatte, im wesentlichen einverstanden; nach dem wenigen zu urteilen, das er bisher von ihr gesehen hatte, schien Irene ein recht nettes Mädchen zu sein. Sie war ziemlich unverblümt und frei heraus, aber das brauchte nicht unbedingt von Nachteil zu sein. Viel wichtiger war, daß sie von Natur heiter und unbeschwert veranlagt war, obwohl Gibson sie auch schon ein- oder zweimal in nachdenkliches Sinnen versunken überrascht hatte – was ihr übrigens reizend stand. Außerdem war sie sehr hübsch; Gibson war zwar alt genug zu wissen, daß das nicht ausschlaggebend war, aber Jimmy mochte vielleicht gerade darüber anderer Ansicht sein.

Er beschloß, die ganze Angelegenheit so lange mit Stillschweigen zu übergehen, bis Jimmy selbst darauf zu sprechen kommen würde. Aller Wahrscheinlichkeit nach war der Junge noch immer in dem Wahn befangen, daß niemand auch nur das geringste bemerkt habe. Gibsons Selbstbeherrschung erfuhr jedoch eine Erschütterung, als Jimmy ihm mitteilte, daß er vorübergehend eine Stellung in Port Lowell anzunehmen gedächte. Daran war weiter nichts Verwunderliches; es war sogar allgemein üblich unter den Besatzungen von Weltraumschiffen, daß sie sich Arbeit suchten, um der unvermeidlichen Langeweile zu entgehen. Meistens betätigten sie sich auf technischen Gebieten, die mit ihrem Beruf in Zusammenhang standen. Mackay beispielsweise gab Abendkurse in Mathematik, und der bedauernswerte Dr. Scott hatte überhaupt keinen freien Tag gehabt, sondern sich gleich nach der Ankunft in Port Lowell im Krankenhaus zum Dienst gemeldet.

Jimmy jedoch, so schien es, war auf etwas anders aus. In der Buchhaltung herrschte Personalknappheit, und er glaubte, sich mit seinen mathematischen Kenntnissen dort nützlich machen zu können. Er vertrat seine Ansicht so überzeugend, daß Gibson ihm mit wahrem Vergnügen zuhörte.

»Mein lieber Jimmy«, sagte er endlich. »Warum erzählen Sie mir das alles? Sie können doch schließlich tun und lassen, was Sie wollen.«

»Ich weiß«, erwiderte Jimmy. »Aber Sie kommen häufiger mit Bürgermeister Whittaker zusammen, und wenn Sie einmal ein Wort mit ihm sprächen, wäre vielleicht manches noch einfacher.«

»Ich kann auch mit dem Chef selber sprechen.«

»Nein, nein, lieber nicht –«, begann Jimmy stotternd, versuchte aber seinen Fehler gleich wiedergutzumachen. »Es lohnt sich nicht, ihn wegen solcher Kleinigkeiten zu bemühen.«

»Jetzt hören Sie einmal her, Jimmy«, sagte Gibson mit Nachdruck. »Warum rücken Sie nicht gleich mit der Wahrheit heraus? Stammt der Plan von Ihnen, oder hat Irene Ihnen diese Idee in den Kopf gesetzt?«

Jimmys Gesichtsausdruck zu sehen, war eine ganze Reise nach dem Mars wert. Er sah aus wie ein Fisch, der gerade eben merkt, daß er schon seit einer Weile auf dem Trockenen zappelt.

»Oh!« sagte er endlich. »Sie wissen also Bescheid? Sie werden aber doch nichts verraten?«

Gibson wollte gerade noch hinzufügen, daß das völlig überflüssig wäre, doch etwas in Jimmys Augen zwang ihn, diese und jede weitere Bemerkung zu unterdrücken. Das Rad hatte eine volle Drehung vollführt: und er sah sich selber so, wieder in jenem unter zwanzig Jahren begrabenen Frühling gewesen war. Jetzt wußte er, wie Jimmy zumute war, und wußte auch, daß nie wieder etwas den Empfindungen gleichkommen würde, die er jetzt in sich entdeckte und die so neu und so frisch waren wie am ersten Schöpfungsmorgen. Vielleicht verliebte er sich später noch einmal, aber die Erinnerung an Irene würde trotzdem seinem ganzen Leben Gestalt und Farbe verleihen – genau wie Irene selber nichts weiter war als die Erinnerung an ein Ideal, das er mit auf die Welt gebracht hatte.

»Ich werde mein möglichstes tun«, sagte Gibson leise und aus ganzem Herzen entschlossen, Wort zu halten. Wenn sich die Geschichte auch wiederholte, so doch auf anderer Ebene, so daß eine Generation aus den Fehlern der anderen lernen konnte. Einiges zwar entzog sich der Planung und der Voraussicht, aber er würde alles daransetzen zu helfen; diesmal vielleicht mit anderem Ergebnis.

11

Das bernsteinfarbene Licht brannte. Gibson trank einen letzten Schluck Wasser, räusperte sich leise und vergewisserte sich, daß die Manuskriptseiten in der richtigen Reihenfolge lagen. Jedesmal, wenn er vor dem Mikrophon stand, verspürte er anfangs dieselbe Beklemmung. Der Tonmeister im Senderaum hob den Daumen: und plötzlich verwandelte sich das bernsteinfarbene in rotes Licht.

»Hallo, Erde! Hier spricht Port Lowell, Mars! Am Mikrophon Martin Gibson. Für uns ist dies heute ein großer Tag. Heute früh wurden die neuen Kuppeln aufgebläht, und jetzt ist die Stadt fast um die Hälfte größer. Ich weiß nicht, ob ich Ihnen einen Eindruck davon vermitteln kann, was das für einen Triumph für uns bedeutet – welchen Sieg wir damit in unserem Kampf gegen den Mars gewonnen haben.

Sie alle wissen, daß es unmöglich ist, in der Marsatmosphäre zu atmen – dazu ist sie nicht dicht genug, und außerdem enthält sie so gut wie überhaupt keinen Sauerstoff. Port Lowell, unsere größte Stadt, ist unter sechs transparenten und plastischen Kuppeln errichtet, die durch Luftdruck von innen aufrechterhalten werden – durch Luft, die man ohne Beschwerden atmen kann, obwohl sie viel weniger dicht als die irdische ist.

Während des vergangenen Jahres ist eine siebente derartige Halle errichtet worden, eine Halle, die zweimal so groß wie die andern ist. Ich will sie beschreiben, wie ich sie gestern sah, als ich hineinging, ehe die Luft eingelassen wurde.

Stellen Sie sich eine große Rundfläche von ungefähr einem halben Kilometer Durchmesser vor, umgeben von einer dicken Glasziegelmauer, etwa doppelt mannshoch. Durch diese Mauern führen Gänge in die anderen Hallen, und durch die Ausgänge gelangt man direkt ins Freie, hinaus in die grünleuchtende Marslandschaft, die uns von allen Seiten umgibt. Diese Durchgänge sind weiter nichts als Metallzylinder mit großen Türen, die sich automatisch schließen, sobald aus einer der Hallen Luft entweicht. Hier auf dem Mars hält man nämlich die Vorsicht für die Mutter der Weisheit.

Als ich Halle sieben gestern betrat, war die gesamte Rundfläche mit einer dünnen transparenten Hülle bedeckt, die an den Wänden befestigt war und schlaff und in großen Falten, durch die wir unseren Weg bahnen mußten, auf dem Boden lag. Wenn Sie sich in das Innere eines Ballons versetzen können, aus dem man die Luft herausgelassen hat, werden Sie genau wissen, wie mir zumute war. Die Kuppelhülle besteht aus einer sehr widerstandsfähigen Masse, die fast vollkommen durchsichtig und ziemlich geschmeidig ist – fast wie dickes Cellophan.

Selbstverständlich mußte ich meine Sauerstoffmaske tragen, denn obwohl wir von draußen abgeschlossen waren, befand sich praktisch noch keine Luft in der Halle. Sie wurde indessen so schnell wie möglich hereingepumpt, und man konnte beobachten, wie die Hülle sich unter dem steigenden Druck widerspenstig blähte.

Das dauerte die ganze Nacht. Heute morgen ging ich als erstes wieder in die Halle und sah, daß die Hülle in der Mitte bereits blasenartig gewölbt war, während sie längs des Randes noch immer flach lag. Diese riesige Blase – etwa hundert Meter im Durchmesser – bewegte sich wie ein Lebewesen und nahm ständig zu.

Im Laufe des Vormittags wurde sie so groß, daß man bereits die Umrisse der Kuppel erkennen konnte. Überall hatte die Hülle sich vom Boden erhoben. Das Pumpen wurde eine Zeitlang eingestellt, um undichte Stellen sofort zu beseitigen, und gegen Mittag wiederaufgenommen. Jetzt kam uns die Sonne zu Hilfe, die Luft erwärmte sich und dehnte sich aus.

Vor drei Stunden war das erste Stadium des Aufpumpens beendet. Wir legten unsere Masken ab und brachen in Hochrufe aus. Die Luft war zwar noch immer recht dünn, aber man konnte bereits atmen, und die Techniker konnten ihre Arbeit fortsetzen, ohne durch die Sauerstoffmasken behindert zu sein. In den nächsten Tagen wird man die große Hülle auf Überdruck und Dichtigkeit prüfen. Ein paar derartige Stellen gibt es natürlich immer, aber solange der Luftverlust einen bestimmten Grad nicht überschreitet, macht es weiter nichts aus.

Jedenfalls haben wir das Gefühl, die Marsgrenzen wieder ein gutes Stück vorverlegt zu haben. Bald wird man in Halle sieben anfangen zu bauen, und es besteht die Absicht, einen kleinen Park und sogar einen See darin anzulegen – den einzigen auf dem ganzen Mars, da sich offenes Wasser hier im Freien nicht lange hält.

Das ist natürlich nur ein Anfang, und eines Tages wird uns das alles sehr geringfügig vorkommen; trotzdem ist es ein großer Schritt vorwärts in unserem Kampf – und bedeutet, daß wir einen neuen Marsabschnitt in unserer Gewalt haben. Außerdem bedeutet es Lebensraum für weitere tausend Menschen. Ist Ihnen das klar? Gute Nacht.«

Das rote Licht verglomm. Gibson blieb einen Augenblick sitzen, starrte auf das Mikrophon und dachte über den Umstand nach, daß seine ersten Worte, obwohl mit Lichtgeschwindigkeit ausgestrahlt, erst jetzt auf Erden ankamen. Dann raffte er seine Papiere zusammen und trat durch die abgedichtete Tür in den Senderaum.

Der Toningenieur hielt ihm einen Telefonhörer hin. »Sie werden verlangt, Mr. Gibson«, sagte er. »Jemand hat es verdammt eilig, Sie zu sprechen.«

»Das kann man wohl sagen«, erwiderte er grinsend. »Hallo – hier Gibson.«

»Hier Hadfield. Meine herzlichsten Glückwünsche! Ich habe gerade Ihre Rede mitangehört – unser Ortssender hat sie übernommen.«

»Freut mich, daß sie Ihnen gefallen hat.«

Hadfield lachte unterdrückt.

»Sie wissen ja wahrscheinlich, daß ich fast alle Ihre früheren Berichte gelesen habe. Für mich war es ganz interessant, wie sich

Ihre Einstellung geändert hat.«

»Wieso?«

»Zuerst hieß es immer ›sie‹ oder ›man‹. Jetzt sind wir ›wir‹. Nicht sehr gut ausgedrückt von mir, aber Sie werden schon wissen, was ich meine.«

Er ließ Gibson gar nicht erst zu Wort kommen, sondern fuhr ohne Pause fort: »Mein Anruf hat einen ganz bestimmten Zweck. Endlich klappt es, und Sie können nach Skia fahren. Nächsten Mittwoch geht eine Passagierrakete dorthin, die drei Mann mitnehmen kann. Einzelheiten erfahren Sie durch Whittaker. Wiedersehn!«

Damit hängte er ab. Nachdenklich, aber nicht unangenehm berührt, legte auch Gibson auf. Was der Chef gesagt hatte, stimmte. Er war nun fast einen Monat hier, und während dieser Zeit hatte sich seine Haltung dem Mars gegenüber entschieden geändert. Die erste jungenhafte Aufregung hatte nur ein paar Tage gedauert und die darauffolgende Enttäuschung auch nicht viel länger. Jetzt wußte er genug und konnte die Kolonie mit gemäßigter Begeisterung betrachten, die nicht völlig logisch begründet war. Er scheute davor zurück, sie zu analysieren, damit sie sich nicht ganz verflüchtigte. Teils – soviel war ihm klar – beruhte sie auf der Hochachtung, die er in zunehmendem Maße für die hiesigen Menschen empfand, auf der Bewunderung für ihre Fähigkeiten und die Bereitschaft, mit der sie jedes wohlberechnete Risiko auf sich nahmen; denn gerade dieser Eigenschaft verdankten sie es, daß sie auf dieser Welt, wo alles gegen sie war, nicht nur Fuß gefaßt, sondern darüber hinaus die Grundlage für die erste Kultur außerhalb der Erde gelegt hatten. Stärker denn je zuvor war er von dem Verlangen erfüllt, sich mit ihrer Arbeit zu identifizieren, wohin es auch führen mochte.

Und jetzt sollte er zum erstenmal Gelegenheit bekommen, mehr als das übliche vom Mars zu sehen. Am Mittwoch würde er nach Port Schiaparelli fliegen, der zweitgrößten Marsstadt, die zehntausend Kilometer östlich in Trivium Charontis lag. Die Reise war schon seit vierzehn Tagen geplant, aber stets war etwas dazwischengekommen. Nun galt es, Jimmy und Hilton Bescheid zu sagen, die das Los zu seinen Begleitern bestimmt hatte. Jimmy war jetzt vielleicht gar nicht mehr so begierig darauf, an der Fahrt teilzunehmen, wie zuerst. Zweifellos zählte er bereits die ihm noch verbleibenden Marstage und würde alles ablehnen, was ihn von Irene trennen könnte. Doch wenn er sich diese Chance entgehen ließ, verdiente er, unter den Pantoffel zu geraten.

»Feine Sache, was?« sagte der Pilot stolz. »Es gibt nur sechs derartige Raketen auf dem Mars, weil es seine Schwierigkeiten hat, Düsen zu konstruieren, mit denen man in dieser Atmosphäre fliegen kann, auch wenn die Schwerkraft nur gering ist.«

Gibson verstand nicht genug von aerodynamischen Dingen, um die Feinheiten würdigen zu können, sah jedoch, daß die Tragflächen ungewöhnlich groß waren. Die vier Düsen waren unmittelbar in den Rumpf eingebaut. Nur ein paar leichte Schwellungen verrieten ihre Lage. Wenn er eine solche Maschine auf einem irdischen Flugplatz gesehen hätte, würde Gibson ihr kaum Beachtung geschenkt haben, obwohl ihn das kräftige Untergestell vielleicht überrascht hätte. Ihre ganze Bauart war darauf zugeschnitten, weite Strecken möglichst schnell zurücklegen und auf jedem Gelände, das nur annähernd eben war, landen zu können.

Er stieg nach Jimmy und Hilton ein und machte es sich so bequem, wie es der enge Raum gestattete. Der größte Teil der Kabine wurde von großen, sorgfältig festgeschnallten Kisten eingenommen – Eilgut für Skia, wie er vermutete. Für die Passagiere war infolgedessen nicht mehr viel Platz.

Die Motoren liefen rasch auf volle Touren an, bis man ihr dünnes hohes Gewinsel kaum noch vernehmen konnte. Dann kam die vertraute Pause, in welcher der Pilot seine Instrumente und Geräte ein letztesmal überprüfte, dann setzten die Düsen mit voller Kraft ein, und die Startbahn glitt unter ihnen hinweg. Ein paar Sekunden später spürte man den beruhigenden Feuerstoß der Absetzraketen, die die Maschine mühelos zum Himmel emportrugen.

Das Flugzeug nahm Kurs nach Osten, und die große Insel des Aurorae Sinus versank hinter dem Rand des Planeten. Abgesehen von einigen Oasen hatten sie für Tausende von Kilometern jetzt nichts als offene Wüste vor sich.

Der Pilot schaltete die automatische Steuerung ein und setzte sich zu seinen Fahrgästen.

»In etwa vier Stunden werden wir in Charontis sein«, sagte er. »Unterwegs wird es für Sie nicht viel zu sehen geben, fürchte ich, höchstens ein paar schöne Farbwirkungen, wenn wir den

Euphrat überfliegen. Dahinter ist alles mehr oder weniger gleichförmiges Wüstengelände bis hinunter nach Syrtis Major.«

Gibson rechnete rasch im stillen nach.

»Wie ist denn das gleich?« sagte er. »Wir fliegen in östlicher Richtung und sind ziemlich spät gestartet – dann muß es also dunkel sein, wenn wir dort ankommen.«

»Machen Sie sich nur darüber keine Sorgen – die Signallichter von Charontis sind aus ein paar hundert Kilometern Entfernung zu sehen. Der Mars ist so klein, daß man weite Strecken kaum je bei Tageslicht zurücklegt.«

»Wie lange sind Sie denn schon auf dem Mars?« erkundigte sich Gibson, der bisher Luftaufnahmen gemacht hatte.

»Fünf Jahre etwa.«

»Und immer geflogen?« –

»Meistens.«

»Möchten Sie nicht lieber auf einem Weltraumschiff sein?«

»Das wäre nichts für mich. Zu langweilig – für Monate immer nur im Nichts herumgondeln.« Er grinste Hilton an, der freundlich zurücklächelte, aber keine Neigung zeigte, ein Thema daraus zu machen.

»Und wieso ist das hier anders?« fragte Gibson.

»Nun, es gibt immer etwas zu sehen, man ist nie sehr lange von zu Hause weg und hat stets die Chance, irgend etwas Neues zu entdecken. Ich habe schon ein halbes Dutzend Flüge über beide Pole hinter mir, wissen Sie – die meisten im Sommer, aber vorigen Winter bin ich über das Mare Boreum geflogen. Hundertfünfzig Grad unter Null draußen! Die tiefste Temperatur, die bis jetzt auf dem Mars gemessen wurde.«

»Ich kann noch mit ganz anderen aufwarten«, sagte Hilton. »Nachts sinkt das Thermometer auf Titan bis auf zweihundert unter Null.«

Gibson hörte ihn zum erstenmal auf die Expedition auf dem Saturn anspielen.

»Sagen Sie mal, Fred«, wandte er sich an ihn, »stimmt das, was die Leute reden?«

»Was sagt man denn?«

»Das wissen Sie doch am besten – daß Sie noch einmal auf den Saturn wollen.«

Hilton zuckte die Achseln.

»Endgültig ist darüber noch nicht entschieden – es gibt da eine

Menge Schwierigkeiten. Aber ich glaube, man wird doch noch einen Weg finden, es wäre jammerschade, die Gelegenheit zu verpassen. Wenn wir nämlich nächstes Jahr aufbrächen, kämen wir unterwegs an Jupiter vorüber und könnten ihn uns zum erstenmal richtig aus der Nähe betrachten. Mac hat bereits eine hochinteressante Flugbahn für uns ausgearbeitet. Wir fliegen den Jupiter auf nächste Nähe an – innerhalb sämtlicher Satelliten – und lassen uns von seinem Gravitationsfeld in direkter Richtung auf den Saturn herumschwingen. Wenn man genau rechnet und genau aufpaßt, läßt es sich machen.«

»Was steht denn noch im Wege?«

»Die Geldfrage, wie üblich. Die Fahrt dauert zweieinhalb Jahre und kostet etwa fünfzig Millionen. Der Mars kann sich das nicht leisten – das übliche Defizit würde sich dadurch noch verdoppeln. Im Augenblick sind wir dabei, die Erde für das Projekt zu interessieren.«

»Dazu wäre es früher oder später doch gekommen«, sagte Gibson. »Am besten, Sie stellen mir alles verfügbare Tatsachenmaterial zur Verfügung, sobald wir zurückkkommen, und ich setze ein Exposé über die Knausrigkeit irdischer Politiker auf, das sich gewaschen hat. Man soll die Macht der Presse nicht unterschätzen.«

Man sprach dann noch über diesen und jenen Planeten, bis Gibson plötzlich merkte, daß er im Begriff stand, eine vielleicht nie wiederkehrende Gelegenheit zu versäumen: den Mars so zu sehen, wie man ihn selten sah. Er bat um Erlaubnis, sich auf den Pilotensitz setzen zu dürfen, versprach, nichts anzurühren, ging nach vorn und machte es sich auf dem Bedienungsstand bequem.

Fünf Kilometer unter ihm blieb die Wüste, gleichsam in farbige Fetzen gerissen, westlich hinter ihm zurück. Sie flogen in einer Höhe, die auf Erden als niedrig gegolten hätte, da man sich, der dünnen Marsatmosphäre wegen, der Oberfläche so nahe hielt, wie die Sicherheit erlaubte. Gibson hatte noch nie einen solchen Begriff davon bekommen, was reine Geschwindigkeit bedeutet; er war zwar auf Erden schon in viel schnelleren Maschinen geflogen, aber stets in solchen Höhen, daß er keine Bodensicht mehr gehabt hatte. Die Nähe des Horizonts erhöhte die Wirkung noch, denn alle Objekte, die am Rande des Planeten zu liegen schienen, glitten ein paar Minuten später unter ihm vorbei.

Von Zeit zu Zeit kam der Pilot nach vorn, um den Kurs zu

überprüfen – eine reine Formalität, da er sich im Grunde um nichts zu kümmern brauchte, bis die Fahrt sich ihrem Ende näherte. Auf halber Strecke gab es Kaffee und einen kleinen Imbiß, und Gibson nahm wieder bei seinen Gefährten in der Kabine Platz. Hilton und der Pilot waren in eine hitzige Debatte über die Venus verwickelt – über die man auf dem Mars schlecht zu sprechen war und die Ansicht vertrat, sich mit ihr zu befassen, sei reine Zeitvergeudung.

Gibson gähnte und streckte seine Glieder. Die rasch sich entfaltende Landschaft hatte eine fast hypnotische Wirkung, und es war schwierig, munter zu bleiben. Bis zur Ankunft waren noch etwa neunzig Minuten Zeit, und er beschloß, ein Weilchen zu schlafen.

Irgendein Wechsel in der Struktur des schwindenden Lichtes mußte ihn geweckt haben. Für einen Augenblick glaubte er zu träumen und konnte nur, wie gelähmt vor Verwunderung, dasitzen und vor sich hinstarren. Er blickte jetzt nicht mehr auf eine flache, fast gestaltlose Landschaft hinunter, die mit dem tiefblauen Himmel am Horizont in eins verschmolz. Sowohl Wüste wie Horizont waren verschwunden, statt dessen sah er eine karmesinrote Bergkette aufragen, die sich von Norden nach Süden erstreckte, so weit das Auge reichte. Die letzten Sonnenstrahlen spielten um die Berggipfel und verliehen ihnen etwas von ihrem verlöschenden Glanz. Die Ausläufer des Gebirges waren bereits von nächtlichem Dunkel verschlungen, das sich rasch nach Westen ausbreitete.

Für eine Weile war das Bild kraft der ihm innewohnenden Herrlichkeiten jeglicher Realität entkleidet und hatte somit auch nichts Bedrohliches. Doch dann kam Gibson plötzlich aus seiner Entrückung zu sich und merkte, daß sie viel zu niedrig flogen, um einem Zusammenstoß mit diesen himalajaartigen Gipfeln ausweichen zu können.

Die Schrecksekunde war indes nur von kurzer Dauer, dann erinnerte sich Gibson mit noch tieferem Entsetzen an die einfache Tatsache, die er in der ersten Aufregung völlig vergessen hatte:

Es gab kein Hochgebirge auf dem Mars.

Hadfield diktierte ein dringendes Memorandum an das Amt für Interplanetarische Entwicklung, als die Nachricht eintraf. In Port Schiaparelli hatte man die vorgeschriebenen fünfzehn Minuten über die planmäßige Ankunftszeit des Flugzeuges hinaus gewartet, und der Übungsdienst in Port Lowell hatte weitere zehn Minuten verstreichen lassen, ehe er ›Überfällig‹ durchgab. Ein kostbares Flugzeug der kleinen Marsflotte stand schon bereit, um die Suche sofort bei Anbruch der Dämmerung aufzunehmen. Die hohe Geschwindigkeit und die niedrige Höhe, zu der die Marsverhältnisse zwangen, würden alle Nachforschungen beträchtlich erschweren, doch sobald Phobos aufging, konnte man sich von dort mit viel größeren Erfolgsaussichten durch Fernrohre an der Aktion beteiligen.

Die Nachricht traf etwa eine Stunde später auf der Erde ein, zu einer Zeit, da es für Presse und Radio gewöhnlich nicht viel zu melden und zu berichten gab. Gibson wäre von der Publizität, die sich für ihn daraus ergab, wahrscheinlich höchst befriedigt gewesen; seine letzten Artikel wurden überall mit krankhaftem Interesse verschlungen. Ruth Goldstein erfuhr von der ganzen Geschichte erst, als ein Redakteur, mit dem sie geschäftlich zu tun hatte, mit der Abendzeitung zu ihr kam. Ohne zu zögern, verlangte sie für Gibsons letzte Artikelserie um die Hälfte mehr, als ihr Opfer ursprünglich dafür hatte zahlen wollen, und zog sich dann in ihr Zimmer zurück und ließ ihren Tränen für eine volle Minute freien Lauf. Gibson hätte sich bestimmt über beides köstlich amüsiert.

Auf verschiedenen Redaktionen begann man bereits Nachrufe zu verfassen und sie vorsorglich schon immer in Satz zu geben, damit sie sofort erscheinen könnten, falls es sich bestätigte, daß Gibson tödlich verunglückt wäre. Und in London trauerte ein Verleger ehrlich betrübt dem Vorschuß nach, den er Gibson gezahlt hatte.

Der Warnungsruf, den Gibson ausgestoßen hatte, war noch nicht verhallt, als der Pilot den Bedienungsstand erreichte. In dem verzweifelten Versuch, nach Norden herumzuschwingen, überschlug sich die Maschine fast, und Gibson wurde heftig gegen die Tür geschleudert. Als er sich aufgerafft hatte, erblickte er in einer Entfernung von nur wenigen Kilometern ein seltsam verschwommenes, orangefarbenes Felsgebilde, das auf sie herunterzustoßen schien. Bei aller Panik konnte er deutlich erkennen, daß etwas sehr Merkwürdiges an dem Hindernis war, das sich ihnen rasch näherte, und plötzlich ging ihm der wahre Sachverhalt auf.

Dies war keine Gebirgskette, sondern etwas vielleicht noch Tödlicheres. Sie standen im Begriff, in eine Sandhose hineinzurasen, die sich von der Wüste unten bis fast an den Rand der Stratosphäre erstreckte.

Einen Augenblick später traf sie die volle Gewalt des Sturmes. Man spürte den Anprall von beiden Seiten, und durch den abgedichteten Rumpf drang ein hohes, schrilles Kreischen – der entsetzlichste Laut, den Gibson je vernommen hatte. Von einer Sekunde zur anderen war es tiefste Nacht geworden, und sie flogen hilflos durch eine heulende Dunkelheit.

In fünf Minuten war alles vorüber, aber es schien ihnen eine Ewigkeit. Ihre bloße Geschwindigkeit hatte sie gerettet, denn das Schiff hatte sich geschoßartig durch das Sturmzentrum gebohrt. Plötzlich brach tiefrote Dämmerung über sie herein, das Gehämmer, dem das Schiff ausgesetzt gewesen war, hörte auf, und eine vibrierende Stille füllte die schmale Kabine. Durch die rückwärtige Beobachtungsluke erhaschte Gibson einen letzten flüchtigen Anblick des Hurrikans, der sich westwärts bewegte und die Wüste hinter sich aufwirbelte.

Gibson verspürte eine jämmerliche Schwäche in den Beinen und ließ sich dankbar aufatmend in seinen Sitz fallen. Er fragte sich, ob sie weit von ihrem Kurs abgedrängt worden sein mochten, verwendete aber weiter keine Überlegung darauf, da es bei den navigatorischen Hilfsmitteln, die sie bei sich führten, kaum etwas ausmachte.

Durch den Sturm wie betäubt, fing sein Gehör gerade erst wieder an zu funktionieren, und damit war ein zweiter Schock für ihn verbunden. Die Motoren hatten ausgesetzt.

Eine gespannte Stille herrschte in der Kabine. Dann rief ihnen der Pilot über die Schulter hinweg zu: »Setzt eure Masken auf! Unter Umständen bricht der Rumpf bei der Landung auseinander!« Mit klammen Fingern zerrte Gibson die Maske unter dem Sitz hervor und legte sie an. Als er damit fertig war, schien das feste Land schon bedrohlich nahe, obwohl es bei der zunehmenden Dämmerung schwer war, Entfernungen zu schätzen.

Ein niedriger Hügel fegte vorüber und verschwand in der Dunkelheit. Das Schiff legte sich heftig auf die eine Seite, um einem zweiten auszuweichen, schlug dann mit einem krampfhaften Ruck auf und prallte ab. Einen Augenblick danach hatte es wiederum Bodenberührung, und Gibson, auf eine unvermeidliche

Bruchlandung gefaßt, duckte sich.

Es verging eine Weile, ehe er sich zu entspannen wagte. Er konnte noch immer nicht glauben, daß sie sicher unten waren. Dann streckte sich Hilton in seinem Sitz, nahm die Maske ab und rief dem Piloten zu: »Saubere Landung, Kapitän. Nur – wie weit müssen wir jetzt laufen?«

Die Antwort ließ ein paar Sekunden auf sich warten. Dann rief der Pilot mit angespannter Stimme: »Wer steckt mir eine Zigarette an? Mir zittern die Hände.«

»Da«, sagte Hilton und begab sich nach vorn. »Und jetzt wollen wir uns erst einmal ein bißchen Licht machen.«

Der warme Schein, der die ringsumher lauernde Marsnacht vertrieb, trug viel zur Verbesserung ihrer Stimmung bei. Alle sprudelten über vor übertriebener Lustigkeit, und die schwächsten Witze wurden laut belacht. Die Reaktion hatte eingesetzt; man war derart hingerissen davon, überhaupt noch am Leben zu sein, daß die tausend Kilometer, durch die man von der nächsten menschlichen Ansiedlung getrennt war, kaum ins Gewicht fielen.

»Das war ja ein ordentlicher Sturm«, sagte Gibson. »Kommen derartige Dinge auf dem Mars häufiger vor? Und warum haben wir eigentlich keine Warnmeldung erhalten?«

Der Pilot, der seinen anfänglichen Schreck überwunden hatte, dachte angestrengt nach, wobei er sich offensichtlich schon vor dem unvermeidlichen Untersuchungsausschuß stehen sah. Selbst bei tadellosem Funktionieren der automatischen Steuerung hätte er natürlich öfter nach vorn gehen müssen . . .

»Einen derartigen Sturm habe ich auch noch nicht erlebt«, sagte er. »Und dabei bin ich mindestens schon fünfzigmal zwischen Lowell und Skia hin- und hergeflogen. Wir wissen eben noch viel zu wenig über die Wetterverhältnisse auf dem Mars. Es gibt ja im ganzen auch nur sechs meteorologische Institute auf dem Planeten – längst nicht genug, um sich ein klares Bild zu machen.«

»Und Phobos? Hätte man das Unwetter von dort nicht erkennen und uns warnen müssen?«

Der Pilot ergriff seinen Kalender und durchblätterte die Seiten.

»Phobos ist noch nicht aufgegangen«, sagte er, nachdem er kurz nachgerechnet hatte. »Ich vermute, daß der Sturm ganz plötzlich aus dem Hades – passender Name dafür, wie? – hervorgebrochen ist und sich längst wieder gelegt hat. Ich glaube nicht, daß Charontis irgendwie davon berührt wurde, also konnte man uns auch von dorther nicht warnen. Es war eben ein unglückliches Zusammentreffen von Umständen, für die niemand etwas kann.«

Dieser Gedanke schien ihn beträchtlich aufzuheitern, Gibson jedoch fand es schwer, so philosophisch zu bleiben.

»Und inzwischen sitzen wir hier mitten im Nichts fest«, entgegnete er. »Wie lange wird es dauern, bis man uns findet? Oder besteht die Möglichkeit, das Schiff wieder flottzumachen?«

»Nicht die geringste; die Düsen sind völlig hinüber. Luft vertragen sie zwar – Sand nicht!«

»Können wir Radioverbindung mit Skia aufnehmen?«

»Vom Boden aus nicht. Aber sobald Phobos aufgeht – in einer Stunde etwa –, können wir das Observatorium anrufen, und dort kann man unseren Spruch weitergeben. Mit Fernsprüchen geht das hier nicht anders. Die Ionosphäre ist zu schwach, und die Wellen prallen nicht so zurück wie auf der Erde. Aber ich kann ja überhaupt erst mal nachsehen, ob das Radio funktioniert.«

Er ging nach vorn und machte sich am Gerät zu schaffen, während Hilton die Heizanlage und den Luftdruck in der Kabine überprüfte. Die anderen beiden Passagiere, die nichts zu tun hatten, blickten sich nachdenklich an.

»Eine schöne Schweinerei!« entfuhr es Gibson halb wirklich ärgerlich, halb belustigt. »Da bin ich nun ohne Zwischenfall von der Erde nach dem Mars gefahren – über fünfzig Millionen Kilometer –, und kaum setze ich den Fuß in so ein verdammtes Flugzeug, muß mir das passieren! In Zukunft werde ich nur noch Weltraumschiffe benützen.«

Jimmy grinste. »Auf alle Fälle können wir den andern etwas erzählen, wenn wir zurückkommen. Vielleicht läßt sich hier noch etwas ganz Neues entdecken.« Er legte die Hand über die Augen, um das Licht abzuschirmen, und lugte hinaus. Draußen lag, bis auf den Schein, der aus dem Schiff herausfiel, alles in tiefster Dunkelheit.

»Das Gelände scheint ziemlich hügelig zu sein; wir können von Glück sagen, daß wir heil heruntergekommen sind. Mein Gott! – Auf dieser Seite hier ist sogar eine Klippe – ein paar Meter weiter, und wir wären hineingerast!«

»Irgendeine Ahnung, wo wir uns befinden mögen?« rief Gibson dem Piloten zu.

»Ungefähr 120 östlich, 20 nördlich. Der Sturm hat uns kaum vom Kurs abgedrängt.«

»Dann befinden wir uns also irgendwo in Ätheria«, sagte Gibson und beugte sich über die Karten. »Stimmt – hier ist eine hügelige Gegend eingezeichnet. Aber sonst ist nichts weiter darüber vermerkt.«

»Weil noch nie jemand hier gelandet ist. Dieser Teil des Mars ist noch fast völlig unerforscht und bisher nur aus der Luft kartographisch aufgenommen worden.«

Es machte Gibson Vergnügen zu beobachten, wie begierig Jimmy diese Mitteilung aufnahm. Und es lag ja zweifellos auch etwas Erregendes darin, sich in einer Region zu befinden, die noch keines Menschen Fuß betreten hatte.

»Ich unke zwar nicht gern«, sagte Hilton in einem Ton, der diese Absicht nur allzu deutlich verriet, »aber ich bin gar nicht so überzeugt, daß wir Radioverbindung mit Phobos aufnehmen können, auch wenn er aufgegangen sein wird.«

»Was!« schrie der Pilot. »Das Gerät ist doch völlig in Ordnung – ich habe es gerade erst nachgeprüft.«

»Ja – aber haben Sie schon einmal darauf geachtet, wo wir sind? Wir können Phobos nicht einmal sehen. Diese Klippe liegt direkt südlich von uns und versperrt die Aussicht vollkommen. Das bedeutet, daß man dort oben nicht imstande sein wird, unser Mikrowellen-Signale aufzufangen. Und was noch schlimmer ist – auch mit ihren Teleskopen werden sie uns nicht entdecken können.«

Ein betretenes Schweigen trat ein.

»Was machen wir nun?« fragte Gibson. Er sah sich bereits einen Tausend-Kilometer-Treck durch die Wüste nach Charontis antreten, verwarf den Gedanken aber sofort wieder. Soviel Sauerstoff, Verpflegung und Ausrüstungsgegenstände, wie dazu erforderlich waren, konnte man unter keinen Umständen befördern. Hinzu kam noch, daß selbst hier in der Nähe des Äquators niemand auch nur eine einzige Nacht schutzlos im Freien überstehen würde.

»Wir müssen versuchen, uns auf eine andere Art bemerkbar zu machen«, sagte Hilton ruhig. »Sobald es Tag wird, werden wir ein bißchen in den Hügeln herumklettern und die Gegend erkunden. Bis dahin rate ich jedem, es sich so bequem wie möglich zu machen.« Er gähnte und reckte sich, wobei er fast die Kabinendecke berührte. »Augenblicklich haben wir weiter keine Sorgen; unser Luftvorrat reicht für einige Tage aus, und gegen Kälte sind wir durch unsere geladenen Batterien fast für die Ewigkeit geschützt. Wenn wir gezwungen sind, länger als eine Woche hier zuzubringen, werden wir den Gürtel vielleicht etwas enger schnallen müssen, aber das alles ist höchst unwahrscheinlich.«

Durch eine Art stillschweigender Übereinkunft hatte Hilton die Befehlsgewalt übernommen. Mochte er sich der Tatsache auch noch nicht recht bewußt sein, jedenfalls galt er als Anführer der kleinen Gruppe. Der Pilot hatte ihm seine Autorität bedenkenlos abgetreten.

»Sie sagten, Phobos ging in etwa einer Stunde auf?« fragte Hilton.

»Ja.«

»Wann hat er seinen Durchgang? Ich vergesse immer wieder, was dieser verrückte kleine Mond alles anstellt.«

»Die Sache ist so, daß er im Westen auf- und etwa vier Stunden später im Osten untergeht.«

»Dann ist er also etwa gegen Mitternacht im Süden fällig?«

»Stimmt. Aber das bedeutet ja, daß wir ihn überhaupt nicht zu sehen bekommen werden, weil er dann schon für mindestens eine Stunde verfinstert ist!«

»Was ist denn das bloß für ein Mond!« knurrte Gibson. »Wenn man ihn am dringendsten braucht, kann man ihn nicht einmal sehen!«

»Das macht nichts«, sagte Hilton ruhig. »Wir wissen genau, wo er sich zu diesem Zeitpunkt befindet, und es kann nichts schaden, wenn wir versuchen, Kontakt herzustellen. Mehr können wir heute nacht doch nicht tun. Hat jemand ein Spiel Karten? Nein? Dann erzählt uns Martin vielleicht einige seiner Geschichten?«

Das war eine unbesonnene Bemerkung, und Gibson nutzte seine Chance sofort aus.

»Fällt mir nicht im Traum ein«, sagte er. »Sie sind derjenige, der etwas zu erzählen hat.«

Hiltons Haltung versteifte sich, und Gibson wußte für den Augenblick nicht, ob er ihn gekränkt haben mochte. Hilton sprach nur selten über die Saturn-Expedition, aber hier bot sich eine Gelegenheit, die man sich nicht entgehen lassen durfte. Sie würde so leicht nicht wiederkehren, und der Bericht würde, wie alle großen Erlebnisberichte, dazu beitragen, ihnen das Rückgrat zu stärken. Auch Hilton mochte das einsehen, denn alsbald zeigte er sich zugänglicher und lächelte.

»Sie haben mich ganz schön in die Enge getrieben, Martin. Also gut, ich werde reden – aber nur unter einer Bedingung.«

»Und die wäre?«

»Keine wörtlichen Zitate, bitte!«

»Als ob mir das je einfallen würde!«

»Und noch etwas: falls Sie wirklich etwas darüber schreiben, möchte ich das Manuskript vor der Veröffentlichung sehen.«

»Selbstverständlich.«

Daß es so leicht gehen würde, hatte Gibson gar nicht zu hoffen gewagt. Er hatte zwar nicht unmittelbar die Absicht, über Hiltons Erlebnisse zu schreiben, aber es war immerhin ganz angenehm, zu wissen, daß es in seinem Belieben stand. Der Gedanke, daß er unter Umständen gar keine Möglichkeit mehr dazu haben würde, kam ihm überhaupt nicht in den Sinn.

Außerhalb des Schiffes herrschte streng und unbeschränkt die eisige Marsnacht mit ihren nadelscharfen, glitzernden Sternen. Im bleichen Deimoslicht war die Umgebung gerade eben in schwachen Umrissen erkennbar, als ginge ein kaltes inneres Leuchten davon aus. Am östlichen Horizont stieg Jupiter, das hellste Objekt am Himmel, in seiner ganzen Pracht herauf. Die vier Männer in dem notgelandeten Flugzeug waren mit ihren Gedanken jedoch noch weitere sechshundert Millionen Kilometer von der Sonne entfernt.

Für viele Leute war es noch immer ein Rätsel, warum man eine Expedition auf den Saturn und nicht auf den Jupiter ausgerüstet hatte, der doch soviel näher war. Bloße Entfernungen spielen jedoch bei Weltraumfahrten die geringste Rolle, und der Saturn war durch einen einmaligen, noch jetzt kaum faßbaren Glückszufall erreicht worden. Einer seiner Trabanten war der Titan, der größte Satellit im ganzen Sonnensystem – etwa doppelt so groß wie der Erdmond. Schon im Jahre 1944 war entdeckt worden, daß der Titan eine Atmosphäre besaß. Man konnte zwar in dieser Atmosphäre nicht atmen, aber sie war in anderer Hinsicht von unschätzbarem Wert. Sie bestand nämlich aus Methan, einem der idealsten Treibstoffe für Atomraketen.

Damit war eine einzigartige Situation in der Geschichte der Weltraumschiffahrt entstanden. Zum erstenmal konnte man eine

Expedition nach einer anderen Welt mit der absoluten Gewißheit aussenden, daß sie bei der Ankunft neuen Brennstoff an Bord nehmen konnte.

Die ›Arcturus‹ war mit ihrer sechsköpfigen Besatzung aus der Umlaufbahn des Mars zu ihrem Flug aufgebrochen. Schon neun Monate später hatte sie das saturnalische System erreicht und gerade noch genügend Treibstoff an Bord gehabt, um die Landung auf dem Titan sicher durchzuführen. Dort waren die Pumpen in Gang gesetzt und der Betriebsstoff in den Tanks war aus den unzähligen Trillionen Tonnen Methan ergänzt worden, die dort umsonst zu haben waren. Ihren Treibstoff je nach Bedarf auf dem Titan ergänzend, hatte die ›Arcturus‹ sämtliche bekannten fünfzehn Saturnmonde der Reihe nach aufgesucht und sogar die Randgebiete des gewaltigen Ringsystems berührt. In einigen Monaten hatte man über den Saturn mehr in Erfahrung gebracht als in all den früheren Jahrhunderten zusammen, da man nur auf teleskopische Beobachtungen angewiesen war.

Aber man hatte einen hohen Preis dafür bezahlen müssen. Zwei der Besatzungsmitglieder waren an den Verbrennungen gestorben, die sie sich bei der Reparatur eines der Atommotoren zugezogen hatten. Man hatte sie auf Dione, dem vierten Mond, beigesetzt. Der Leiter der Expedition, Kapitän Envers, war auf dem Titan von einer Lawine gefrorener Luftmassen verschüttet, seine Leiche nie aufgefunden worden. Hilton hatte das Kommando übernommen und ›Arcturus‹ mit Hilfe der beiden letzten Überlebenden nach einjähriger Fahrt sicher auf den Mars zurückgebracht.

All diese Tatsachen waren Gibson zur Genüge bekannt. Er entsann sich deutlich, wie er jenen Radiomeldungen gelauscht hatte, die, von Planet zu Planet weitergegeben, durch den Weltraum gesickert waren. Aber es war doch etwas völlig anderes, Hilton vor sich zu haben und zu hören, wie er die Geschichte auf seine merkwürdig unpersönliche Weise erzählte, als wäre er mehr Zuschauer denn Teilnehmer gewesen.

Er berichtete über den Titan und seine kleineren Mondbrüder, die, indem sie um den Saturn kreisten, aus dem Planeten so etwas wie ein Sonnensystem im verkleinerten Maßstab machten. Er beschrieb ihre Landung auf dem innersten Mond, Mimas, der nur halb so weit vom Saturn entfernt ist wie der Mond von der Erde.

»Wir stießen in ein breites, zwischen zwei Bergen gebettetes

Tal hinab, wo wir auf ziemlich festes Gelände hoffen durften. Den Fehler, den wir auf Rhea begangen hatten, wollten wir nicht noch einmal machen! Es war eine gute Landung, und wir stiegen in unsere Schutzanzüge, um ins Freie zu gehen. Merkwürdig, daß man diesen Augenblick nie erwarten kann, wie oft man seinen Fuß auch schon auf den Boden einer neuen Welt gesetzt haben mag.

Natürlich ist die Schwerkraft auf dem Mimas nur gering – etwa ein Hundertstel der irdischen. Aber es genügte gerade, um zu verhindern, daß wir in den Weltraum hinaustrudelten. Ich hatte meinen Spaß daran: so hoch man auch sprang, man war völlig sicher, immer wieder unten zu landen – nur etwas Geduld mußte man haben.

Es war noch früh am Morgen, als wir landeten. Der Tag auf dem Mimas ist etwas kürzer als der irdische – der Mond umläuft den Saturn in zweiundzwanzig Stunden, und da er dem Planeten stets dieselbe Seite zuwendet, sind seine Tage und Monate von gleicher Länge – genau wie auf unserem Mond. Wir waren auf der nördlichen Halbkugel nicht weit vom Äquator gelandet, und der Saturn stand zum größten Teil über dem Horizont. Es sah ziemlich gespenstisch aus – ein riesiges Halbmondhorn, das wie ein verrenkter Berggigant in den Himmel ragte.

Ihr habt wahrscheinlich die Filme gesehen, die wir gedreht haben – besonders den zeitgerafften, farbigen, der den Gesamtzyklus der Saturnphasen wiedergibt. Aber selbst daraus kann man sich keine Vorstellung davon machen, wie einem zumute war mit diesem Riesending ständig vor Augen. Es war so groß, daß man es mit einem einzigen Blick gar nicht überschauen konnte. Wenn man die Arme weit ausbreitete, konnte man sich gerade einbilden, die gegenüberliegenden Ring-Enden zu berühren. Die Ringe selbst waren nicht besonders gut zu sehen, weil sie fast randauf lagen, aber das breite, dämmrige Schattenband, das sie über den Planeten warfen, verriet ihr Dasein.

Es war ein Schauspiel, dessen man nie überdrüssig wurde. Der Planet dreht sich so schnell, daß das Bild ständig wechselt. Die Wolkenformationen – wir hielten sie dafür, ich weiß aber nicht, ob es stimmt – wurden alle paar Stunden von einer Seite der Scheibe auf die andere gepeitscht und veränderten sich fortwährend in der Bewegung. Und dann gab es die herrlichsten Farben – Grün und Braun, aber hauptsächlich Gelb. Dann und wann fanden gewaltige, fast im Zeitlupentempo vor sich gehende Ausbrüche statt, und irgend etwas von der Größe der Erde stieg aus den Tiefen empor und wälzte sich träge wie ein riesiger Fleck halb um den Planeten herum.

Man konnte die Augen nie sehr lange von dem Planeten abwenden. Selbst wenn er sich im Neumondstadium befand und völlig unsichtbar war, zeugte ein großes Loch am Sternenhimmel für sein Vorhandensein. Und hier noch etwas Merkwürdiges, was ich bisher nur deshalb nicht erwähnt habe, weil ich mir nie völlig klar darüber war. Mitunter, wenn wir uns im Schatten des Planeten befanden und seine Scheibe eigentlich vollkommen verdunkelt hätte sein müssen, war mir, als käme von der Nachtseite ein schwacher, phosphoreszierender Schimmer. Es dauerte nie sehr lange – wenn es nicht überhaupt nur Einbildung war. Vielleicht war es so etwas wie eine chemische Reaktion, die in den Tiefen dieses kreisenden Hexenkessels vor sich ging.

Überrascht es euch nun noch, daß ich wieder dorthin möchte? Nur diesmal müßte man noch viel näher herangelangen – auf mindestens tausend Kilometer. Zu befürchten wäre dabei kaum etwas, und der Energieverbrauch wäre auch nicht erheblich. Man braucht nur eine parabolische Umlaufbahn einzuschlagen und diese Bahn so einzuhalten wie ein um die Sonne kreisender Komet. Selbstverständlich würde einen das nur für ein paar Minuten ziemlich nahe an den Saturn heranbringen, aber was könnte man in dieser Zeit nicht alles feststellen!

Und dann möchte ich auch noch einmal auf dem Mimas landen und diesen großen schimmernden Halbmond in den Himmel ragen sehen. Einzig um den Saturn zu- und abnehmen zu sehen, würde die Fahrt sich lohnen – von den Stürmen, die um seinen Äquator herumjagen, ganz zu schweigen. Ja – es würde sich lohnen, auch wenn ich diesmal nicht wieder zurückkäme.«

Es lag keinerlei falsches Heldenpathos in dieser letzten Bemerkung. Es war nur die Feststellung einer Tatsache, und keiner seiner Zuhörer zweifelte daran.

Gibson brach das lange Schweigen, indem er an das Kabinenfenster trat und in die Nacht hinausstarrte.

»Können wir das Licht mal ausmachen?« rief er. Der Pilot kam seiner Aufforderung nach, und es wurde völlig finster. Die anderen traten ebenfalls an das Fenster.

»Schaut mal«, sagte Gibson. »Dort oben – wenn man den Hals

reckt, kann man es gerade erkennen.«

Die Klippe, gegen die sie lagen, bildete nicht länger eine Mauer aus undurchdringlicher Finsternis. Über ihre höchsten Zacken spielte ein Lichtschein und sickerte bis hinunter ins Tal. Phobos war aufgegangen und stieg auf seiner meteorischen Bahn höher in den Süden. Von Minute zu Minute wurde das Licht heller, und der Pilot begann alsbald, die ersten Signale zu geben. Er hatte kaum damit angefangen, als das bleiche Mondlicht so plötzlich erlosch, daß Gibson vor Erstaunen einen Schrei ausstieß. Phobos war in den Schattenkreis des Mars eingetreten und würde nun, obwohl noch im Aufgehen begriffen, fast eine Stunde nicht scheinen. Es ließ sich auf keine Weise ermitteln, ob er später noch einmal über den Klippenrand lugen und damit in der Position sein würde, die Signale zu empfangen, oder nicht.

Fast zwei volle Stunden gab man sich dieser Hoffnung hin, plötzlich huschte wieder ein Lichtschein über die Klippen, doch diesmal von Osten her. Phobos war aus seiner Verfinsterung herausgetreten und neigte sich dem Horizont zu, den er in etwa sechzig Minuten erreicht haben würde. Der Pilot schaltete das Gerät verdrossen ab.

»Es hat keinen Zweck«, sagte er. »Wir müssen es auf andere Art versuchen.«

»Ich weiß!« rief Gibson erregt aus. »Können wir das Gerät nicht oben auf dem Hügel aufstellen?«

»Daran habe ich auch schon gedacht, aber ohne das nötige Werkzeug wäre das eine Sauarbeit. Das ganze Ding, mit Antennen und allem, ist in den Rumpf eingebaut.«

»Heute nacht können wir doch nichts weiter tun«, sagte Hilton. »Ich schlage vor, daß wir uns noch vor Anbruch der Dämmerung ein wenig hinlegen. Gute Nacht alle miteinander.«

Der Rat war gut, aber schwer zu befolgen. Gibsons ganze Gedankenwelt war in Aufruhr und schmiedete Pläne für den morgigen Tag. Erst als Phobos tiefer am östlichen Himmel stand und sein Schein nicht mehr täuschend über die Klippen huschte, fiel er endlich in einen unruhigen Schlaf.

Er träumte, daß er versuchte, das Untergestell durch einen Treibriemen mit den Motoren zu koppeln, so daß man die letzten tausend Kilometer nach Port Schiaparelli wie in einem Taxi zurücklegen konnte . . .

12

Als Gibson erwachte, war die Dämmerung längst angebrochen. Die Sonne war hinter den Klippen verborgen, aber ihre von dem zerklüfteten scharlachroten Gestein zurückgeworfenen Strahlen verbreiteten ein überirdisches, fast unheimliches Licht in der Kabine. Er streckte seine steifen Gliedmaßen; diese Sitze waren nicht als Schlafgelegenheit eingerichtet, und er hatte eine unbequeme Nacht verbracht.

Er schaute sich nach seinen Kameraden um und stellte fest, daß Hilton und der Pilot ins Freie gegangen sein mußten. Jimmy schlief noch immer. Gibson war leicht verstimmt, daß man ihn hier zurückgelassen hatte, aber wußte, daß er noch ärgerlicher gewesen wäre, wenn man ihn im Schlaf gestört hätte.

Hilton hatte eine kurze Mitteilung hinterlassen und den Zettel an sichtbarer Stelle an der Wand angebracht. Darauf hieß es: ›Sind um 6.30 hinausgegangen. Werden etwa eine Stunde wegbleiben. Und ziemlichen Hunger mitbringen, wenn wir zurückkommen. Fred.‹

Diese Anspielung war kaum zu ignorieren. Außerdem hatte Gibson selber Hunger. Er sah die eisernen Rationen durch, die das Flugzeug für solche Notlagen mit sich führte, und machte sich Gedanken darüber, wie lange man damit würde auskommen müssen. Von seinem Hantieren mit dem kleinen Kocher, auf dem er etwas Warmes zu trinken machen wollte, wurde Jimmy wach, der ein ziemlich dummes Gesicht machte, als er merkte, daß er der letzte war.

»Na, gut geschlafen?« fragte Gibson, indem er sich nach den Tassen umsah.

»Als ob ich eine ganze Woche kein Auge zugemacht hätte«, sagte Jimmy und fuhr sich mit der Hand durchs Haar. »Wo sind denn die anderen?«

Seine Frage erfuhr ihre Beantwortung durch die Geräusche, die entstehen, wenn jemand die Luftschleuse betritt. Einen Augenblick später erschien Hilton und hinter ihm der Pilot. Sie legten ihre Masken und Kälteschutzausrüstung ab – draußen war die Temperatur immer noch um null Grad – und stürzten sich auf die Schokoladen- und Preßfleischportionen, die Gibson mit unbestechlicher Gerechtigkeit ausgeteilt hatte.

»Nun?« erkundigte sich Gibson gespannt. »Wie schaut es

aus?«

»Eines kann ich Ihnen gleich von vornherein sagen«, stieß Hilton kauend hervor. »Wir können von Glück sagen, daß wir am Leben sind.«

»Das weiß ich.«

»Sie wissen so gut wie gar nichts und haben keine Ahnung, wo wir gelandet sind. Einige Grade weiter nach Steuerbord – aber was dann passiert wäre, will ich nicht weiter ausmalen. Wir befinden uns in einem Tal, das von Osten nach Westen läuft. Es sieht mehr nach einem geologischen Irrtum als einem Flußbett aus, wofür ich es zuerst gehalten habe. Die Klippe gegenüber ist gute hundert Meter hoch und ragt fast senkrecht empor und hängt ganz oben etwas über. Man kann vielleicht von anderer Stelle aus hinaufgelangen, doch das haben wir noch nicht versucht. Es ist auch ziemlich überflüssig – wenn wir erreichen wollen, daß man uns von Phobos aus sieht, brauchen wir nur ein Stück weiter nördlich zu gehen, bis uns die Klippe nicht mehr die Aussicht versperrt. Das halte ich überhaupt für die Lösung – falls wir imstande sein sollten, das Schiff von der Stelle zu bewegen. Dann könnten wir unser Radio benützen und ziemlich sicher damit rechnen, daß man uns durch Fernrohre oder aus der Luft entdeckt.«

»Wieviel wiegt denn eine solche Maschine?« fragte Gibson voller Zweifel.

»Vollbeladen etwa dreißig Tonnen. Natürlich läßt sich noch eine ganze Menge abmontieren.«

»Eben nicht!« sagte der Pilot. »Das würde bedeuten, daß wir den Druck herabmindern müßten, wir können es uns aber nicht leisten, Luft zu vergeuden.«

»Gott, ja, das hatte ich ganz vergessen. Trotzdem, das Gelände ist ziemlich eben und das Untergestell vollkommen in Ordnung.«

Gibson gab einige undefinierbare Laute von sich, die seinen Unglauben ausdrücken sollten. Selbst wenn man in Betracht zog, daß alles weniger als ein Drittel so schwer wie auf Erden war, würde es keine leichte Arbeit sein, das Flugzeug von der Stelle zu bewegen. Dann wurde jedoch seine Aufmerksamkeit durch den Kaffee abgelenkt, den er einzugießen versucht hatte, ehe er genügend abgekühlt war.

Durch das Nachlassen des Drucks auf den Boiler füllte sich die

Kabine augenblicklich mit Dampf, so daß es für einen Augenblick den Anschein erweckte, als wollte man das Getränk inhalieren. Das Kochen auf dem Mars hatte seine Tücken, da das Wasser unter Normaldruck bei etwa sechzig Grad zu sieden begann, und Köche, die diese elementare Tatsache aus den Augen ließen, erlebten meistens irgendein Mißgeschick.

Die nicht sehr abwechslungsreiche, aber gehaltvolle Mahlzeit wurde schweigend beendet, da ein jeder der Schiffbrüchigen irgendeinem Lieblingsplan nachging, den er sich zur Rettung ausgedacht hatte. Richtig besorgt um ihre Sicherheit war indes keiner von ihnen: alle wußten, daß intensive Nachforschungen bereits eingeleitet sein mußten und daß es nur eine Zeitfrage war, bis man sie fand. Aber diese Zeitspanne ließ sich auf ein paar Stunden zusammendrängen, wenn es ihnen gelang, Phobos auf irgendeine Art zu benachrichtigen.

Nach dem Frühstück versuchte man, das Schiff von der Stelle zu bewegen. Unter äußerster Kraftanstrengung brachte man es ganze fünf Meter voran. Doch dann versanken die Raupen in dem lockeren Boden, und die Maschine saß endgültig fest. Keuchend zog man sich in die Kabine zurück, um den nächsten Schritt zu beratschlagen.

»Haben wir nicht etwas Weißes, das wir über eine größere Bodenfläche breiten könnten?« fragte Gibson.

So ausgezeichnet der Gedanke war, so wenig ließ er sich durchführen, da eine gründliche Durchsuchung der Kabine nichts weiter zutage förderte als sechs Taschentücher und ein paar schmierige Lappen. Man kam überein, daß diese selbst unter den günstigsten Bedingungen für Phobos nicht sichtbar wären.

»Es bleibt uns nur eines übrig«, sagte Hilton. »Wir müssen die Landelichter abmontieren, ein Kabel ziehen, sie an einer Stelle aufbauen, wo nichts im Wege ist, und sie von dort auf Phobos richten. Ich hätte das gern vermieden, da die Tragfläche wahrscheinlich darunter leidet und es schade um das schöne Flugzeug wäre.«

Der Gesichtsausdruck des Piloten verriet deutlich, daß er die Maßnahme ebenfalls sehr bedauerlich fand.

Jimmy hatte plötzlich einen Einfall.

»Warum konstruieren wir uns nicht einen Heliographen?« sagte er. »Man müßte ein solches Blinksignal doch auf dem Phobos erkennen.«

»Auf sechstausend Kilometer Entfernung?« wagte Gibson zu zweifeln.

»Warum nicht? Man verfügt dort oben über Teleskope mit über tausendfacher Vergrößerung. Den Sonnenreflex eines Spiegels nimmt man doch bestimmt auch auf sechs Kilometer wahr.«

»Ich bin fest überzeugt, daß mit dieser Rechnung irgend etwas nicht stimmt, wenn ich auch nicht weiß, was«, sagte Gibson. »Die Dinge liegen nie ganz so einfach. Der Vorschlag als solcher ist aber brauchbar. Jetzt müssen wir nur zusehen, wo wir einen Spiegel herbekommen.«

Nachdem man eine Viertelstunde gesucht hatte, mußte man Jimmys Plan fallenlassen. Auf dem ganzen Schiff gab es nichts, was einem Spiegel auch nur entfernt ähnelte.

»Wir könnten ein Stück aus dem Flügel herausschneiden und es auf Hochglanz polieren«, sagte Hilton nachdenklich. »Das wäre fast ebensogut.«

»Diese Magnesiumlegierungen lassen sich schlecht polieren«, sagte der Pilot, entschlossen, seine Maschine bis zum äußersten zu verteidigen.

Gibson sprang plötzlich auf. »Wer gibt mir einen Tritt, daß ich dreimal um die Kabine herumfliege?« rief er den Versammelten zu.

»Mit Vergnügen«, grinste Hilton. »Aber erst möchte ich wissen, warum?«

Ohne zu antworten, begab sich Gibson hinterschiffs und begann in seinem Gepäck zu wühlen, wobei er seinen interessierten Zuschauern den Rücken zukehrte. Alsbald hatte er gefunden, was er suchte, und drehte sich blitzschnell um.

»Hier ist die Antwort«, sagte er triumphierend.

Eine fast unerträgliche Helligkeit verbreitete sich plötzlich in der Kabine, drang bis in alle Winkel und warf seltsame Schattengebilde gegen die Wand. Es war, als hätte der Blitz eingeschlagen, und für mehrere Minuten war man wie geblendet.

»Tut mir leid«, sagte Gibson reumütig. »Ich habe es noch nie mit voller Stärke benützt, es war für nächtliche Streifzüge im Freien gedacht.«

»Puh!« sagte Hilton und rieb sich die Augen. »Für einen Moment dachte ich, Sie hätten eine Atombombe geworfen. Jagen Sie den Leuten immer einen solchen Schreck ein, wenn Sie Aufnahmen von ihnen machen?«

»Für den Zimmergebrauch ist es nicht heller als so«, sagte Gibson und machte es ihnen vor. Alle zuckten zurück, aber diesmal merkte man von dem Aufblitzen kaum etwas. »Es ist ein eigens für mich hergestelltes Modell, das ich mir noch kurz vor meiner Abreise anfertigen ließ. Ich wollte um jeden Preis auch nachts Farbaufnahmen machen können, aber bis jetzt habe ich noch keine Gelegenheit dazu gehabt.«

»Zeigen Sie doch mal her«, sagte Hilton.

Gibson reichte ihm die Blitzlichtpistole und erklärte ihm, wie sie funktionierte.

»Das Ganze liegt um einen Super-Kapazitätskondensator. Eine einzige Ladung reicht für etwa hundert Blitze, und die Pistole ist praktisch noch voll geladen.«

»Für hundert von diesen Starkstromblitzen?«

»Ja; von den normalen gibt die Batterie ein paar tausend her.«

»Dann ist also genügend elektrische Energie in dem Kondensator enthalten, daß es eine wirksame Bombe gäbe. Hoffentlich geht das Ding nicht los.«

Hilton untersuchte die kleine kugelförmige Gasauslöserröhre in der Mitte des schmalen Reflektors.

»Kann man das Ding so einstellen, daß es einen konzentrierten Strahl wirft?«

»Hinter dem Reflektor ist ein Häkchen – ja, dort. Damit geht der Strahl zwar noch immer ziemlich in die Breite, aber etwas hilft es doch.«

Hilton schien äußerst befriedigt.

»Wenn man unsere Gegend von Phobos aus mit starken Teleskopen absucht, müßte man dieses Ding selbst am hellichten Tage leuchten sehen. Wir dürfen nur keine Blitze verschwenden.«

»Phobos müßte doch jetzt schon ziemlich hoch stehen, nicht wahr?« fragte Gibson. »Ich werde gleich mal hinausgehen und einen Versuch machen.«

Er erhob sich und schickte sich an, die Sauerstoffausrüstung anzulegen.

»Signalisieren Sie auf keinen Fall mehr als zehnmal«, warnte Hilton. »Wir müssen etwas für nachts übrigbehalten. Und suchen Sie sich irgendein schattiges Plätzchen.«

»Darf ich auch mit hinaus?« fragte Jimmy.

»Meinetwegen«, erwiderte Hilton. »Aber bleibt beieinander und streunt nicht in der Gegend herum. Ich bleibe hier und sehe zu, was wir mit den Landelichtern machen können.«

Die Tatsache, daß man jetzt einen festumrissenen Aktionsplan hatte, hatte ihre Stimmung beträchtlich gehoben. Gibson preßte seine Kamera und das Blitzlicht fest gegen seine Brust und sprang in langen Sätzen quer durch das Tal. Es war merkwürdig, aber auf dem Mars schritt man gewöhnlich nicht schneller aus als auf Erden, die Muskelkraft paßte sich ganz von selber der geringeren Schwere an, doch wenn es nötig war oder Lust und Laune dazu bestanden, konnte man ohne Schwierigkeiten wie eine Gazelle springen.

Der Schatten, den die Klippe warf, lag alsbald hinter ihnen, und sie hatten einen freien Überblick über den Himmel. Phobos stand bereits hoch im Westen, ein kleiner Halbmond, der auf seiner raschen Wanderung südwärts bald zu einer schmalen Sichel zusammenschrumpfen würde. Gibson beobachtete das Gestirn nachdenklich und fragte sich, ob man vielleicht in eben diesem Augenblick die hiesige Gegend mit starken Fernrohren abkämmte. Das war mehr als wahrscheinlich, da ihre Position annähernd bekannt sein mußte. Er verspürte das unvernünftige Verlangen, irgendeinen Tanz aufzuführen und mit den Armen zu fuchteln, und man liebsten hätte er gebrüllt: »Hier sind wir – könnt ihr uns denn nicht sehen?«

Was für ein Aussehen mochte diese Gegend haben, durch die Teleskope betrachtet, die, wie er hoffte, in diesem Augenblick auf Ätheria gerichtet waren? Sie zeigten wahrscheinlich den dichten Pflanzenbestand, durch den er seinen Weg bahnte, und auch die gewaltige Klippe mußte klar erkennbar sein und wie ein rotes Band aussehen, das bei tiefstehender Sonne einen breiten Schatten über das Tal warf. Jetzt gab es indes kaum eine schattige Ecke, da es auf Mittag zuging. Das beste würde sein, überlegte Gibson, so tief wie möglich in das dunkelste Gestrüpp einzudringen, das man finden konnte.

Etwa einen Kilometer von dem notgelandeten Schiff entfernt ging es einen kleinen Abhang hinunter, und dort an der tiefsten Stelle des Tales zog sich ein breiter, bräunlicher Gürtel enlang, der hoch mit Unkraut bedeckt zu sein schien.

Dorthin lenkte Gibson seine Schritte, und Jimmy trottete dicht hinter ihm her.

Alsbald sahen sie sich von schlanken lederartigen Gewächsen einer nie zuvor gesehenen Art umgeben. Die Blätter ragten lang und dünn aus dem Erdreich hervor und waren über und über mit Hülsen bedeckt, die wie Samenkapseln aussahen. Ihre flache Seite war der Sonne zugekehrt, und Gibson stellte interessiert fest, daß die von der Sonne beschienenen Blattflächen schwarz, die schattigen dagegen weißgrau waren. Es war ein einfacher, aber wirksamer Trick, um den Wärmeverlust herabzumindern.

Ohne sich länger mit botanischen Betrachtungen aufzuhalten, drang Gibson tiefer in das Buschwerk vor. Die Pflanzen standen nicht allzu dicht, so daß man ziemlich mühelos vorankam. Als er weit genug gegangen war, legte er die Blitzlichtpistole an und zielte nach Phobos.

Der Satellit bildete jetzt eine schmale Sichel und stand nicht weit von der Sonne entfernt, und Gibson kam sich mit seiner nach dem strahlenden Sommerhimmel gerichteten Pistole ziemlich albern vor. Der Zeitpunkt war indes gut gewählt, denn auf der ihnen zugewandten Phobosseite war es jetzt dunkel, und man konnte von dort unter günstigen Bedingungen beobachten.

Er jagte seine zehn Signale heraus, je zwei in ziemlichen Abständen voneinander. Das schien ihm am wirksamsten und sah trotzdem unverkennbar nach Notsignalen aus.

»Das muß für heute genügen«, sagte Gibson. »Den Rest sparen wir uns bis nach dem Dunkelwerden auf. Jetzt möchte ich mir aber doch diese Pflanzen noch einmal etwas näher ansehen. Wissen Sie, woran sie mich erinnern?«

»An überlebensgroße Sandnelken«, erwiderte Jimmy ohne zu zögern.

»Richtig. Ich bin neugierig, was in diesen Kapseln sein mag. Haben Sie ein Messer bei sich – danke.«

Gibson begann an dem nächsten Stengel herumzukratzen, bis er eines der schwarzen Kügelchen abgelöst hatte. Anscheinend war es mit Gas angefüllt, das unter beträchtlichem Druck stand, denn als er hineinstach, vernahm man ein leises Zischen.

»Merkwürdiges Zeug«, sagte Gibson. »Ich bin dafür, daß wir uns etwas davon mitnehmen.«

Nicht ohne Mühe hackte er einen der langen schwarzen Stengel dicht an der Wurzel ab. Eine dunkelbraune Flüssigkeit, aus welcher winzige Gasbläschen aufstiegen, tropfte aus der Schnittfläche. Gibson nahm den Stengel über die Schulter, und man trat den Rückweg an.

Er ahnte nicht, daß er die Zukunft der Welt auf seinen Schultern trug.

Sie waren erst ein paar Schritte gegangen, als ihnen ein Dickicht den Weg versperrte und sie zu einem Umweg zwang. Da man sich nach der Sonne richten konnte, bestand keine Gefahr, sich zu verirren; außerdem war das fragliche Gebiet nicht sehr groß, so daß man sich keine Mühe gegeben hatte, die eigenen Spuren zurückzuverfolgen. Gibson machte den Anführer, und da er das Vorwärtskommen recht beschwerlich fand, überlegte er gerade, ob er nicht Jimmy die Führung überlassen sollte, als sich zu seiner Erleichterung vor ihnen ein schmaler, gewundener Pfad auftat, der ungefähr in der Richtung verlief, die sie einhalten mußten.

Ihr Verhalten wäre für jeden Beobachter ein interessanter Beweis für die Langsamkeit gewisser gedanklicher Vorgänge gewesen. Sie waren nämlich beide schon gut sechs Schritte gegangen, ehe ihnen die einfache, aber geradezu zerschmetternde Wahrheit einfiel, daß ausgetretene Pfade gewöhnlich nicht von selber entstehen.

»Zeit, daß unsere beiden Kundschafter zurückkämen, nicht?« sagte der Pilot, der Hilton behilflich war, die Scheinwerfer unterhalb der Tragflächen abzumontieren. Das war einfacher als man zuerst gedacht hatte, und Hilton hoffte, genügend Draht in der Maschine zu finden, um die Scheinwerfer auf einer freien Stelle so aufbauen zu können, daß sie für Phobos sichtbar wären. Sie würden zwar nicht die Leuchtkraft von Gibsons Blitzlicht haben, aber dafür war die Chance, daß man ihre stetigen Strahlen entdeckte, größer.

»Wie lange sind sie denn jetzt unterwegs?« sagte Hilton.

»Etwa vierzig Minuten. Hoffentlich waren sie nicht so dumm und haben sich verlaufen.«

»Dazu ist Gibson viel zu vorsichtig. Jimmy allein würde ich auch nicht weit trauen – er würde wahrscheinlich sofort nach Marsbewohnern Ausschau halten.«

»Ah – da sind sie ja! Scheinen es ziemlich eilig zu haben.«

Zwei kleine Gestalten waren in der Ferne aufgetaucht und kamen durch das Tal geprescht. Ihre Eile war so offenkundig, daß die Beobachter ihr Handwerkszeug beiseite legten und mit zunehmender Neugierde auf ihr Näherkommen warteten.

Die Tatsache, daß Gibson und Jimmy so pünktlich zurückgekehrt waren, stellte einen Triumph von Vorsicht und Selbstbeherrschung dar. Für eine Weile hatten sie in ungläubigem Staunen dagestanden und auf den Pfad gestarrt, der sich durch den bräunlichen Pflanzenwuchs wand. Auf Erden, wo man an Viehpfade und Wildwechsel gewöhnt war, hätte nichts alltäglicher sein können; und eben weil es ein so vertrauter Anblick war, hatten sie den Pfad zuerst kaum beachtet, um dann über sein Vorhandensein desto tiefer in Bestürzung zu geraten.

Gibson hatte als erster die Sprache wiedergefunden und im Flüsterton, als fürchte er irgendeinen heimlichen Lauscher, gesagt:

»Es ist tatsächlich ein Pfad, Jimmy. Aber wie, um Himmels willen, kann er entstanden sein? Hier ist doch noch nie eine Menschenseele gewesen.«

»Er stammt vielleicht von irgendeinem Tier.«

»Einem ziemlich großen sogar, wie es aussieht.«

»Von der Größe eines Pferdes vielleicht.«

»Oder eines Tigers.«

Auf diese letzte Bemerkung folgte eine unbehagliche Stille. Dann sagte Jimmy: »Nun, wenn es zu einem Kampf kommen sollte, müßte eigentlich Ihr Blitzlicht genügen, jeden Angreifer durch den bloßen Schreck in die Flucht zu jagen.«

»Nur wenn dieser Angreifer Augen hätte«, sagte Gibson. »Aber wenn er nun mit anderen Sinnesorganen ausgestattet wäre?«

Es war offensichtlich, daß Jimmy krampfhaft nach irgendeinem Vorwand dafür suchte, das einmal begonnene Abenteuer fortzusetzen.

»Ich bin überzeugt, daß wir schneller rennen und höher springen können als irgendein Marswesen.«

Gibson versuchte sich einzureden, daß seine Entscheidung mehr auf Klugheit als auf Feigheit beruhte.

»Wir begeben uns nicht unnötig in Gefahr«, erklärte er nachdrücklich, »sondern gehen auf schnellstem Wege zurück und sagen den anderen Bescheid. Dann können wir immer noch überlegen, was wir machen.«

Jimmy war klug genug, nicht zu widersprechen, warf jedoch während des ganzen Heimwegs sehnsüchtige Blicke zurück. Was er auch für Fehler haben mochte, Mangel an Mut konnte man ihm nicht vorwerfen.

Die anderen hielten das Ganze zuerst für einen schlechten

Scherz, den man sich auf ihre Kosten machen wollte. Schließlich wußte jedes Kind, warum es auf dem Mars kein tierisches Leben geben konnte: es war eine Frage des Grundumsatzes. Der Verbrennungsprozeß ging bei Tieren bedeutend rascher vonstatten als bei Pflanzen, und sie konnten deshalb in dieser dünnen, praktisch untätigen Atmosphäre nicht existieren. Die Biologen hatten das schon gleich festgestellt, nachdem man mit den Verhältnissen auf der Marsoberfläche näher vertraut geworden war, und seit zehn Jahren galt die Frage nach dem Vorhandensein tierischen Lebens als erledigt und wurde nur zuweilen noch von unheilbaren Schwarmgeistern aufgeworfen.

»Selbst wenn das Ganze nicht nur in eurer Einbildung besteht«, sagte Hilton, »muß es eine natürliche Erklärung dafür geben.«

»Überzeugen Sie sich selbst«, erwiderte Gibson. »Ich kann nur wiederholen, daß es ein ausgetretener Pfad ist.«

»Gut, ich komme mit.«

»Ich auch«, sagte der Pilot.

»Augenblick mal! Wir können nicht alle zugleich gehen. Einer muß zum mindesten hierbleiben.«

Für einen Augenblick hatte Gibson das Gefühl, als müsse er dieses Opfer bringen, doch dann spürte er, daß er sich das selber nie verzeihen könnte.

»Ich habe den Pfad schließlich entdeckt«, erklärte er nachdrücklich.

»Das hört sich ja fast an, als hätte ich eine Meuterei an Bord«, bemerkte Hilton. »Hat jemand ein Geldstück bei sich? Der ungerade Mann bleibt zurück.«

»Es war ja doch nur blinder Alarm«, sagte der Pilot, der als einziger Kopf warf. »In einer Stunde erwarte ich euch zurück. Falls es länger dauert, verlange ich, daß ihr mit einer richtigen Marsprinzessin à la Edgar Rice Burroughs wieder hier erscheint.«

Hilton nahm die Sache trotz seiner skeptischen Haltung ernster.

»Wir sind zu dritt«, sagte er, »das müßte eigentlich genügen, auch wenn wir unliebsame Überraschungen erleben sollten. Für den Fall, daß keiner von uns zurückkehrt – Sie rühren sich jedenfalls nicht von der Stelle. Verstanden?«

»Schon gut. Mich lockt keiner hier heraus.«

Unter Gibsons Führung durchquerte das Trio die Talsenke.

Nachdem man die ersten hohen, dünnen ›Sandnelken‹-Stengel erreicht hatte, war es nicht schwer, den Pfad wiederzufinden. Hilton betrachtete ihn eine Weile schweigend, während Gibson und Jimmy ihn mit ›Haben wir's nicht gleich gesagt?‹-Gesichtern anblickten. Dann sagte er: »Geben Sie mir Ihr Blitzlicht, Martin. Ich gehe voran.«

Es wäre zwecklos gewesen, sich mit Hilton in eine Auseinandersetzung einzulassen. Er war größer, stärker und gewandter. Gibson kam der Aufforderung wortlos nach.

Es gibt nichts Unheimlicheres, als einem schmalen Pfad zu folgen, der durch dichtes Unterholz führt, und zu wissen, daß man jeden Augenblick auf völlig unbekannte, vielleicht sogar bösartige Wesen stoßen kann. Gibson rief sich den Umstand ins Gedächtnis, daß Tiere, die noch nie einem Menschen begegnet sind, selten Feindseligkeit an den Tag legen – obgleich es auch für diese Regel Ausnahmen zur Genüge gab, um das Leben interessant zu machen.

Man hatte das Gehölz etwa zur Hälfte durchquert, als der Pfad sich plötzlich gabelte. Hilton bog nach rechts ab, merkte indes schon bald, daß dies eine Sackgasse war. Die Abzweigung führte auf eine etwa zwanzig Meter breite Lichtung, wo sämtliche Pflanzen entweder abgeschnitten oder abgefressen worden waren, und zwar so dicht über dem Boden, daß nur noch ihre Stümpfe herausschauten. Sie begannen indes schon wieder auszutreiben, und es war offensichtlich, daß dieses Fleckchen schon seit einiger Zeit von den Lebewesen, die sich hier aufgehalten hatten, verlassen war.

»Pflanzenfresser«, flüsterte Gibson.

»Und ziemlich intelligente noch dazu«, sagte Hilton. »Achtet nur mal darauf, wie sie die Wurzeln stehengelassen haben, damit sie wieder austreiben können. Kehren wir um und schauen wir uns die andere Abzweigung einmal an.«

Etwa fünf Minuten später stießen sie auf eine zweite Lichtung, die bedeutend größer als die erste und keineswegs verlassen war.

Hilton umklammerte sein Blitzlicht fester, und Gibson brachte seine Kamera mit elegantem Schwung, hinter dem jahrelange Übung steckte, in Anschlag und begann die berühmtesten Bilder zu nehmen, die je auf dem Mars gemacht wurden. Dann löste sich ihre Spannung, und sie blieben stehen und warteten darauf, daß die Marsgeschöpfe von ihnen Notiz nähmen.

In diesem Augenblick wurden jahrhundertealte Phantastereien und Legenden zerstört. Alle Träume, die die Menschheit je von menschenähnlichen Nachbarrassen geträumt hatte, lösten sich in nichts auf. Und mit ihnen verflüchtigte sich, von niemandem beweint, Wells' mit schleimigen Fühlhörnern ausgestattete Ungeheuer und die Legionen anderer auf dem Bauche kriechender Monstrositäten. Und als ebenso ins Reich der Fabel gehörig erwiesen sich sämtliche Geschichten über Wesen auf einer höheren Intelligenzstufe, die in ihrer Weisheit leidenschaftslos auf den Menschen herabblickten oder ihn genauso gleichgültig beiseite fegten, wie er selber irgendein Insekt zertrat.

Auf der Lichtung befanden sich zehn Lebewesen, die alle viel zu sehr mit Fressen beschäftigt waren, als daß sie irgendwelche Notiz von den Eindringlingen genommen hätten. Äußerlich hatten sie Ähnlichkeit mit sehr plumpen Känguruhs und balancierten ihre rundlichen Körper auf zwei kräftigen, schlanken Hinterbeinen. Sie waren kahl, und ihre Haut hatte einen wächsernen Glanz wie geputztes Lederzeug. Zwei schmächtige Vorderpfoten, die unbeschränkt gelenkig zu sein schienen, ragten aus dem Oberkörper hervor und liefen in winzige Tatzen aus, die an Vogelkrallen erinnerten und viel zu klein und schwächlich für irgendeinen praktischen Nutzen aussahen. Ihre Köpfe saßen ohne die geringste Andeutung einer Halspartie direkt auf dem Rumpf und hatten zwei große blasse Augen mit weiten Pupillen. Nasenlöcher waren keine zu erkennen – nur eigenartig geformte dreikantige Schnäbel, die das Blattwerk kurz und klein hackten. Große, fast durchscheinende Ohren hingen schlaff vom Kopf herunter, bewegten sich manchmal und falteten sich mitunter trompetenförmig zusammen und sahen aus, als wären sie selbst bei dieser dünnen Luft äußert hellhörig.

Das größte der Tiere hatte ungefähr Hiltons Statur, die übrigen waren jedoch beträchtlich kleiner. Auf eines der Jungtiere, das noch nicht ganz einen Meter groß war, konnte man nur das abgenützte Adjektiv ›niedlich‹ anwenden. Es sprang aufgeregt umher und versuchte, die saftigeren Blätter zu erreichen. Von Zeit zu Zeit stieß es dünne klägliche Schreie aus, die etwas unbeholfen Rührendes hatten.

»Für wie klug würden Sie sie halten?« flüsterte Gibson endlich.

»Das ist schwer zu sagen. Sehen Sie, wie sie aufpassen, daß sie die Pflanzen nicht zerstören, von denen sie fressen? Das kann natürlich auch bloßer Instinkt sein wie der Wabenbau der Bienen.«

»Sie bewegen sich ziemlich langsam, nicht? Ob sie warmblütig sein mögen?«

»Ich sehe nicht ein, warum sie überhaupt Blut haben sollten. Ihr Metabolismus muß auf reiner Hexerei beruhen, daß sie in diesem Klima existieren können.«

»Jetzt könnten sie aber endlich ein bißchen Notiz von uns nehmen.«

»Der große Kerl weiß ganz genau, daß wir hier sind. Sehen Sie nicht, wie sich seine Ohren dauernd in unsere Richtung spitzen?«

»Gehen wir doch ein Stück näher.«

Hilton überlegte einen Augenblick.

»Ich glaube nicht, daß sie uns gefährlich werden könnten, selbst wenn sie wollten. Diese Pfötchen sehen ziemlich schwächlich aus – nur mit diesen dreikantigen Schnäbeln könnten sie vielleicht Schaden anrichten. Wir werden ganz langsam sechs Schritte vorwärts gehen. Sollten sie uns angreifen, lasse ich das Licht aufblitzen, und ihr macht euch schleunigst davon. Ich glaube nicht, daß sie imstande sind, uns einzuholen. Nach Schnelligkeit sehen sie mir nicht gerade aus.«

Behutsam, um den Tieren keinen Schreck einzujagen, betraten sie die Lichtung. Es bestand kein Zweifel, daß sie von den Marsgeschöpfen bemerkt wurden: ein halbes Dutzend großer, friedfertiger Augenpaare starrte ihnen entgegen, doch nur einen Augenblick, dann wandten sich die Tiere erneut sorglos der Futtersuche zu.

»Sehr neugierig scheinen sie nicht zu sein«, sagte Gibson leicht enttäuscht. »Sind wir denn so uninteressant?«

»Da – der Kleine – eben hat er uns entdeckt! Was mag er nur vorhaben?«

Das kleinste Marsgeschöpf hatte aufgehört zu fressen und starrte die Eindringlinge mit einem Ausdruck an, der alles mögliche bedeuten konnte, angefangen bei schierer Ungläubigkeit bis zur hoffnungsvollen Erwartung einer anderen Mahlzeit. Es gab ein paar schrille Laute von sich, die von einem der Erwachsenen mit einem unverbindlichen ›honk‹ beantwortet wurden. Dann setzte es sich in Richtung auf die Zuschauer in Bewegung.

Ein paar Schritte vor ihnen blieb es stehen und legte nicht die geringsten Anzeichen von Furcht oder Vorsicht an den Tag.

»Squeak«, sagte es.

»Na, Squeak, was können wir für dich tun?«

Das kleine Geschöpf streckte die Pfote suchend aus und zupfte an Hiltons Kleidung. Dann hüpfte es auf Gibson zu, der diesen Höflichkeitsaustausch rasch fotografiert hatte. Wieder streckte es neugierig die Pfote aus, und Gibson brachte die Kamera schnell in Sicherheit. Er hielt seine Hand hin und spürte, wie die kleinen Finger sich mit überraschender Kraft um sie schlossen.

»Freundlicher kleiner Kerl, nicht wahr?« sagte Gibson, der sich dem Zugriff mit Mühe wieder entzogen hatte. »Zum mindesten ist er nicht so hochnäsig wie seine Verwandten.«

Die älteren Tiere hatten bis jetzt nicht die geringste Notiz von den Vorgängen genommen. Sie standen ruhig auf der anderen Seite der Lichtung und schmatzten gierig drauflos.

»Ich wünschte, wir hätten etwas für ihn, aber ich bezweifle, daß er unsere Eßwaren fressen kann. Geben Sie mir doch mal Ihr Messer, Jimmy, ich werde ihm ein paar Stengel abschneiden, nur um ihm unsere freundlichen Absichten zu beweisen.«

Das Geschenk wurde dankbar angenommen und auf der Stelle verzehrt, und dann bettelten die kleinen ausgestreckten Hände um mehr.

»Sie haben, wie es scheint, schon eine Eroberung gemacht, Martin«, sagte Hilton.

»Ich fürchte, es ist nur Futterliebe«, seufzte Gibson. »He, laß meine Kamera in Ruhe – die kannst du doch nicht fressen!«

»Halt mal«, sagte Hilton plötzlich. »Irgend etwas ist äußerst merkwürdig hier. Sehen Sie sich den kleinen Kerl doch mal an und sagen Sie mir, welche Farbe er Ihrer Ansicht nach hat.«

»Vorn ist er braun und hinten schmutziggrau.«

»Schön. Und jetzt treten Sie einmal auf seine andere Seite und bieten Sie ihm noch etwas zu fressen an.«

Gibson kam der Aufforderung nach, und Squeak drehte sich auf den Hinterbeinen herum, um den neuen Happen in Empfang zu nehmen. Und indem er das tat, ereignete sich etwas Außergewöhnliches.

Die braune Farbe auf der Vorderseite seines Körpers verblaßte langsam, und in weniger als einer Minute hatte sie sich in ein schmutziges Grau verwandelt. Gleichzeitig fand auf der Rückseite des Geschöpfes der umgekehrte Vorgang statt, bis der Austausch vollendet war. »Guter Gott!« sagte Gibson. »Das ist ja das reinste Chamäleon. Was mag es zu bedeuten haben? Schutzfärbung?«

»Nein, dahinter steckt mehr als bloß das. Schauen Sie sich die anderen einmal an. Wie Sie sehen, sind sie auf der Sonnenseite stets braun – fast schwarz. Es ist ein einfacher Behelf, soviel Wärme wie möglich aufzunehmen und die Wiederausstrahlung zu vermeiden. Die Pflanzen machen genau dasselbe – und ich möchte gern wissen, wer zuerst darauf gekommen ist. Für Tiere, bei denen alles von Behendigkeit und Beweglichkeit abhängt, wäre es nutzlos, aber einige dieser großen Kerle dort drüben haben sich in den letzten fünf Minuten nicht von der Stelle gerührt.«

Gibson machte sich sofort daran, dieses Phänomen im Bilde festzuhalten – was nicht allzu schwierig zu bewerkstelligen war, da Squeak sich ihm, wo er auch hintreten mochte, stets erwartungsvoll zuwandte und geduldig wartete. Als er fertig war, bemerkte Hilton:

»Ich unterbreche zwar euer Idyll nicht gern, aber wir haben versprochen, in einer Stunde zurück zu sein.«

»Deswegen brauchen wir doch nicht alle zu gehen. Seien Sie nett, Jimmy – laufen Sie hinüber und sagen Sie, daß alles in Ordnung ist.«

Jimmy starrte jedoch unverwandt in den Himmel – der erste, der bemerkt hatte, daß schon seit fünf Minuten ein Flugzeug hoch über dem Tal kreiste.

Ihre vereinten Freudenkundgebungen wirkten selbst auf die ruhig äsenden Marsgeschöpfe störend, die sich mißbilligend umschauten. Squeak bekam einen solchen Schreck, daß er einen gewaltigen Rückwärtssprung vollführte; er faßte jedoch schon bald wieder Zutrauen und kam näher.

»Auf Wiedersehen später«, rief Gibson über die Schulter zurück, als man in aller Eile den Rückweg antrat. Die Tiere nahmen überhaupt keine Notiz davon. Man war schon halb aus dem Wäldchen heraus, als Gibson plötzlich bemerkte, daß ihm jemand nachfolgte. Er blieb stehen und warf einen Blick zurück.

»Squeak!« rief er und fuchtelte wie wild mit den Armen. »Willst du dich wohl heimscheren! Ich habe nichts für dich.«

Es hatte jedoch alles keinen Zweck, und durch sein Stehenbleiben erreichte er nur, daß Squeak ihn einholte. Die anderen waren bereits außer Sicht und hatten gar nicht bemerkt, daß Gibson zurückgeblieben war. Infolgedessen verpaßten sie ein hochinteressantes Kameramotiv: Gibson, im Begriff, seinen neugewonnenen Freund abzuschütteln, ohne Squeak sonderlich zu beleidigen.

Für einige Minuten versuchte er, Squeak durch Zureden zum Umkehren zu bewegen, und griff, als dies keinen Erfolg hatte, zu einer List. Glücklicherweise hatte er versäumt, Jimmys Messer zurückzugeben, und so hackte er stöhnend und keuchend ein paar Zweige ab und warf sie Squeak zum Fraß hin, in der Hoffnung, daß dies ihn für eine Weile ablenken würde.

Er war gerade damit fertig, als Hilton und Jimmy zurückgeeilt kamen, um nachzuforschen, was ihm zugestoßen wäre.

»O.K. – Ich komme schon«, sagte er. »Aber irgendwie mußte ich Squeak schließlich loswerden.«

Der Pilot des notgelandeten Flugzeugs war inzwischen unruhig geworden, da die Stundenfrist, innerhalb welcher seine Kameraden zurückzukehren versprochen hatten, fast verstrichen war. Vom Rumpf des Flugzeuges hatte er Überblick über das halbe Tal bis zu dem dunklen Gehölzgürtel, in dem sie verschwunden waren. Er schaute gerade aufmerksam hinüber, als sich das Notflugzeug von Osten her näherte und über dem Tal zu kreisen begann.

Als kein Zweifel mehr bestand, daß man ihn entdeckt hatte, wandte er seine Aufmerksamkeit wieder dem Gelände zu, und zwar gerade in dem Augenblick, als drüben am Buschrand mehrere Gestalten ins Freie hinaustraten – und einen Augenblick danach rieb er sich die Augen, als traute er seinen Sinnen nicht.

Drei Personen waren in das Wäldchen gegangen, aber vier kamen heraus. Und die vierte sah, weiß Gott, merkwürdig genug aus.

13

Nach jener Notlandung, die später einmal als die erfolgreichste in der Geschichte der Marsforschung bezeichnet wurde, brachte der anschließende Besuch in Trivium Charontis und Port Schiaparelli kaum noch eine Steigerung mit sich. Gibson hatte ihn zuerst überhaupt aufschieben und mit seiner Beute sofort nach Port Lowell zurückkehren wollen. Er hatte schon bald alle Versuche,

Squeak loszuwerden, aufgegeben, und da man in der Kolonie mehr als gespannt darauf war, ein richtig lebendiges Marsgeschöpf vorgeführt zu bekommen, hatte man sich entschieden, den kleinen Kerl im Flugzeug mitzunehmen.

Aber Port Lowell erhob Einspruch gegen den übereilten Rückflug, und es vergingen zehn Tage, ehe man die Hauptstadt wieder zu Gesicht bekam. Unter den großen Kuppeln war gerade zu jener Zeit eine der Entscheidungsschlachten um den Besitz des Planeten im Gange. Gibson erfuhr vorerst nur durch Radioberichte davon – von jener lautlosen, aber tödlichen Schlacht, die verpaßt zu haben er nicht bereute.

Die Epidemie, die Dr. Scott sich gewünscht hatte, war ausgebrochen. Als sie ihren Höhepunkt erreicht hatte, lag ein Zehntel der Marsbevölkerung an Marsfieber darnieder. Aber durch das Serum von der Erde wurde der Angriff abgeschlagen und die Schlacht, bei der nur drei Todesopfer zu beklagen waren, gewonnen. Damit hatte das Fieber die Kolonie zum letzenmal bedroht.

Squeak nach Port Schiaparelli mitzunehmen, verursachte erhebliche Schwierigkeiten, da man im voraus große Mengen des Futters, an das er gewöhnt war, hinbefördern mußte. Zuerst bezweifelte man, daß er die Sauerstoffatmosphäre unter den Kuppeln vertragen würde, doch es stellte sich schon bald heraus, daß es ihm nicht das geringste ausmachte – nur sein Appetit wurde bedeutend geringer. Der Grund für diesen glücklichen Umstand wurde erst sehr viel später entdeckt. Was jedoch nie entdeckt wurde, war der Grund für Squeaks Anhänglichkeit an Gibson. Boshafte Zungen wollten es darauf zurückführen, daß beide etwa dieselbe Gestalt hätten.

Ehe man die Reise fortsetze, statteten Gibson und seine Kameraden mit dem Piloten des Notflugzeuges und der Instandsetzungsstaffel, die später eintraf, der kleinen Marstierfamilie einige Besuche ab. Man entdeckte indes nur diese eine Gruppe, und Gibson fragte sich, ob es die letzen Vertreter ihrer Rasse sein mochten. Das war jedoch, wie sich später herausstellte, nicht der Fall.

Das Notflugzeug hatte den für Passagierflüge vorgesehenen Luftkorridor abgesucht und plötzlich einen Spruch von Phobos bekommen mit der Meldung, daß man im Raum Ätheria hellaufblitzende Signale beobachtet habe. Über das Zustandekommen jener Blitze hatte man sich überall den Kopf zerbrochen, bis Gibson, mit gerechtfertigtem Stolz, die Erklärung dafür gab. Als man entdeckte, daß man nur ein paar Stunden dafür benötigen würde, Ersatzdüsen an dem Flugzeug anzubringen, hatte man sich entschlossen, die Reparatur abzuwarten und die Marstiere in der Zwischenzeit in ihrer natürlichen Umgebung zu beobachten. Dabei kam Gibson dem Geheimnis ihrer Existenz erstmalig auf die Spur.

In weit zurückliegender Zeit waren sie wahrscheinlich Sauerstoffatmer gewesen, und ihr gesamter Lebensprozeß hing noch immer von diesem Element ab. Sie konnten es nicht direkt aus dem Erdboden ziehen, wo es in unzähligen Trillionen Tonnen lagerte, aber die Pflanzen, die sie fraßen, waren dazu imstande. Gibson fand alsbald heraus, daß die zahlreihen ›Kapseln‹ an den meergrasartigen Zweigen Sauerstoff unter ziemlichem Hochdruck enthielten. Durch Verlangsamung ihres Grundumsatzes hatten die Marsgeschöpfe es fertiggebracht, ein Gleichgewicht – fast eine Symbiose – zwischen sich und den Pflanzen herzustellen, die sie buchstäblich mit Nahrung und Luft versorgten. Es war jedoch ein höchst unsicheres Gleichgewicht, das schon längst einmal, wie man hätte annehmen sollen, durch irgendeine Naturkatastrophe gestört worden wäre. Aber die Verhältnisse auf dem Mars hatten sich längst stabilisiert, und das Gleichgewicht würde für alle Zukunft bestehenbleiben – es sei denn, daß der Mensch sich störend dazwischendrängte.

Ihr Besuch brachte das normale Leben in Port Schiaparelli mitunter fast zum Erliegen, denn wo Gibson sich auch zeigte, überall kam sofort alles zum Stillstand, und das Volk drängte herbei, um Squeak zu bewundern. Mit Vorliebe lockte man ihn auf ein gleichmäßig illuminiertes Podium und beobachtete, wie er schwarz wurde und die Vorteile wollüstig genoß, die dieser Zustand für ihn mit sich brachte. In Schiaparelli geschah es auch, daß jemand auf die beklagenswürdige Idee kam, einfache Bilder auf Squeak zu projizieren und das Resultat vor dem Verbleichen schnell zu fotografieren. Gibson war ziemlich verärgert, als er eines Tages ein Foto in die Hand bekam, auf dem Squeak die unbeholfene, aber deutlich erkennbare Karikatur eines bekannten Fernsehstars trug.

Ein einziges, alle Gemüter in Erregung versetzendes Ereignis trat während ihres Stadtaufenthaltes ein. Gibson hatte sich schon oft ein wenig besorgt gefragt, was wohl geschehen würde, wenn die unter Druck stehende Kuppel einmal versagte. Die Antwort darauf – oder zum mindesten soviel, wie ihm lieb war – erhielt er eines ruhigen Nachmittags, als er den städtischen Oberingenieur in dessen Büro interviewte. Er hatte Squeak bei sich, der auf den Hinterbeinen hockte und wie eine unwahrscheinlich große Puppe aussah.

Als das Interview sich in die Länge zog, merkte Gibson, daß sein Gegenüber mehr als die üblichen Anzeichen von Unruhe an den Tag legte. Er schien mit seinen Gedanken weit weg zu sein und darauf zu warten, daß irgend etwas geschähe. Plötzlich, ohne vorherige Warnung, begann das ganze Gebäude, wie von einem Erdstoß getroffen, leicht zu wanken. Zwei weitere Stöße folgten in gleichem Abstand rasch aufeinander. Aus einem Lautsprecher an der Wand ertönte eine Stimme: »Kuppelschaden! Nur zu Übungszwecken! Sie haben zehn Sekunden, sich in Sicherheit zu bringen! Kuppelschaden! Nur zu Übungszwecken!«

Gibson war aufgesprungen, machte sich aber sofort bewußt, daß er weiter nichts zu unternehmen brauchte. Von ferne hörte man die Geräusche von Türen, die zugeschlagen wurden – dann trat Stille ein. Der Ingenieur stand auf und trat ans Fenster, das einen Überblick über die einzige Hauptstraße der Stadt gewährte.

»Es scheint alles geklappt zu haben«, sagte er. »Diese Probealarme kommen natürlich nie völlig überraschend. Wir machen jeden Monat eine solche Übung, müssen den Leuten aber immer vorher mitteilen, an welchem Tage, damit sie nicht denken, es wäre ernst.«

»Wie sollen wir uns denn nun eigentlich verhalten?« fragte Gibson, der schon mindestens zweimal darüber belehrt worden war, aber das meiste schon wieder vergessen hatte.

»Sobald Sie das Alarmzeichen hören – die drei Bodenexplosionen –, müssen Sie Deckung suchen. Falls Sie gerade im Hause sind, müssen Sie sich sofort mit Ihrer Sauerstoffmaske bewaffnen und denen zu Hilfe eilen, die es aus irgendeinem Grunde nicht geschafft haben. Im Augenblick, da der Druck fällt, wird jedes Haus sozusagen zu einer auf sich selbst gestellten Einheit mit genügend Luft für ein paar Stunden.«

»Und wer draußen überrascht wird?«

»Es würde immerhin einige Sekunden dauern, bis der Druck gänzlich absinkt, und da jedes Gebäude mit einer Luftschleuse versehen ist, müßte es stets gelingen, rechtzeitig in Deckung zu gehen. Selbst wenn jemand draußen zusammenbräche, würde das weiter nichts auf sich haben, wenn innerhalb von zwei Minuten Hilfe zur Stelle wäre – es sei denn, der Betreffende hätte ein schwaches Herz. Und Herzkranke haben auf dem Mars nichts zu suchen und sind von der Einwanderung sowieso ausgeschlossen.«

»Nun, man kann nur hoffen, daß Sie nie die praktische Nutzanwendung aus dieser Theorie ziehen müssen.«

»Das hoffen wir auch! Aber auf dem Mars muß man auf alles vorbereitet sein. Ah, da ist die Entwarnung.«

Durch den Lautsprecher ertönte es:

»Übung beendet. Wollen bitte alle, die nicht in der vorgeschriebenen Zeit Deckung gefunden haben, die betreffende Dienststelle auf dem üblichen Wege informieren? Ende der Durchsage.«

»Ob man das tun wird?« fragte Gibson. »Stillschweigend darüber hinwegzugehen, läge doch in einem solchen Falle näher.«

Der Ingenieur lachte.

»Das kommt darauf an. Wer durch eigenes Verschulden nicht rechtzeitig Unterschlupf gefunden hat, wird wahrscheinlich nicht daran denken, sich zu melden. Trotzdem gibt es kein besseres Mittel, die schwachen Punkte in unserm Verteidigungssystem herauszufinden. Irgendwer wird kommen und sagen: ›Hört mal her – als Alarm gegeben wurde, war ich gerade beim Entschlacken des Schmelzofens und brauchte zwei volle Minuten, um aus dem verdammten Ding herauszukriechen. Was soll ich denn im Ernstfall machen? Auf solche Fragen müssen wir dann eine Antwort zu finden versuchen, falls es überhaupt eine gibt.«

Gibson warf einen neiderfüllten Blick auf Squeak, der zu schlafen schien, obwohl ein gelegentliches Zucken der großen Ohren darauf hindeutete, daß er der Unterhaltung mit einigem Interesse folgte.

»Wenn wir wie er wären und uns um Luftdruck und derartige Dinge nicht zu kümmern brauchten, könnten wir aus dem Mars erst wirklich etwas machen.«

»Ich weiß nicht recht«, sagte der Ingenieur nachdenklich. »Was haben diese Geschöpfe denn schließlich getan, außer zu überleben? Es ist immer tödlich, sich der Umgebung anzupassen, die man vorfindet. Man muß sie den eigenen Bedürfnissen entsprechend verändern und umgestalten.« Das waren fast dieselben Worte, die Hadfield bei der ersten Begegnung an Gibson gerichtet hatte, und er sollte sich in Zukunft ihrer noch oft erinnern.

Ihre Rückkehr nach Port Lowell hatte fast etwas von einer Siegesparade. Die Hauptstadt war in Begeisterung über den Erfolg, mit dem man die Epidemie bekämpft hatte, und wartete gespannt auf das Eintreffen Gibsons und seiner Beute. Die Wissenschaftler hatten einen großartigen Empfang für Squeak vorbereitet; besonders die Zoologen waren eifrig bei der Sache, und während sie früher bewiesen hatten, daß es auf dem Mars kein tierisches Leben geben könne, bewiesen sie jetzt das Gegenteil.

Gibson hatte Squeak den Sachverständigen erst überlassen, nachdem sie hoch und heilig versicherten, daß der Gedanke an eine Sektion ihnen nie in den Sinn gekommen wäre. Dann hatte er sich, den Kopf voller Gedanken, auf den Weg gemacht, um den Chef aufzusuchen.

Hadfield hatte ihn herzlich willkommen geheißen. In seiner Haltung ihm gegenüber war, wie Gibson mit Interesse wahrnahm, eine merkliche Veränderung eingetreten. Zuerst war er, wenn auch nicht gerade unfreundlich, so doch recht zurückhaltend gewesen. Er hatte kaum Hehl daraus gemacht, daß er Gibsons Hiersein als lästig empfand – als etwas, das nur eine zusätzliche Belastung für ihn darstellte. Diese Einstellung hatte sich langsam geändert, und es war offensichtlich, daß der Gouverneur ihn längst nicht mehr als Quäl- und Plagegeist betrachtete.

»Sie haben mein kleines Königreich um ein paar recht interessante Bürger bereichert«, sagte Hadfield lächelnd. »Ich habe mir Ihr Haustier gerade mal angesehen. Es hat den Oberarzt bereits gebissen.«

»Ich hoffe, man behandelt ihn richtig«, sagte Gibson besorgt.

»Wen – den Oberarzt?«

»Nein – Squeak natürlich. Worüber ich mir den Kopf zerbreche, ist, ob es noch andere Formen tierischen Lebens geben mag, die wir noch nicht entdeckt haben – intelligentere vielleicht.«

»Damit wollen Sie die Frage aufwerfen, ob dies die einzigen ursprünglichen Marsbewohner sein mögen?«

»Ja.«

»Ehe wir darüber Gewißheit haben, werden noch Jahre vergehen, aber ich bin fast überzeugt davon. Es gibt nicht so sehr viele Gegenden auf dem Planeten, wo die Lebensbedingungen, die sie brauchen, erfüllt wären.«

»Gerade darüber wollte ich mit Ihnen sprechen.« Gibson griff in seine Tasche und zog einen jener braunen ›Sandnelken‹-Stengel heraus. Er durchlöcherte eine Kapsel, und man vernahm das leise Zischen entweichender Gase.

»Wenn man dieses Zeug richtig kultivierte, könnte man das Sauerstoffproblem in den Städten lösen und auf den ganzen komplizierten Apparat verzichten, auf den wir gegenwärtig angewiesen sind. Bei genügend Sand, um den Pflanzen Nährstoffe zuzuführen, hätten Sie all den Sauerstoff, den Sie brauchen.«

»Weiter«, sagte Hadfield unverbindlich.

»Natürlich müßte man eine Auswahl heranzüchten, die den meisten Sauerstoff hergäbe«, fuhr Gibson, der sich immer mehr für sein Thema erwärmte, fort.

»Selbstverständlich«, entgegnete Hadfield.

Gibson musterte seinen Zuhörer plötzlich argwöhnisch, durch ein leichtes Lächeln irritiert, das um Hadfields Lippen spielte. »Sie scheinen mich nicht ernst zu nehmen!« protestierte er ein wenig bitter.

Hadfield richtete sich mit einem Ruck auf.

»Im Gegenteil«, erwiderte er. »Ich nehme Sie ernster, als Sie sich vorstellen können.« Er spielte mit seinem Briefbeschwerer und schien plötzlich zu einem Entschluß zu kommen. Unvermittelt beugte er sich über sein Schreibtischmikrophon und drückte einen Knopf.

»Schicken Sie mir einen Sandfloh und einen Fahrer«, sagte er. »Sie sollen in dreißig Minuten Schleuse eins West sein.«

Dann wandte er sich an Gibson.

»Können Sie sich bis dahin fertig machen?«

»Ich – ja, natürlich. Ich brauche nur mein Sauerstoffgerät aus dem Hotel zu holen.«

»Gut. In einer halben Stunde also.«

Gibson, dem der Kopf von alledem schwirrte, war schon zehn Minuten früher da. Die Transportabteilung hatte den Wagen rechtzeitig geschickt, und der Chef war pünktlich wie immer. Von den Instruktionen, die er dem Fahrer erteilte, konnte Gibson nichts verstehen. Der Floh schoß aus der Halle heraus und schlug den Weg ein, der um die Stadt herumführte.

»Ich bin im Begriff, etwas recht Unüberlegtes zu tun, Gibson«, sagte Hadfield, als die hellgrüne Landschaft an ihnen vorüberflog. »Geben Sie mir Ihr Wort, daß Sie über das Ganze kein Wort verlauten lassen werden, bis ich Sie dazu ermächtige?«

»Aber gewiß«, sagte Gibson erstaunt.

»Ich vertraue Ihnen, weil ich glaube, daß Sie auf unserer Seite stehen und eine geringere Plage gewesen sind, als ich erwartete.«

»Danke«, erwiderte Gibson trocken.

»Und auf Grund der Belehrungen, die Sie uns soeben über unseren Planeten erteilt haben, sind wir Ihnen, glaube ich, eine Gegenleistung schuldig.«

Der Floh war nach Süden abgebogen und folgte dem Weg, der in die Berge hinaufführte. Und plötzlich wußte Gibson, wohin die Fahrt ging.

»Warst du sehr beunruhigt, als du hörtest, daß wir notlanden mußten?« fragte Jimmy eindringlichst.

»Natürlich war ich beunruhigt«, sagte Irene.»Ganz fürchterlich beunruhigt. Vor lauter Sorgen um dich konnte ich nicht einmal schlafen.«

»Jetzt, da es vorüber ist, hat man doch das Gefühl, daß es sich gelohnt hat, meinst du nicht auch?«

»Ich glaube schon, aber irgendwie erinnert es mich dauernd daran, daß du in einem Monat wieder ganz fort mußt. Was werden wir denn dann bloß machen, Jimmy?«

Tiefe Verzweiflung senkte sich auf die beiden Liebenden, und von der Befriedigung, die Jimmy soeben noch empfunden hatte, blieb nichts mehr übrig. Dieser unvermeidlichen Tatsache war nicht mehr auszuweichen. In knapp vier Wochen würde die Ares von Deimos aus den Rückflug antreten, und es konnten unter Umständen Jahre vergehen, ehe er den Mars wieder betrat. Diese Aussicht war so niederschmetternd, daß es keine Worte dafür gab.

»Ich kann unmöglich hierbleiben, selbst wenn ich die Genehmigung dazu erhielte«, sagte Jimmy. »Um genug zu verdienen, muß ich erst meine Abschlußprüfung machen, und das dauert noch zwei Jahre und heißt, daß ich auch noch einen Flug nach der Venus mitmachen muß. Es gibt nur einen einzigen Ausweg.«

Irenes Augen leuchteten auf, aber nur für einen Augenblick.

»Oh, das haben wir schon oft besprochen. Ich bin überzeugt, daß Daddy nicht einwilligen würde.«

»Wir können es auf alle Fälle versuchen. Ich werde Martin bitten, sich dahinterzuklemmen.«

»Mr. Gibson? Meinst du, daß er das tun würde?«

»Wenn ich ihn darum bitte – natürlich. Er bringt die Sache bestimmt so vor, daß es überzeugend wirkt.«

»Ich sehe nicht ein, warum er sich diese Mühe machen sollte.«

»Weil er mich ganz gern hat«, sagte Jimmy, als wäre das kaum anders möglich. »Er ist bestimmt einer Meinung mit uns. Es geht einfach nicht, daß du immer hier auf dem Mars sitzen bleibst und nie etwas von der Erde zu sehen bekommst. Paris – New York – London, das sind Städte, die man gesehen haben muß, sonst hat man nicht gelebt. Weißt du, was ich denke?«

»Was?«

»Daß dein Vater sehr egoistisch ist, dich hier festhalten zu wollen.«

Irene schmollte ein wenig. Sie hing sehr an ihrem Vater, und ihre erste Regung war, ihn heftig zu verteidigen. Aber der gehorsamen Tochter in ihr stand jetzt die liebende Frau entgegen, und es war kein Zweifel, wer von beiden am Ende den Sieg davontragen würde.

»Natürlich«, sagte Jimmy, der merkte, daß er wohl doch etwas zu weit gegangen war, »meint er es nur gut mit dir, aber er hat zu viele andere Dinge zu bedenken. Wahrscheinlich weiß er gar nicht mehr, wie es auf Erden aussieht und was dir entgehen würde. Nein, du mußt dich losreißen von hier, ehe es zu spät ist.«

Irene war noch immer unentschlossen. Doch dann kam ihr Sinn für Humor, der soviel stärker ausgeprägt war als der Jimmys, ihr zu Hilfe.

»Wenn wir auf Erden wären und du müßtest auf den Mars zurückkehren, würde es dir wahrscheinlich genauso leichtfallen, mich davon zu überzeugen, daß ich dir dorthin folgen müßte, das weiß ich genau.«

Jimmy war zuerst ein wenig gekränkt, begriff jedoch dann, daß Irene ihn im Grunde nur ermuntern wollte.

»Gut«, sagte er. »Das wäre also erledigt. Sobald ich Martin sehe, werde ich mit ihm reden und ihn bitten, sich deinen Vater einmal vorzunehmen. Warten wir ab, was dabei herauskommt, und denken wir inzwischen nicht weiter daran.«

Das gelang ihnen auch, aber nur zum Teil.

*

Das kleine amphitheatralische Tal in den Hügeln bei Port Lowell sah noch genauso aus, wie Gibson es in Erinnerung hatte, nur daß das üppige Grün etwas nachgedunkelt war, als spürte es bereits etwas vom Herannahmen des noch weit entfernten Herbstes. Der Sandfloh fuhr hinauf bis vor die größte der vier kleinen Hallen, und man ging hinüber zu der Luftschleuse.

»Als wir damals hier waren«, bemerkte Gibson trocken, »wurde mir erklärt, wir müßten uns erst desinfizieren lassen, ehe wir eintreten könnten.«

»Eine leichte Übertreibung, um unerwünschte Besucher abzuschrecken«, gab Hadfield unverblümt zu. Die Außentür hatte sich auf ein Zeichen von ihm geöffnet, und man legte rasch die Sauerstoffmasken ab.

»Früher haben wir derartige Vorsichtsmaßnahmen angewandt, aber jetzt ist das nicht mehr nötig.«

Die Innentür glitt beiseite, und man trat ins Halleninnere. Ein Mann in weißem Laborkittel – dem ›sauberen‹ weißen Kittel eines Mannes von Erfahrung und Rang – erwartete sie.

»Hallo, Baines«, sagte Hadfield. »Gibson – darf ich Ihnen Professor Baines vorstellen? Ich nehme an, Sie haben schon voneinander gehört.«

Man schüttelte sich die Hände. Baines war, wie Gibson wußte, einer der größten Experten auf dem Gebiet der genetischen Pflanzenkunde. Vor ein oder zwei Jahren hatte er irgendwo gelesen, daß der Professor auf den Mars gegangen wäre, um die dortige Flora zu studieren.

»Sie sind also der neugebackene Entdecker von ›Oxyfera‹«, sagte Baines verträumt. Er war ein großer, zottiger Mann, dessen Zerstreutheit in seltsamem Gegensatz zu seiner massigen Statur und seinen scharf ausgeprägten Zügen stand. »Ist das der wissenschaftliche Name?« fragte Gibson. »Nun, für eine Weile dachte ich wirklich, ich wäre der Entdecker. Aber langsam kommen mir Zweifel.«

»Ihre Entdeckung ist mindestens ebenso wichtig«, versicherte ihm Hadfield aufmunternd. »Aber Baines interessiert sich nicht für Tiere, es hat also keinen Zweck, mit ihm über Ihren Marsfreund zu sprechen.«

Sie gingen zwischen den provisorischen Wänden entlang, durch die, wie Gibson bemerkte, die Halle in zahlreiche Verschläge und Gänge aufgeteilt war. Das Ganze sah aus, als wäre es in großer Eile errichtet worden. Auf roh zusammengezimmerten Kisten standen die wunderbarsten Apparaturen, wie man sie zu Forschungszwecken benötigt, und überall stieß man auf Spuren einer hektischen Improvisation. Doch merkwürdigerweise sah man nur wenige Arbeiter. Gibson gewann den Eindruck, daß die wie immer geartete Aufgabe, mit der man sich hier beschäftigt hatte, beendet sein müsse, und daß nur noch eine Restbelegschaft zurückgeblieben war.

Baines geleitete sie zu einer Luftschleuse, die in eine der anderen Hallen führte, und als man auf das Sichöffnen der letzten Tür wartete, bemerkte er ruhig: »Zuerst werden Ihnen wahrscheinlich die Augen ein bißchen weh tun.« Gibson beherzigte die Warnung und legte die Hand schützend davor.

Licht und Hitze: das war sein erster Eindruck. Es war fast, als wäre man vom Pol mit einem einzigen Schritt in die Tropen gelangt. Von oben her füllten starke Lampen den halbkugelförmigen Raum mit grellem Licht. Die Luft hatte etwas Schweres und Bedrückendes, das nicht allein von der Hitze herrühren konnte, und Gibson fragte sich, von welcher Beschaffenheit die Atmosphäre sein mochte, die er hier einatmete.

Diese Halle war nicht durch Wände unterteilt; es war einfach eine große Rundfläche, sauber in Beete ausgelegt, auf denen sämtliche Marspflanzen wuchsen, die Gibson je zu Gesicht bekommen hatte, und noch einige andere. Etwa ein Viertel der Fläche war mit hohen, braunen Stengeln bestanden, die Gibson sofort wiedererkannte.

»So – ihr habt also schon die ganze Zeit gewußt, was es damit auf sich hat«, sagte er und war weder überrascht noch besonders enttäuscht.

»Ja«, sagte Hadfield. »Sie wurden vor etwa zwei Jahren entdeckt und kommen längs des Äquators ziemlich häufig vor. Sie gedeihen nur, wo viel Sonne ist. So weit nördlich wie die paar, auf die Sie gestoßen sind, haben wir bisher noch keine gefunden.«

»Es bedarf beträchtlicher Energien, um den Sauerstoff aus dem Sand herauszuspalten«, erläuterte Baines. »Wir sind ihnen mit diesen Lampen hier dabei behilflich und führen gleichzeitig noch ein paar andere Experimente durch. Sehen Sie sich das Ergebnis einmal an.«

Gibson trat zwischen die Beete, wobei er sorgsam darauf

achtete, auf dem schmalen Gang zu bleiben. Diese Pflanzen waren, wenn auch offenbar gleicher Herkunft, doch nicht ganz dieselben, die er entdeckt hatte. Der erstaunlichste Unterschied lag darin, daß ihnen die typischen Gaskapseln völlig fehlten und daß sie an ihrer Stelle Myriaden winziger Poren aufwiesen.

»Das ist der springende Punkt«, sagte Hadfield. »Wir haben eine Art gezüchtet, die den Sauerstoff direkt an die Luft abgibt, weil sie es nicht mehr nötig hat, ihn aufzubewahren. Solange sie über genügend Licht und Wärme verfügt, kann sie ihren Bedarf aus dem Sand decken und den Überschuß abgeben. Aller Sauerstoff, den Sie jetzt hier einatmen, kommt von diesen Pflanzen; es gibt in dieser Halle keine andere Quelle dafür.«

»Ich verstehe«, sagte Gibson bedächtig. »Sie haben meine Idee vorweggenommen – und sind noch einen gewaltigen Schritt weitergegangen. Aber wozu die ganze Geheimniskrämerei?«

»Was für Geheimniskrämerei?« sagte Hadfield im Ton der beleidigten Unschuld.

»Na, hören Sie mal!« protestierte Gibson. »Haben Sie mich nicht gebeten, strengstes Stillschweigen über diesen Ort zu bewahren?«

»Ach, das! Das ist nur, weil in den nächsten Tagen eine amtliche Bekanntmachung erfolgen soll und weil wir keine falschen Hoffnungen erwecken wollten. Aber ein wirkliches Geheimnis haben wir nie daraus gemacht.«

Gibson dachte während der ganzen Heimfahrt über diese Bemerkung nach. Hadfield hatte ihm zwar eine ganze Menge erzählt, aber hatte er ihn in alles eingeweiht? In welchem Zusammenhang stand Phobos mit den Vorgängen, wenn er überhaupt etwas damit zu tun hatte? Gibson fragte sich, ob sein Verdacht über den inneren Mond überhaupt unbegründet sein mochte. Für einen Augenblick war er in Versuchung, Hadfield mit einer direkten Frage zu überrumpeln, nahm jedoch Abstand davon. Vielleicht machte er sich nur lächerlich damit.

Als man die Kuppeln von Port Lowell bereits über den Horizont ragen sah, schnitt Gibson endlich das Thema an, das ihm schon seit vierzehn Tagen auf der Seele lag.

»Die Ares fliegt doch in drei Wochen zurück, nicht wahr?« bemerkte er zu Hadfield. Der andere nickte nur; die Frage war offensichtlich rein rhetorischer Natur, und Gibson mußte die Antwort darauf genauso gut wissen wie jeder andere.

»Ich habe darüber nachgedacht«, sagte Gibson langsam, »und bin zu dem Ergebnis gekommen, daß ich ganz gern noch ein Weilchen hierbleiben würde. Bis zum nächsten Jahr vielleicht.«

»So?« sagte Hadfield, und es klang weder zu- noch abratend. Gibson war ein wenig verstimmt, daß er mit seinem ersten Anlauf so wenig Erfolg hatte. »Und Ihre Arbeit?« fuhr der Chef fort.

»Die läßt sich hier ebenso gut erledigen wie auf der Erde.«

»Sollten Sie hierbleiben, müßten Sie allerdings irgendeinen nützlichen Beruf ergreifen – das ist Ihnen hoffentlich klar«, sagte Hadfield und lächelte gezwungen. »Das war eben nicht sehr taktvoll, wie? Ich wollte damit nur sagen, daß Sie uns in der Verwaltung oder an sonst irgendeiner Stelle behilflich sein müßten. Haben Sie irgendeinen besonderen Vorschlag in dieser Hinsicht?«

Das klang schon etwas ermutigender; zum mindesten bedeutete es, daß Hadfield nicht von vornherein gegen sein Bleiben war. Aber das Ganze schien Gibson doch einen Haken zu haben.

»Ich möchte natürlich nicht für immer hierbleiben«, versuchte er sich herauszureden. »Nur eine gewisse Zeit, um die Marstiere zu studieren und zu sehen, ob es nicht noch mehr davon gibt. Außerdem möchte ich den Mars nicht gerade in dem Augenblick verlassen, wo es anfängt interessant zu werden.«

»Was meinen Sie damit?« hakte Hadfield ein.

»Nun – die Sauerstoffgewinnung und die Fertigstellung von Halle sieben. Ich möchte erleben, was in den nächsten Monaten dabei herauskommt.«

Hadfield musterte seinen Passagier nachdenklich. Er zeigte sich weniger überrascht, als man hätte denken können, hatte er doch ähnliches schon zuvor erlebt. Er hatte sich im stillen sogar schon manchmal gefragt, wann es bei Gibson soweit sein würde, und war keineswegs ungehalten über die Wendung der Dinge.

Es gab eine sehr einfache Erklärung dafür. Gibson fühlte sich glücklicher, als er es je auf Erden gewesen war; er hatte etwas geleistet und spürte, daß er in die Gemeinschaft hineinwuchs. Er nahm von Mal zu Mal intensiver Anteil an allen Vorgängen, und die Tatsache, daß sein Leben auf dem Mars schon einmal in Gefahr gewesen war, bestärkte ihn nur in seinem Entschluß zu bleiben. Selbst wenn er auf die Erde zurückkehrte, zu Hause würde er sich dort nicht mehr fühlen; er würde ins Exil gehen.

»Mit Begeisterung allein ist es nicht getan«, sagte Hadfield.

»Das weiß ich.«

»Unsere kleine Welt hier gründet sich auf zwei Dinge: Geschicklichkeit und schwere Arbeit. Wenn wir die nicht haben, können wir ebensogut wieder auf die Erde zurückkehren.«

»Ich scheue vor keiner Arbeit zurück und könnte mich sicherlich in die Verwaltung einarbeiten und nebenbei noch mancherlei laufende Dinge erledigen.«

Dies, dachte Hadfield, mochte zutreffen. Die Fähigkeit zu solchen Arbeiten war eine Funktion der Intelligenz, und davon hatte Gibson genug. Aber es kam auf mehr an als bloße Intelligenz, und man durfte die persönlichen Faktoren nicht übersehen. Am besten, er machte Gibson keine allzu großen Hoffnungen, bis er weitere Erkundigungen eingezogen und die Angelegenheit mit Whittaker erörtert haben würde.

»Ich will Ihnen sagen, was Sie machen können«, sagte Hadfield. »Kommen Sie um eine provisorische Aufenthaltsgenehmigung ein, und ich werde sie an die zuständigen Stellen auf der Erde weiterleiten. In etwa einer Woche dürften wir Antwort haben. Wenn Ihr Antrag abgelehnt wird, können wir natürlich auch nichts weiter tun.«

Gibson bezweifelte das, denn er wußte genau, wie wenig Hadfield sich an Bestimmungen irdischer Dienststellen hielt, wenn es seinen Plänen zuwiderlief. Er sagte indes nur: »Und wenn mein Antrag auf Erden durchgeht, dann liegt die Entscheidung allein bei Ihnen, nehme ich an?«

»Ja. Dann werde ich mir meine Antwort überlegen.«

Soweit ganz gut, dachte Gibson. Jetzt, da die Dinge im Rollen waren, verspürte er ein Gefühl großer Erleichterung, als wäre ihm alle Verantwortung dafür abgenommen. Er brauchte sich nur vom Strom treibenzulassen und abzuwarten.

Die Luftschleusentür öffnete sich vor ihnen, und der Floh nahm seinen Weg knirschend ins Stadtinnere. Selbst wenn er einen Fehler begangen haben sollte, sagte sich Gibson, war es weiter nicht schlimm. Schließlich konnt er jederzeit mit dem nächsten oder dem übernächsten Schiff auf die Erde zurückkehren.

Es bestand jedoch kein Zweifel daran, daß der Mars ihn verwandelt hatte. Er wußte genau, was einige seiner Freunde bei Erhalt der Nachricht sagen würden. ›Habt ihr schon gehört, was sich mit Martin begeben hat! Kaum glaublich, aber es sieht aus, als hätte der Mars einen Mann aus ihm gemacht.‹

Gibson wand sich unbehaglich. Als leuchtendes Vorbild zu gelten, war eine Rolle, die ihm gar nicht lag. Selbst in seinen sentimentalsten Augenblicken hatte er nie die geringste Verwendung für jene schönfärberischen viktorianischen Parabeln gehabt, in denen egozentrische Faulpelze zu nützlichen Mitgliedern der Gesellschaft wurden. Aber er konnte sich der schrecklichen Befürchtung nicht erwehren, daß etwas derart Ungewöhnliches sich jetzt mit ihm selber ereignete.

14

»Heraus mit der Sprache, Jimmy. Was bedrückt Sie? Sie scheinen nicht gerade viel Appetit zu haben heute früh.«

Jimmy stocherte verdrießlich in dem synthetischen Omelett auf seinem Teller herum, das er bereits in mikroskopisch kleine Stücke zerschnitten hatte.

»Ich dachte gerade an Irene. Es ist eine Schande, daß sie noch nie Gelegenheit gehabt hat, etwas von der Erde zu sehen.«

»Will sie denn überhaupt? Ich bin hier noch niemandem begegnet, der auch nur ein einziges gutes Haar an der Erde gelassen hätte.«

»Natürlich möchte sie gern. Ich habe mit ihr darüber gesprochen.«

»Keine Umschweife weiter. Was habt ihr beiden denn vor? Wollt ihr in der Ares auskneifen?«

Jimmy zwang sich ein kümmerliches Lächeln ab.

»Das wäre noch eine Idee, wenn sie sich nur durchführen ließe! Aber mal im Ernst – meinen Sie nicht auch, daß Irene auf die Erde zurückkehren und dort ihre Studien beenden sollte? Wenn sie hierbleibt, wird weiter nichts aus ihr als ein – ein –«

»Ein einfaches, unverbildetes Mädchen vom Lande – eine Kolonistin ohne Welterfahrung. Das wollten Sie doch sagen, nicht wahr?«

»Ungefähr. Sie haben es nur viel zu grob ausgedrückt.«

»Das tut mir leid und lag nicht in meiner Absicht. In der Hauptsache stimme ich sogar mit Ihnen überein. Jemand müßte einmal mit Hadfield darüber sprechen.«

»Genau das –«, rief Jimmy erregt.

»Ich weiß schon – genau das sollte ich eurer Meinung nach

tun!«

Jimmy hob die Hände in gespielter Verzweiflung.

»Es hat keinen Zweck, Sie hinters Licht führen zu wollen. Ja.«

»Wir hätten eine Menge Zeit sparen können, wenn Sie gleich zu Anfang damit herausgerückt wären. Und jetzt mal ganz offen, Jimmy – wie ernst ist es Ihnen eigentlich mit Irene?«

Jimmy hielt seinem Blick, ohne mit der Wimper zu zucken, stand, was eigentlich schon alles sagte.

»Völlig ernst, das müßten Sie doch längst wissen. Wir wollen heiraten, sobald sie alt genug ist – und sobald ich unseren Lebensunterhalt verdienen kann.«

Nach eine längeren Pause erwiderte Gibson:

»Sie hätten es schlechter treffen können; Irene ist ein sehr nettes Mädchen. Und ich glaube auch, daß ein Jahr oder so auf der Erde ihr guttun würde. Aber im Augenblick möchte ich Hadfield doch nicht darauf ansprechen. Er ist stark beschäftigt und – außerdem habe ich ihm von mir aus bereits eine Bitte vorgetragen.«

»So?« sagte Jimmy und blickte ihn interessiert an.

»Früher oder später spricht es sich ja doch herum, aber ich möchte nicht, daß Sie jetzt schon darüber reden. Ich habe eine Aufenthaltsgenehmigung für den Mars beantragt.«

»Das ist allerhand!« rief Jimmy.

Gibson unterdrückte ein Lächeln.

»Halten Sie es für richtig?«

»Natürlich. Am liebsten würde ich dasselbe tun.«

»Auch wenn Irene auf die Erde führe?« fragte Gibson trokken.

»Das ist unfair! Wie lange gedenken Sie denn hier zu bleiben?«

»Das läßt sich so genau nicht sagen, es hängt von zu vielen Faktoren ab. Erst werde ich einmal einen Beruf erlernen müssen.«

»Was für einen Beruf?«

»Etwas Kongeniales – und Produktives. Fällt Ihnen nicht etwas Brauchbares ein?«

Jimmy runzelte nachdenklich die Stirn und verharrte einen Augenblick in Schweigen. Was mochte er denken? Bedauerte er, daß man sich so bald schon würde trennen müssen? In den vergangenen Wochen hatten sich die Spannungen zwischen ihnen verflüchtigt, und sie hatten einen Zustand emotionaler Ausgeglichenheit erreicht, der zwar angenehm, aber doch nicht ganz so befriedigend war, wie Gibson es gewünscht hätte. Vielleicht lag die Schuld daran bei ihm; vielleicht hatte er seine tieferen Empfindungen nicht deutlich genug gezeigt und sie zu sehr hinter Spott und Ironie verborgen und das Gegenteil von dem erreicht, was er erreichen wollte. Einst hatte er gehofft, sich Jimmys Vertrauen zu erwerben, doch jetzt sah es aus, als käme Jimmy nur, wenn er etwas von ihm wollte. Nein – das war ungerecht. Jimmy hatte ihn gern, soviel stand fest, und brachte ihm vielleicht ebensoviel Zuneigung entgegen wie manche Söhne ihren Vätern. Und darauf durfte er stolz sein. Auch war es zu nicht geringem Teil sein Verdienst, daß Jimmy sich seit ihrem Aufbruch von der Erde gewaltig herausgemacht hatte. Er hatte alle Schüchternheit und Scheu abgelegt und war, obwohl immer noch ziemlich ernst, doch niemals mürrisch. Auch darauf konnte er, Gibson, sich etwas zugute halten. Aber damit waren seine Möglichkeiten so gut wie erschöpft. Jimmy war im Begriff, ihm völlig zu entgleiten – das einzige, was für ihn jetzt noch etwas bedeutete, war Irene.

»Ich fürchte, mir fällt gar nichts ein«, sagte Jimmy. »Sie könnten natürlich meine Stellung antreten. Und das erinnert mich an etwas, das ich neulich im Büro so nebenbei aufgeschnappt habe.« Seine Stimme sank zu einem konspiratorischen Geflüster herab, und er lehnte sich weit über den Tisch. »Haben Sie schon jemals etwas vom ›Projekt Morgenröte‹ gehört?«

»Nein. Worum handelt es sich denn dabei?«

»Dahinter möchte ich ja gerade kommen. Es ist etwas ganz Geheimes und muß eine ziemlich große Sache sein.«

»So?« sagte Gibson, plötzlich hellhörig geworden. »Ich dächte, davon hätte ich auch schon munkeln hören. Was wissen Sie denn darüber, erzählen Sie mal.«

»Nun, eines Abends hatte ich noch ziemlich spät in der Registratur zu tun und hockte zwischen den Aktenschränken und sortierte einige Papiere. Plötzlich kam der Chef mit Bürgermeister Whittaker herein. Sie hatten keine Ahnung, daß ich dort war, und unterhielten sich laut und ungeniert. Ich wollte nicht lauschen, aber Sie wissen ja, wie das ist. Plötzlich sagte Bürgermeister Whittaker etwas, das mir durch und durch ging. Ich weiß sogar noch die genauen Worte: ›Was auch geschieht, sobald man auf Erden etwas über ›Projekt Morgenröte‹ erfährt, wird der Teufel los sein – selbst wenn wir Erfolg damit haben.‹ Der Chef lachte nur kurz auf und sagte dem Sinn nach etwa: ›Erfolg entschuldigt alles.‹ Mehr konnte ich nicht hören, und kurz danach gingen sie hinaus. Was halten Sie davon?«

›Projekt Morgenröte!‹ Der bloße Name hatte etwas Magisches und ließ Gibsons Puls schneller schlagen. Man konnte fast mit Sicherheit annehmen, daß irgendeine Verbindung zu den Forschungsarbeiten bestand, die in den Hügeln hinter der Stadt durchgeführt wurden – aber darauf konnten sich Whittakers Worte kaum beziehen. Oder doch?

»Ich werde sehen, was ich darüber in Erfahrung bringen kann«, sagte Gibson. »Haben Sie schon irgend jemandem gegenüber eine Andeutung gemacht?«

»Nein.«

»Das würde ich an Ihrer Stelle auch unterlassen. Es kann sich um etwas ganz Belangloses handeln. Sobald ich etwas weiß, sage ich Bescheid.«

»Vergessen Sie nicht, wegen Irene zu fragen!«

»Bei der ersten Gelegenheit. Es kann aber ein Weilchen dauern – ich muß Hadfield in der richtigen Stimmung erwischen!«

Als Privatdetektiv hatte Gibson wenig Erfolg. Er fiel ein- oder zweimal mit der Tür so ziemlich ins Haus, merkte aber bald, daß dies zu nichts führte. Zuerst hatte er sich an George, den Barinhaber, gewandt, der alles zu wissen schien, was auf dem Mars vor sich ging, und eine der wertvollsten Verbindungen war, die Gibson hatte. Diesmal jedoch erwies er sich als völlig nutzlos.

»›Projekt Morgenröte‹?« sagte er kopfschüttelnd. »Noch nie davon gehört.«

»Bestimmt nicht?« fragte Gibson und beobachtete ihn scharf.

George schien in tiefes Nachdenken zu versinken.

»Ganz bestimmt«, erklärte er endlich. Was sollte man da machen? George war ein so guter Schauspieler, daß man nie genau wußte: Sagte er die Wahrheit oder schwindelte er?

Mit dem Herausgeber der ›Mars-Times‹ hatte Gibson etwas mehr Erfolg. Westerman gehörte zu den Leuten, um die er gewöhnlich einen Bogen machte, da er stets irgendeinen Artikel von ihm haben wollte und Gibson selten auf dem laufenden mit seinen irdischen Verpflichtungen war. Die zweiköpfige Redaktion war daher äußerst überrascht, als Gibson das kleine Büro der einzigen Marszeitung betrat.

Er hatte sich vorsorglich einige Durchschläge eingesteckt, die er der Zeitung als Beweis seines guten Willens überlassen wollte, und nachdem er sie dem Redakteur in die Hand gedrückt hatte, kam er direkt zur Sache.

»Ich habe angefangen, alles erreichbare Material über ›Projekt Morgenröte‹ zu sammeln», sagte er beiläufig. »Ich weiß zwar, daß es noch der Geheimhaltung unterliegt, aber ich möchte alles fertig haben, sobald es zur Veröffentlichung freigegeben wird.«

Für ein Weilchen herrschte Totenstille. Dann sagte Westerman: »Darüber wenden Sie sich am besten an den Chef.«

»Ich wollte ihn nicht erst belästigen – er hat soviel andere Dinge zu tun«, sagte Gibson mit der unschuldigsten Miene der Welt.

»Nun, ich kann Ihnen nichts sagen.«

»Soll das heißen, daß Sie nichts darüber wissen?«

»Wenn Sie es so auslegen wollen – ja. Es gibt auf dem ganzen Mars nur ein paar Dutzend Leute, die Ihnen etwas Genaues darüber sagen könnten.«

Das war immerhin ein Hinweis, der seinen Wert hatte.

»Gehören Sie etwa zufällig zu diesen Leuten?«

Westerman zuckte die Achseln.

»Ich halte meine Augen offen und habe mir einiges zusammenkombiniert.«

Mehr war nicht aus ihm herauszubekommen. Gibson vermutete, daß Westerman auch nicht viel mehr wußte als er selber und nur bemüht war, seine Unkenntnis zu verbergen. Zweierlei Tatsachen jedoch fanden ihr Bestätigung. Erstens existierte ein ›Projekt Morgenröte‹ wirklich, und zweitens war es außerordentlich geschickt getarnt. Gibson konnte nur Westermans Beispiel folgen: die Augen offenhalten und richtig kombinieren.

Er beschloß, seine Nachforschungen für den Augenblick einzustellen und einen Blick in das Biophysische Laboratorium zu werfen, wo Squeak Ehrengast war. Der kleine Marsbewohner saß vergnügt auf seinem Hinterteil, während die Wissenschaftler in einer Ecke standen und den nächsten Schritt berieten. Als er Gibson erblickte, stieß er einen Freudenschrei aus und sprang quer durchs Zimmer, wobei er einen Stuhl umriß, ohne jedoch größeren Schaden anzurichten. Die Biologen beobachteten die Kundgebung mit gerunzelten Stirnen; offenbar stand sie nicht im Einklang mit ihren Ansichten über Mars-Psychologie.

»Nun?« sagte Gibson zu dem Gruppenleiter, nachdem er sich aus Squeaks Umarmung befreit hatte, »habt ihr schon herausgefunden, wie intelligent er ist?«

Der Wissenschaftler kratzte sich am Kopf.

»Er ist ein seltsames kleines Biest. Manchmal habe ich das Gefühl, daß er uns einfach auslacht. Als höchst sonderbar kommt noch hinzu, daß er ganz anders ist als seine Stammesgenossen. Wir haben nämlich, wie Sie vielleicht schon gehört haben, einen Trupp ausgesandt, der das Verhalten der Tiere draußen beobachtet.«

»Inwiefern ist er anders?«

»Die anderen legen keinerlei Gefühlsregungen an den Tag, soweit wir bisher feststellen konnten. Man kann sich neben sie hinstellen, und wenn man lange genug wartet, fressen sie sich in einem Bogen um einen herum. Solange man sie nicht direkt stört, nehmen sie überhaupt keine Notiz von einem.«

»Und wenn man sie stört?«

»Dann versuchen sie, einen wie ein Hindernis beiseite zu schieben. Gelingt ihnen das nicht, suchen sie sich einen anderen Platz. Was man auch anstellt, sie lassen sich nicht aus der Ruhe bringen.«

»Ist das Gutmütigkeit oder einfach pure Dummheit?«

»Weder das eine noch das andere, möchte ich sagen. Sie haben schon seit so langer Zeit keine natürlichen Feinde mehr, daß sie sich nicht vorstellen können, jemand könnte sich ihnen mit bösen Absichten nähern. Es sind reine Gewohnheitstiere; das Leben ist so schwer für sie, daß sie sich Luxusdinge wie Neugierde und Gefühle nicht leisten können.«

»Wie erklären Sie sich dann das Benehmen dieses kleinen Kerls?« fragte Gibson und deutete auf Squeak, der soeben seine Taschen untersuchte. »Hunger kann er keinen haben – ich habe ihm gerade etwas zu fressen gegeben – es muß also reine Neugierde sein.«

»Wahrscheinlich ist das eine Art Durchgangsstadium. Bedenken Sie nur einmal, wie groß der Unterschied zwischen einem Kätzchen und einer ausgewachsenen Katze ist, oder, man kann auch ebensogut sagen, zwischen einem Säugling und einem Erwachsenen.«

»Squeak wird also genauso werden wie die anderen, wenn er älter wird?«

»Wahrscheinlich, aber das ist keineswegs gewiß. Wir kennen seine Fähigkeit zur Annahme neuer Gewohnheiten nicht. Er ist beispielsweise enorm begabt dafür, sich aus jedem Labyrinth herauszufinden. Freilich muß er Lust dazu haben.«

»Armer Squeak!« sagte Gibson. »Manchmal habe ich direkt ein schlechtes Gewissen, daß ich dich mitgenommen habe. Aber du wolltest ja. Komm, gehen wir ein Stück spazieren.«

Squeak hüpfte sogleich zur Tür.

»Haben Sie das gesehen?« rief Gibson. »Er versteht, was ich sage.«

»Auch Hunde verstehen Befehle. Es ist wahrscheinlich nur wieder eine Frage der Gewohnheit – Sie haben ihn natürlich ausgeführt, und er hat sich daran gewöhnt. Können Sie in einer halben Stunde spätestens wieder mit ihm zurück sein? Wir bereiten inzwischen den Encephalographen vor, um eine elektrische Aufnahme seines Gehirns zu machen.«

Diese Nachmittagsspaziergänge versöhnten Squeak mit seinem Schicksal und dienten gleichzeitig dazu, Gibsons Gewissen zu beschwichtigen. Manchmal kam er sich direkt wie ein Kindsräuber vor, der sein Opfer gleich nach der Entführung wieder ausgesetzt hat. Aber es geschah schließlich alles der Wissenschaft zuliebe, und die Biologen hatten versprochen, ihm kein Leid zuzufügen.

Die Leute in Port Lowell waren an den täglichen Spaziergang des seltsamen Paares bereits gewöhnt, und es gab keine Menschenansammlungen mehr. War gerade schulfrei, so hatte Squeak gewöhnlich eine ganze Schar jugendlicher Bewunderer um sich, die mit ihm spielen wollten, aber jetzt war es noch früh am Nachmittag, und der Unterricht war noch nicht aus. Kein Mensch war zu sehen, als Gibson und sein Freund in den Broadway einbogen. Erst eine Weile später tauchte in der Ferne eine bekannte Gestalt auf. Hadfield machte seinen täglichen Rundgang und hatte wie gewöhnlich seine beiden Katzen bei sich.

Es war das erstemal, daß Topas und Türkis mit Squeak zusammentrafen, und sie fühlten sich entschieden in ihrer aristokratischen Ruhe gestört, wenn sie diese Tatsache auch geschickt zu verschleiern suchten. Sie zerrten an ihren Leinen und versuchten, sich hinter Hadfield zu verbergen, während Squeak nicht die geringste Notiz von ihnen nahm.

»Der richtige Zirkus«, lachte Hadfield. »Aber Topas und Türkis scheinen nicht sehr begeistert von ihrem neuen Rivalen zu sein – sie waren so lange die beiden einzigen Tiere hier, daß sie sich einbilden, die Stadt gehöre ihnen.«

»Schon irgendwelche Nachrichten von der Erde?« erkundigte sich Gibson gespannt.

»Wegen Ihres Antrages? Du lieber Himmel, der ist erst vor zwei Tagen 'rausgegangen! Sie wissen doch selber, wieviel Zeit man sich dort unten läßt. Vor Ablauf einer Woche ist an Antwort überhaupt nicht zu denken.«

Wenn von der Erde die Rede war, hieß es immer ›unten‹, während die äußeren Planeten ›oben‹ waren – das war Gibson schon häufig aufgefallen. Es erweckte jedesmal die Vorstellung eines riesigen, zur Sonne hinunterführenden Abhanges in ihm, auf dessen verschiedenen Höhen die Planeten lagen.

»Ich weiß wirklich nicht, was das Ganze mit der Erde zu tun haben soll«, fuhr Gibson fort. »Schließlich handelt es sich nicht um Zuteilung eines Schiffsplatzes. Ich bin bereits hier – und, recht betrachtet, spare ich den Leuten nur eine Menge Mühe, wenn ich nicht zurückfahre.«

»Sie glauben doch wohl nicht im Ernst, daß solche sachlichen Argumente bei den Bonzen auf der Erde auch nur im geringsten ins Gewicht fielen!« entgegnete Hadfield. »Nichts dergleichen! Alles muß dort seinen vorgeschriebenen Dienstweg gehen.«

Gibson war einigermaßen sicher, daß Hadfield gewöhnlich nicht in diesem herabsetzenden Ton von seinen Vorgesetzten sprach, und ihm zuzuhören, bereitete ihm jene eigenartige Befriedigung, die man immer dann empfindet, wenn man Zeuge einer bewußten Indiskretion ist. Es war ein weiterer Beweis dafür, daß der Chef ihm vertraute und ihn als einen der Seinen betrachtete. Sollte er auch gleich noch die beiden anderen Angelegenheiten zur Sprache bringen, die ihn beschäftigten – ›Projekt Morgenröte‹ und Irene? Was Irene anging, so hatte er sein Versprechen gegeben und würde nicht umhin können, dieses Versprechen früher oder später einzulösen. Aber vielleicht war es klüger, erst einmal mit Irene selber zu sprechen – ja, das war ein guter Gedanke und eine stichhaltige Ausrede, das Ganze noch einmal zu verschieben.

Er schob es so lange hinaus, bis Irene, ohne Zweifel von Jimmy dazu angestachelt, die Sache in ihre eigenen Hände nahm und eine Aussprache mit ihrem Vater herbeiführte. Gibson erfuhr am nächsten Tage durch Jimmy davon, und man brauchte ihn nur anzuschauen, um zu wissen, was dabei herausgekommen war.

Irenes Vorschlag mußte Hadfield einen ziemlichen Schock versetzt haben, der, wie die meisten Eltern, in dem Wahn lebte, daß seine Tochter alles hatte, was sie brauchte. Dennoch hatte er sie ruhig angehört, und es hatte keine Szenen gegeben. Hadfield war viel zu klug, als daß er auch nur für einen Augenblick den tief verletzten Vater gespielt hätte. Er hatte nur sachliche und überzeugende Gründe dafür vorgebracht, warum Irene vor Vollendung ihres einundzwanzigsten Lebensjahres nicht auf die Erde gehen könne. Zu diesem Zeitpunkt wollte er selbst einen längeren Urlaub nehmen und eine gemeinsame Weltreise mit seiner Tochter antreten. Sie brauchte nur noch drei Jahre zu warten, dann würde es soweit sein.

»Drei Jahre!« jammerte Jimmy. »Das ist eine ganze Ewigkeit!«

Gibson verstand seine Ungeduld, versuchte jedoch, ihn zu trösten.

»Die Zeit vergeht so unglaublich schnell«, sagte er. »Und bis dahin werden Sie mit Ihrer Ausbildung fertig sein und mehr Geld verdienen als die meisten jungen Männer Ihres Alters.«

Jimmy schöpfte indes wenig Trost aus diesem Zuspruch und ließ den Kopf eher noch tiefer hängen. Für eine Weile war Gibson in Versuchung hinzuzufügen, wie gut es sich doch träfe, daß man hier immer noch nach Erdzeit rechnete und nicht nach dem Marsjahr von 687 Tagen. Er überlegte sich's jedoch und bemerkte stattdessen: »Was denkt denn Hadfield eigentlich über das Ganze? Hat er mit Irene auch über Sie gesprochen?«

»Ich glaube, er ahnt überhaupt nichts davon.«

»Bestimmt mehr, als Sie vermuten. Ich hielte es für das Richtigste, wenn Sie zu ihm gingen und ihm reinen Wein einschenkten.«

»Daran habe ich auch schon gedacht«, sagte Jimmy. »Aber bis jetzt habe ich den Mut dazu noch nicht aufgebracht.«

»Sie werden sich doch vor Ihrem zukünftigen Schwiegervater nicht fürchten!« entgegnete Gibson. »Früher oder später werden Sie sich doch an seine Art gewöhnen müssen. Und was könnte es schaden?«

»Nun, er könnte Irene verbieten, sich in den paar Tagen, die uns noch verbleiben, mit mir zu treffen.«

»Das wäre völlig gegen Hadfields sonstige Gepflogenheiten,

sonst hätte er schon längst Mittel gefunden, euern Umgang zu unterbinden.«

Jimmy überlegte eine Weile und wußte nichts Stichhaltiges darauf zu erwidern. Bis zu einem gewissen Grade konnte Gibson nachfühlen, wie ihm zumute sein mußte, erinnerte er sich doch nur allzu gut, wie nervös er selber bei seinem ersten Zusammentreffen mit Hadfield gewesen war. Und dabei hatte er viel weniger Grund dazu gehabt als Jimmy, da er längst die Erfahrung gemacht hatte, daß nur wenige große Männer groß bleiben, wenn man in nähere Berührung mit ihnen kommt. Aber für Jimmy war Hadfield eben noch der hochstehende und völlig unnahbare Herrscher über den Mars.

»Und wenn ich ihn wirklich aufsuche«, sagte Jimmy endlich, »was sollte ich denn Ihrer Ansicht nach zu ihm sagen?«

»Warum nicht einfach die Wahrheit? Gerade bei solchen Gelegenheiten wirkt die Wahrheit oft wahre Wunder.«

Jimmy warf ihm einen mißtrauischen Blick zu; er wußte nie genau, ob Gibson mit ihm oder über ihn lachte. Das war Gibsons eigene Schuld und stand ihrer völligen Verständigung immer wieder hindernd im Wege.

»Ich mache Ihnen einen Vorschlag«, sagte Gibson. »Ich bin heute abend im Hause des Chefs; kommen Sie mit und sprechen Sie sich mit ihm aus. Versuchen Sie einmal, die Dinge von seinem Standpunkt zu sehen. Wie soll er wissen, ob das Ganze nichts weiter ist als einer der üblichen Flirts, den beide Teile nicht besonders ernst nehmen. Aber wenn Sie vor ihn hintreten und ihm erklären, daß Sie sich verloben möchten, sieht die Sache bedeutend anders aus.«

Er war froh, als Jimmy, ohne die Debatte weiter fortzusetzen, auf seinen Vorschlag einging. Wenn der Junge etwas taugte, so mußte er schließlich diese Entscheidung von selber treffen und durfte nicht auf Einflüsterungen hören. Gibson war klug genug, einzusehen, daß er seine Hilfsbereitschaft nicht übertreiben durfte, wollte er nicht Gefahr laufen, Jimmys Selbstvertrauen zu erschüttern.

Es war eine von Hadfields besonderen Eigenschaften, daß man stets wußte, wo er zu einer bestimmten Zeit anzutreffen war – obwohl er furchtbar wütend werden konnte, wenn man ihn in den paar Stunden, da er sich dienstfrei wähnte, mit dienstlichem

Kram behelligte. Diese Angelegenheit war jedoch weder dienstlich noch geschäftlich; sie kam nicht einmal unerwartet, wie Gibson schon vermutet hatte, denn Hadfield zeigte sich nicht im geringsten überrascht, als er sah, wen Gibson mitgebracht hatte. Von Irene war nichts zu erblicken; sie war klugerweise von der Bildfläche verschwunden. Bei der ersten besten Gelegenheit tat Gibson dasselbe.

Er saß wartend in der Bibliothek und musterte Hadfields Buchbestände, wobei er sich fragte, ob der Chef überhaupt Zeit zum Lesen finden mochte, als Jimmy eintrat.

»Mr. Hadfield möchte Sie gern sprechen«, sagte er.

»Na, wie war's?«

»Nicht halb so schlimm, wie ich erwartet hatte.«

»Es ist niemals ganz so schlimm. Nur keine Bange. Ich werde Ihnen das beste Leumundszeugnis ausstellen und mich nach Kräften für Sie einsetzen.«

Als Gibson das Arbeitszimmer betrat, saß Hadfield tief in einen Sessel versunken und starrte auf den Teppich, als hätte er ihn noch nie zuvor gesehen. Mit einer Handbewegung forderte er seinen Besucher auf, in dem anderen Sessel Platz zu nehmen.

»Wie lange kennen Sie Spencer schon?« fragte er.

»Erst seit unserem Abflug von der Erde. Ich habe ihn nie gesehen, ehe ich an Bord der Ares kam.«

»Und Sie meinen, das genüge, sich eine feste Meinung über seinen Charakter zu bilden?«

»Reicht denn ein ganzes Leben dazu aus?« gab Gibson zurück.

Hadfield lächelte und blickte ihn zum erstenmal an.

»Weichen Sie nicht aus«, sagte er, ohne jedoch gereizt zu sein.

»Was halten Sie wirklich von ihm? Würden Sie ihn zum Schwiegersohn haben wollen?«

»Ja«, sagte Gibson, ohne zu zögern. »Ich wäre froh darüber.«

Es war recht gut, daß Jimmy ihre Unterhaltung in den nächsten zehn Minuten nicht belauschen konnte – wenn es auch andererseits vielleicht schade war, da er dadurch einen tieferen Einblick in Gibsons Wesen gewonnen hätte. Hadfield stellte ein wahres Kreuzverhör mit ihm an und versuchte nicht nur, über Jimmy alles mögliche in Erfahrung zu bringen, sondern stellte auch Gibson dabei gleichzeitig auf die Probe. Das hätte Gibson voraussahnen können; die Tatsache, daß er weiter keinen Gedanken darauf verschwendet, sondern nur daran gedacht hatte, wie er Jimmys Interessen am besten vertreten könnte, sprach indes sehr zu seinen Gunsten. Gibson war völlig unvorbereitet darauf, als Hadfield plötzlich das Thema wechselte und aus einem ganz anderen Punkte zum Angriff überging.

»Sagen Sie mal, Gibson«, fing er unvermittelt an, »warum setzen Sie sich eigentlich so nachdrücklich für den jungen Spencer ein? Wie Sie selbst zugegeben haben, kennen Sie ihn doch erst seit fünf Monaten.«

»Das ist völlig richtig. Aber als wir ein paar Wochen unterwegs waren, entdeckte ich, daß ich seine Eltern früher gut gekannt hatte – wir waren auf dem College zusammen.«

Die Äußerung war ihm entschlüpft, ehe er sie unterdrücken konnte. Hadfield zog die Augenbrauen leicht hoch; ohne Frage wunderte er sich, weshalb Gibson sein Studium nie abgeschlossen hatte. Aber er war viel zu taktvoll, dieses Thema fortzusetzen, und erkundigte sich nur beiläufig über Jimmys Eltern und wann Gibson sie gekannt hätte.

Zum mindesten schien es, als frage er nur noch so nebenbei danach – ganz wie es seine Art bei anderen Gelegenheiten auch war, und Gibson fiel natürlich darauf herein. Er hatte vergessen, daß er es mit einem der schärfsten Denker im ganzen Sonnensystem zu tun hatte – jemandem, der auf seine Art die Motive und Antriebe des menschlichen Verhaltens zum mindesten ebensogut zu analysieren verstand. Als er merkte, was er angerichtet hatte, war es bereits zu spät.

»Tut mir leid«, sagte Hadfield mit vorgetäuschter Liebenswürdigkeit. »Aber der Geschichte, die Sie mir da erzählt haben, fehlt jegliche Überzeugungskraft. Ich will nicht behaupten, daß sie nicht wahr wäre. Es ist sehr wohl möglich, daß Sie sich für Spencer nur deshalb so stark interessieren, weil Sie seine Eltern vor zwanzig Jahren gekannt haben. Aber Sie haben mir zuviel wegzuerklären versucht, und es ist ganz offensichtlich, daß die ganze Angelegenheit Sie viel tiefer berührt.« Er beugte sich vor und stieß Gibson mit dem Finger an.

»Ich bin kein Dummkopf, Gibson, und es gehört zu meinem Beruf, zu ergründen, was in den Seelen anderer Menschen vorgeht. Sie brauchen mir keine Antwort darauf zu geben, wenn Sie nicht wollen, aber ich glaube, Sie sind mir diese Antwort jetzt schuldig. Jimmy Spencer ist Ihr Sohn, nicht wahr?«

Das einzige, was Gibson in dem Schweigen, das Hadfields Worten folgte, empfand, war ein Gefühl unsäglicher Erleichterung.

»Ja«, sagte er. »Er ist mein Sohn. Wie sind Sie darauf gekommen?«

Hadfield lächelte; er machte einen etwas selbstzufriedenen Eindruck wie ein Mensch, der soeben eine schon lange schwebende Frage entschieden hat.

»Es ist erstaunlich, wie blind die Menschen in Hinsicht auf die Folgen ihrer Handlungen sein können – und wie leicht sie zu der Auffassung neigen, daß niemand anderes auch nur die geringste Beobachtungsgabe besäße. Zwischen Spencer und Ihnen besteht zwar keine sehr große, aber doch entfernte Ähnlichkeit. Als ich Sie zum erstenmal beide sah, hielt ich Sie für Verwandte und war einigermaßen überrascht, als es sich nicht so verhielt.«

»Seltsam«, warf Gibson dazwischen. »Da waren wir nun drei Monate auf der Ares zusammen, ohne daß dies jemandem aufgefallen wäre.«

»Ist das so seltsam? Spencers Kameraden glaubten, über seine Herkunft Bescheid zu wissen, und so sind sie überhaupt nie auf den Gedanken gekommen, daß ihr beide etwas miteinander zu tun haben könntet. Deshalb haben sie auch von der Ähnlichkeit nichts gemerkt, die mir – der ich keine vorgefaßte Meinung hatte – sofort ins Auge fiel. Aber ich hätte das Ganze auch für reinen Zufall gehalten, wenn Sie mir nicht Ihre Geschichte erzählt hätten. Erst dadurch ergaben sich für mich die fehlenden Glieder in der Beweiskette. Wie ist das – weiß Spencer etwas davon?«

»Ich bin überzeugt, er ahnt es nicht einmal.«

»Warum so überzeugt? Und warum haben Sie es ihm nicht gesagt?«

Das Kreuzverhör ging unbarmherzig weiter, und Gibson mußte wohl oder übel standhalten. Niemand hatte mehr Recht zu diesen Fragen als Hadfield. Und Gibson brauchte jemanden, dem er sich anvertrauen konnte – genau wie Jimmy ihn damals auf der Ares gebraucht hatte, als die Enthüllungen begannen. Sich vorzustellen, daß er selber den Anfang damit gemacht hatte! Nie im Traume wäre ihm eingefallen, wo es hinführen würde . . .

»Ich glaube, ich muß ziemlich weit zurückgreifen«, sagte Gibson und rutschte unruhig in seinem Sessel hin und her. »Als ich das College verließ, hatte ich einen völligen Zusammenbruch und lag über ein Jahr im Krankenhaus. Nach meiner Entlassung hatte ich allen Kontakt mit meinen Freunden in Cambridge verloren. Einige versuchten zwar Verbindung mit mir aufrechtzuerhalten, aber ich wollte nicht an das Vergangene erinnert werden. Im Laufe der Zeit lief mir der eine oder andere über den Weg, aber es vergingen mehrere Jahre, ehe ich erfuhr, was aus Kathleen – Jimmys Mutter – geworden war. Sie war damals bereits tot.«

Seine Gedanken schweiften durch all die Jahre zurück, und er entsann sich deutlich, wie erstaunt er gewesen war, daß die Todesnachricht ihn beinahe gleichgültig gelassen hatte.

»Ich hörte zwar, daß ein Kind vorhanden wäre, machte mir aber weiter keine Gedanken darüber. Wir waren immer sehr vorsichtig gewesen oder hatten es uns wenigstens eingebildet, und so nahm ich ohne weiteres an, daß der Junge von Gerald wäre. Ich wußte ja nicht, wann sie geheiratet hatten und wann Jimmy zur Welt gekommen war. Ich wollte die ganze Angelegenheit nur möglichst rasch vergessen und dachte nicht mehr daran. Es ist mir, glaube ich, damals überhaupt nicht in den Sinn gekommen, daß der Junge von mir sein könnte. Sie werden das wahrscheinlich nicht glauben, aber es ist wirklich wahr.

Und dann lief mir Jimmy über den Weg und brachte mir alles wieder ins Bewußtsein. Zuerst tat er mir leid, und dann begann ich, ihn gern zu haben, ohne jedoch auch nur zu ahnen, wer er war. Manchmal glaubte ich sogar Ähnlichkeit zwischen ihm und Gerald feststellen zu können – obwohl ich jetzt gar nicht mehr sagen könnte, wie er ausgesehen hat.«

Der arme Gerald! Er hatte natürlich Bescheid gewußt, aber er hatte Kathleen geliebt und war froh gewesen, daß sie ihn überhaupt heiratete. Er war vielleicht ebenso zu bedauern wie sie – aber wer wollte das jetzt noch entscheiden?

»Und wann sind Sie hinter die Wahrheit gekommen?« bohrte Hadfield weiter.

»Erst vor wenigen Wochen. Jimmy hatte irgendein Schriftstück auszufüllen – es handelte sich, glaube ich, um seinen Antrag um Arbeitserlaubnis – ich war ihm dabei behilflich und erfuhr auf diese Weise sein Geburtsdatum.«

»Ich verstehe«, sagte Hadfield nachdenklich. »Aber selbst das ist noch kein absoluter Beweis.«

»Ich bin aber vollkommen überzeugt davon«, erwiderte Gibson derart in seiner Männlichkeit getroffen, daß Hadfield ein Lächeln nicht unterdrücken konnte, »daß es außer mir niemanden gegeben hat. Und selbst wenn ich noch Zweifel daran gehabt hätte, so haben Sie selber diese Zweifel zerstreut.«

»Und Spencer?« nahm Hadfield seine frühere Frage wieder auf. »Sie haben mir immer noch nicht gesagt, warum Sie so zuversichtlich sind, daß er nichts weiß. Warum sollte er nicht auch ein paar Daten verglichen haben? Beispielsweise den Hochzeitstag seiner Eltern? Nach allem, was Sie ihm erzählt haben, muß er doch Verdacht geschöpft haben.«

»Das glaube ich nicht«, sagte Gibson langsam und wählte seine Worte mit der Bedachtsamkeit einer Katze, die über eine nasse Straße geht.

»Sie dürfen nicht vergessen, daß er seine Mutter ziemlich vergöttert, und obwohl er vielleicht ahnt, daß ich ihm nicht alles erzählt habe, so glaube ich doch nicht, daß er die richtigen Schlüsse daraus gezogen hat. Und außerdem würde er auch dann noch keinen Beweis in Händen haben, wenn er das Datum der Eheschließung seiner Eltern wüßte – was den wenigsten Leuten bekannt ist. Nein, ich bin fest davon überzeugt, daß er nichts weiß, und fürchte nur, daß es ein ziemlicher Schock für ihn sein wird, wenn er es erfährt.«

Hadfield schwieg, und Gibson konnte seine Gedanken nicht einmal erraten. Es war keine sehr glaubwürdige Geschichte, aber zum mindesten war er freimütig und offen gewesen.

Dann zuckte Hadfield die Achseln, und in der Bewegung schien ein lebenslängliches Studium der menschlichen Natur zu liegen.

»Er hat Sie gern«, sagte er, »und wird sich schon damit abfinden.«

Gibson seufzte auf. Er wußte, daß das Schlimmste vorüber war.

»Mein Gott, hat das lange gedauert!« sagte Jimmy. »Ich dachte schon, Sie würden überhaupt nicht wiederkommen. Was war denn los?«

Gibson ergriff seinen Arm.

»Keine Bange«, sagte er. »Es ist alles in bester Ordnung.«

Damit hoffte und glaubte er, der Wahrheit am nächsten zu kommen. Hadfield war vernünftig gewesen – und selbst heutzutage gab es nur sehr wenige Väter, von denen man das behaupten konnte.

»Wer Spencers Eltern waren oder nicht waren, interessiert mich weiter nicht«, hatte er gesagt. »Wir leben nicht mehr im Viktorianischen Zeitalter. Mich interessiert nur der Bursche selber, und ich muß sagen, daß ich einen recht günstigen Eindruck von ihm habe. Ich kann Ihnen ja ruhig verraten, daß ich mich auch bei Kapitän Norden über ihn erkundigt habe, also nicht allein auf Ihre Aussagen angewiesen bin. O ja, ich habe das alles seit langem kommen sehen! Es war ja fast unvermeidlich, da es so wenig junge Männer in Spencers Alter auf dem Mars gibt.«

Er breitete die Hände vor sich aus – eine Gewohnheit, die Gibson schon früher an ihm wahrgenommen hatte – und betrachtete seine Finger so aufmerksam, als sähe er sie zum erstenmal.

»Die Verlobung kann morgen bekanntgegeben werden«, sagte er leise. »Aber was machen wir in Ihrer Angelegenheit?« Gibson hielt seinem durchdringenden Blick stand.

»Ich möchte das tun, was Jimmy am meisten nützt«, entgegnete er. »Ich weiß nur noch nicht recht, was das ist.«

»Wollen Sie unter den veränderten Umständen jetzt auch noch auf dem Mars bleiben?«

»Diese Frage habe ich mir auch bereits vorgelegt«, sagte Gibson. »Aber was wäre damit erreicht, wenn ich auf die Erde zurückkehrte? Jimmy dürfte doch nie länger als ein paar Monate hintereinander dort sein – und wie die Dinge jetzt liegen, bekomme ich bestimmt mehr von ihm zu sehen, wenn ich auf dem Mars bleibe!«

»Das mag schon stimmen«, sagte Hadfield lächelnd. »Mal sehen, was Irene zu einem Mann sagen wird, der die Hälfte seines Lebens draußen im Weltraum verbringt – aber schließlich haben sich Seemannsfrauen von jeher mit längerer Abwesenheit ihrer Männer abfinden müssen.« Er machte eine unvermittelte Pause. »Wissen Sie, was Sie meiner Ansicht nach tun sollten?« sagte er.

»Das würde ich gerne von Ihnen hören«, erwiderte Gibson begierig.

»Warten Sie, bis die Verlobung stattgefunden hat und das Ganze abgemacht ist. Es würde vielleicht nur Schaden anrichten, wenn Sie sich jetzt schon zu erkennen gäben. Später müssen Sie Jimmy dann natürlich darüber aufklären, wer Sie sind – oder wer er ist, wie Sie die Sache betrachten wollen. Aber der richtige

Augenblick dafür scheint mir noch längst nicht gekommen.«

Es war das erstemal, daß Hadfield von Spencer mit dessen Vornamen gesprochen hatte. Er war sich dessen wahrscheinlich gar nicht bewußt, aber für Gibson war es ein klares und unverkennbares Anzeichen dafür, daß er ihn bereits als Schwiegersohn betrachtete. Diese Erkenntnis rief ein Gefühl plötzlicher verwandtschaftlicher Verbundenheit mit Hadfield in ihm hervor. Sie verfolgten denselben selbstlosen Zweck, und nichts lag ihnen mehr am Herzen als das Glück der beiden Kinder, in denen sie ihre eigene wiedergeborene Jugend erblickten.

Aus späterer Sicht erschien Gibson dieser Augenblick stets als der Beginn seiner Freundschaft mit Hadfield – dem ersten Menschen, dem er je uneingeschränkte Hochachtung und Bewunderung entgegenzubringen vermocht hatte. Es war eine Freundschaft, die für die Zukunft des Planeten von größerer Bedeutung sein sollte, als beide ahnen konnten.

15

Der Tag hatte wie alle anderen Tage in Port Lowell angefangen. Jimmy und Gibson hatten ruhig zusammen gefrühstückt – ohne viel miteinander zu reden, da beide tief mit ihren persönlichen Problemen beschäftigt waren. Jimmy befand sich immer noch in einer Verfassung, die man am besten als ekstatisch bezeichnen konnte, obwohl er bei dem Gedanken, sich bald von Irene trennen zu müssen, mitunter recht depressive Anwandlungen hatte, und Gibson fragte sich, wie weit seine Angelegenheit auf Erden wohl gediehen sein mochte. Manchmal neigte er dazu, das Ganze als großen Fehler zu betrachten, und hoffte sogar, daß die Papiere verlorengegangen wären. Aber andererseits wußte er genau, daß er die Sache durchkämpfen mußte, und beschloß, auf dem Amt ein wenig Druck dahinter zu machen.

Als er das Büro betrat, spürte er sofort, daß etwas nicht stimmte. Mrs. Smyth, Hadfields Sekretärin, kam ihm entgegen wie immer, wenn er beim Chef vorsprach. Gewöhnlich ließ sie ihn sofort eintreten; manchmal entschuldigte sie Hadfield mit dringenden Arbeiten oder wies darauf hin, daß er gerade ein Ferngespräch nach der Erde angemeldet habe, und bat ihn, später noch einmal wiederzukommen. Diesmal sagte sie nur: »Tut mir leid, aber Mr. Hadfield ist nicht im Hause und wird vor morgen nicht zurück sein.«

»Nicht zurück sein?« fragte Gibson. »Ist er denn nach Skia gefahren?«

»Das nicht«, entgegnete Mrs. Smyth, die nicht recht zu wissen schien, wie sie sich Gibson gegenüber verhalten sollte. »Näheres kann ich Ihnen leider nicht sagen. Er wird jedoch in vierundzwanzig Stunden wieder hier sein.«

Gibson dachte sich nichts weiter dabei. Ihm lag vor allem daran, etwas über seine Bewerbung in Erfahrung zu bringen.

»Wissen Sie, ob auf meinen Antrag schon eine Antwort eingegangen ist?« fragte er.

Mrs. Smyth machte ein noch unglücklicheres Gesicht.

»Ich glaube, ja«, sagte sie. »Aber der Spruch war an Mr. Hadfield persönlich gerichtet, ich kann Ihnen also nichts darüber sagen. Er wird sicherlich gleich nach seiner Rückkunft mit Ihnen darüber zu sprechen wünschen.«

Das war natürlich äußerst ärgerlich. Keine Antwort zu haben, war schon schlimm genug, aber eine zu haben, die man nicht sehen durfte, war schlimmer. Gibsons Geduld war nahezu erschöpft.

»Sie können mir aber doch wenigstens eine Andeutung darüber machen!« rief er. »Besonders, da ich es morgen ja doch erfahre.«

»Es tut mir wirklich außerordentlich leid, Mr. Gibson. Ich kenne Mr. Hadfield und weiß, daß er mir das sehr übel vermerken würde.«

»Na, schön«, sagte Gibson und kehrte verstimmt um.

Er beschloß, seinen Gefühlen Luft zu machen und sich direkt an Bürgermeister Whittaker zu wenden, von dem er annahm, daß er sich noch in der Stadt befände. Er war zwar im Hause, schien aber nicht besonders erfreut, Gibson zu sehen, der sich auf eine Art auf dem Besucherstuhl niederließ, die unmißverständlich darauf hindeutete, daß er nicht gewillt war, sich länger hinhalten zu lassen.

»Sie kennen mich doch bestimmt als ziemlich geduldigen Menschen, Whittaker«, begann er, »und wissen, daß ich Sie nicht oft mit unvernünftigen Ansinnen belästige.«

Während der andere noch nach einer passenden Antwort suchte, fuhr Gibson hastig fort:

»Irgend etwas Seltsames geht hier vor sich, und ich bin entschlossen, der Sache auf den Grund zu kommen.«

Whittaker seufzte. Genau das hatte er früher oder später kommen sehen. Nur schade, daß Gibson nicht bis morgen damit gewartet hatte; dann hätte es nichts mehr ausgemacht.

»Was bringt Sie denn so plötzlich darauf?« fragte er.

»Oh, eine ganze Menge Dinge – und von ›plötzlich‹ kann gar keine Rede sein. Ich wollte gerade mit Hadfield sprechen, erfuhr aber durch Mrs. Smyth, daß er außerhalb wäre, und als ich dann ein paar unschuldige Fragen an sie richten wollte, war sie mit einemmal wie zugeknöpft.«

»Das kann ich mir lebhaft vorstellen!« grinste Whittaker belustigt.

»Wenn Sie etwa meinen, Sie könnten dieselbe Methode anwenden, schlage ich Ihnen die Bude kurz und klein. Mein Gott, Sie können mir doch wohl sagen, was hier gespielt wird! Warum eigentlich nicht? Es handelt sich um ›Projekt Morgenröte‹, nicht wahr?«

Whittaker richtete sich mit einem Ruck auf.

»Woher wissen Sie das?« fragte er.

»Das tut nichts zur Sache; auch ich kann dickschädlig sein.«

»Ich habe gar keine Veranlassung dazu«, sagte Whittaker ein wenig kläglich. »Glauben Sie doch nicht, daß wir aus bloßem Spaß an der Sache auf Geheimhaltung bedacht sind. Es ist, weiß Gott, kein Vergnügen. Aber vielleicht fangen wir damit an, daß Sie mir erzählen, was Sie wissen.«

»Schön, wenn es dazu beiträgt, Sie nachgiebiger zu machen. ›Projekt Morgenröte‹ steht in engem Zusammenhang mit dem Laboratorium draußen in den Hügeln, wo ihr – wie heißt es doch noch? – ›Oxyfera‹ kultiviert. Da kein Anlaß zu bestehen scheint, das geheimzuhalten, kann ich nur annehmen, daß es Teil eines größeren Planes ist. Ich vermute, daß Phobos dabei eine Rolle spielt, weiß aber nicht welche. Ihr habt das so geschickt getarnt, daß die paar Leute auf dem Mars, die etwas darüber wissen, einfach nicht zum Reden zu bewegen sind. Aber ihr habt das Ganze nicht so sehr vor der hiesigen Bevölkerung verborgen als vielmehr vor den Leuten auf Erden. Was sagen Sie dazu?«

Whittaker schien nicht im geringsten verlegen.

»Ich muß Ihren Scharfsinn bewundern«, sagte er. »Es dürfte Sie vielleicht auch interessieren, daß ich dem Chef schon vor einigen Wochen vorgeschlagen habe, Sie voll ins Vertrauen zu ziehen. Aber damals konnte er sich nicht dazu entschließen, und seitdem ist alles sehr viel rascher gegangen, als man erwartete.« Er trommelte in Gedanken auf seiner Schreibunterlage, kam jedoch dann zu einer Entscheidung.

»Es tut mir leid, aber ich kann Ihnen beim besten Willen nicht verraten, was im Augenblick vor sich geht«, sagte er. »Aber ich will Ihnen eine kleine Geschichte erzählen, die Ihnen vielleicht Spaß macht. Irgendwelche Ähnlichkeit mit wirklichen Personen oder Umständen ist natürlich rein zufällig.«

»Ich verstehe«, sagte Gibson grinsend. »Schießen Sie nur los.«

»Nehmen wir an, daß eine Welt, die wir A nennen wollen, im ersten Ansturm der interplanetarischen Begeisterung auf einer anderen Welt, die B heißen soll, eine Kolonie errichtet hat. Nach einigen Jahren merkt man dann, daß das mehr kostet, als man erwartete, und im Grunde nichts einbringt. Es bilden sich in der Heimatwelt also zwei Parteien: eine konservative Gruppe, die für Aufgabe des ganzen Projekts ist – um Verluste zu vermeiden und auszusteigen, wie man sagt. Die andere, progressive Gruppe möchte das Experiment dagegen fortsetzen, weil man glaubt, daß der Mensch, auf weite Sicht gesehen, das gesamte Universum erforschen und beherrschen oder auf seiner eigenen Welt kümmerlich stagnieren muß. Aber die Steuerzahler stellen sich taub gegen derartige Argumente, und die Konservativen gewinnen langsam Oberhand.

Das alles stimmt die Kolonisten natürlich ziemlich bedenklich, die inzwischen ein starkes Unabhängigkeitsgefühl entwickelt haben und denen es gar nicht gefällt, daß man sie als die armen Verwandten betrachtet, die von milden Gaben leben. Sie sehen jedoch auch keinen Ausweg – bis man dann eines Tages eine revolutionierende Entdeckung macht. Ich hätte vorher noch erwähnen sollen, daß Planet B von Anfang an eine starke Anziehungskraft auf die besten Geister von A ausgeübt hat, was auch einer der Gründe dafür ist, daß man auf A verstimmt ist. Diese Entdeckung eröffnet ungeahnte Perspektiven für die zukünftige Entwicklung von B. Ihre praktische Anwendung ist jedoch mit einem gewissen Risiko verbunden und bringt außerdem eine Zersplitterung der Kräfte und Mittel von B mit sich. Trotzdem reicht man den Plan ein – der von A natürlich prompt abgelehnt wird. Es kommt zu einem Tauziehen hinter den Kulissen, fast zu einem kalten Krieg, aber der Heimatplanet bleibt unnachgiebig.

Die Kolonisten sehen sich also vor zwei Alternativen gestellt. Sie können ihr Vorhaben publik machen und an die gesamte Weltöffentlichkeit appellieren. Daß sie dabei im Nachteil sein würden, ist offensichtlich: sie würden von den Anwesenden einfach niedergebrüllt werden. Bleibt also noch die andere Möglichkeit, den Plan weiter zu verfolgen, ohne die Erde – ich meine natürlich Planet A – zu informieren, und dazu entschließt man sich zuletzt auch.

Selbstverständlich spielten da noch eine Reihe anderer Faktoren mit – politische und persönliche und auch rein technische. Es ergab sich jedoch, daß der Anführer der Kolonisten ein Mann von ungewöhnlicher Entschlossenheit war, der vor niemandem und nichts auf beiden Planeten Furcht hatte. Hinter ihm stand eine Gruppe erstklassiger Wissenschaftler, die sein Vorhaben billigten und stützten. Man ging also an die Durchführung des Planes, aber niemand weiß, ob man Erfolg damit haben wird. Das Ende der Geschichte kann ich Ihnen leider nicht erzählen. Sie wissen ja selbst am besten, daß diese Fortsetzungen immer an der spannendsten Stelle aufhören.«

»Ich glaube, Sie haben mir so ziemlich alles mitgeteilt«, sagte Gibson. »Das heißt, alles, bis auf eine Kleinigkeit. Ich weiß immer noch nicht, worum es sich bei ›Projekt Morgenröte‹ handelt.« Er erhob sich, um sich zu verabschieden. »Morgen komme ich wieder, um mir das letzte Kapitel Ihres packenden Fortsetzungsromans anzuhören.«

»Das dürfte kaum noch nötig sein«, erwiderte Whittaker. Er warf einen kurzen Blick auf seine Uhr. »Bis dahin werden Sie über alles längst Bescheid wissen.«

Beim Verlassen des Verwaltungsgebäudes wurde Gibson von Jimmy abgefangen.

»Ich müßte zwar Dienst machen«, sagte er atemlos, »aber ich mußte Sie unbedingt erreichen. Es ist etwas im Gange.«

»Ich weiß schon«, erwiderte Gibson leicht ungeduldig. »›Projekt Morgenröte‹ kommt endlich zum Kochen, und Hadfield hat die Stadt verlassen.«

»Oh«, entgegnete Jimmy etwas betroffen. »Das wissen Sie also schon! Aber eines wissen Sie bestimmt noch nicht. Irene ist sehr beunruhigt. Sie hat mir eben erzählt, ihr Vater hätte sich gestern abend so von ihr verabschiedet, als – nun, als sähe er sie vielleicht nie wieder.«

Gibson stieß einen Pfiff aus. Das rückte die Dinge in ein völlig anderes Licht. Bei ›Projekt Morgenröte‹ handelte es sich also nicht nur um etwas Großes, sondern um etwas, das unter Umständen gefährlich werden konnte. Diese Möglichkeit hatte er überhaupt noch nicht erwogen.

»Was auch geschieht«, sagte er, »morgen werden wir über alles Bescheid wissen – das hat mir Whittaker eben mitgeteilt. Aber ich glaube, ich weiß, wo Hadfield sich im Augenblick befindet.«

»Wo?«

»Auf Phobos. Aus irgendeinem Grunde ist das der Schlüssel zu dem ganzen Projekt, und der Chef ist bestimmt jetzt dort.«

Gibson würde jede Wette für die Richtigkeit seiner Vermutung eingegangen sein. Zum Glück nahm niemand sie an, denn er irrte sich ganz gewaltig. Hadfield war nämlich fast ebenso weit von Phobos entfernt wie vom Mars. Augenblicklich hockte er ziemlich unbequem in einem kleinen Weltraumschiff, das eine ganze Schar von Technikern samt ihren hastig abgebauten Geräten beförderte. Er spielte eine Partie Schach, und zwar spielte er ziemlich schlecht gegen einen der größten Physiker im Sonnensystem. Sein Gegner spielte auch nicht besonders gut, und jeder Beobachter hätte alsbald merken müssen, daß sie nur zum Zeitvertreib spielten. Wie alle Leute auf dem Mars warteten sie auf etwas; nur mit dem Unterschied, daß sie die einzigen waren, die wußten, worauf sie warteten.

Langsam verging der Tag. Es war ein Tag wilder Gerüchte und Vermutungen; jedermann in Port Lowell hatte und vertrat irgendeine besondere Theorie. Aber da die Eingeweihten schwiegen und die Uneingeweihten zuviel redeten, herrschte gegen Abend eine ziemliche Verwirrung in der Stadt. Gibson blieb bis gegen Mitternacht auf, beschloß jedoch dann, zu Bett zu gehen. Er lag in tiefem Schlaf, als ›Projekt Morgenröte‹ fern von ihm, unsichtbar und unhörbar, seinen Höhepunkt erreichte. Nur die Männer in dem Beobachtungsschiff sahen etwas davon, warfen das Schiff herum, um die Heimfahrt mit äußerster Geschwindigkeit anzutreten, und verwandelten sich aus ernsten Wissenschaftlern in johlende, lachende Schuljungens.

In den frühen Morgenstunden wurde Gibson durch ein heftiges Pochen gegen seine Tür aus dem Schlaf gerissen. Es war Jimmy, der ihm zurief, er möge aufstehen und herauskommen.

Er fuhr in seine Kleider, doch als er die Tür öffnete, war Jimmy bereits auf die Straße geeilt. An der Haustür holte er ihn ein. Von allen Seiten tauchten schläfrige Menschen auf, die sich die Augen rieben und sich fragten, was geschehen sein mochte. Aus der Ferne vernahm man anschwellendes Stimmengewirr und vereinzelte Rufe. Port Powell machte ganz den Eindruck eines plötzlich aufgescheuchten Bienenschwarms.

Eine volle Minute verstrich, ehe Gibson begriff, wodurch die Stadt geweckt worden war. Es fing soeben an zu dämmern, und am östlichen Horizont kündigte sich bereits die Sonne an. Am östlichen Himmel? Mein Gott, der neue Tag brach ja im Westen an!

Niemand konnte weniger abergläubisch sein als Gibson, aber für einen Augenblick war er wie gelähmt vor Schreck, doch dann trat die Vernunft wieder in ihre Rechte. Immer heller quoll das Licht über den Horizont; die ersten Strahlen berührten bereits die Hügelkuppen über der Stadt. Sie bewegten sich äußerst geschwind – bei weitem zu schnell für die Sonne –, und plötzlich stieg ein leuchtender goldener Meteor aus der Wüste fast senkrecht zum Zenith empor.

Die Geschwindigkeit, mit welcher das Gestirn aufging, verriet, worum es sich dabei handelte. Dies war Phobos – oder das, was noch vor einigen Stunden als Phobos gegolten hatte. Jetzt war er eine gelbe Feuerscheibe, und Gibson spürte die Wärme, die davon ausstrahlte, auf seinem Gesicht brennen. Ringsherum war es völlig still geworden, alles stand unter dem Eindruck des Wunders, und ein erstes Ahnen alles dessen, was es für den Mars bedeuten könnte, ging durch die Gemüter.

Das also war ›Projekt Morgenröte‹. Treffender hätte man es gar nicht bezeichnen können. Aber noch war längst nicht alles klar. Die Umwandlung des kleinen Mondes in eine zweite Sonne war eine unglaubliche Leistung – mutmaßlich – kernphysikalischer Ingenieurkunst, doch Gibson vermochte trotz allem nicht einzusehen, wie die Probleme der Kolonie dadurch eine Lösung erfahren sollten. Er dachte noch darüber nach, als die selten in Betrieb genommenen öffentlichen Lautsprecher von Port Lowell plötzlich in Aktion traten und Whittakers Stimme deutlich und klar durch die Straßen hallte.

»Hallo, Leute«, sagte er. »Ihr werdet ja wohl inzwischen munter geworden sein und gesehen haben, was sich zugetragen hat.

Der Gouverneur ist bereits auf dem Rückflug und möchte ein paar Worte zu euch sprechen. Hier ist er.«

Man vernahm ein Knacken, und dann sagte jemand leise: »Sie sind auf Port Lowell umgeschaltet, Sir.« Einen Augenblick später ertönte Hadfields Stimme aus den Lautsprechern. Sie klang abgespannt, aber siegesgewiß wie die Stimme eines Mannes, der eine große Schlacht geschlagen und sie gewonnen hat.

»Hallo, Mars«, sagte er. »Hier spricht Hadfield. Ich bin noch im Weltraum, aber bereits auf dem Heimweg – in etwa einer Stunde werden wir landen.

Ich hoffe, unsere neue Sonne gefällt euch. Nach unseren Berechnungen wird sie erst in etwa zweitausend Jahren ausgebrannt sein. Wir haben die Detonation herbeigeführt, als der Mond noch unter dem Horizont stand, weil man nicht genau wissen konnte, welche Höhe der Strahlungspilz erreichen würde. Die Reaktion hat sich jetzt auf genau der Ebene stabilisiert, wie wir es erwartet haben, obwohl sie in der nächsten Woche vielleicht noch um einige Prozent zunimmt. Es handelt sich hauptsächlich um eine Meson-Resonanzreaktion, sehr wirkungsvoll, aber nicht sehr heftig, und bei dem Material, aus dem Phobos sich zusammensetzt, besteht keine Gefahr, daß der Explosionsherd sich ausweitet.

Das neue Gestirn wird uns etwa ein Zehntel der Sonnenwärme spenden, genug, um der Temperatur auf dem Mars etwa dieselben Werte zu geben wie auf der Erde. Aber das ist nicht der eigentliche Grund, warum wir Phobos gesprengt haben – wenigstens nicht der ausschlaggebende.

Auf dem Mars brauchen wir Sauerstoff noch dringender als Wärme – und all der Sauerstoff, den man benötigen würde, um ihm eine fast ebenso dichte Atmosphäre wie der Erde zu geben, liegt zu euren Füßen, gebunden an den Sand. Vor zwei Jahren entdeckten wir eine Pflanze, die die Eigenschaft besitzt, diesen gebundenen Sauerstoff freizusetzen. Es ist eine tropische Pflanze – sie gedeiht nur am Äquator und kommt selbst dort nicht voll zur Entfaltung. Wenn wir über genügend Sonnenlicht verfügten, würde sie sich, mit ein wenig Nachhilfe unsererseits, überall auf dem Mars ausbreiten, und in fünfzig Jahren hätten wir eine Atmosphäre, in der man atmen könnte. Das ist das Ziel, das wir im Auge haben. Und wenn es erreicht sein wird, werden wir uns überall auf dem Mars frei bewegen und unsere überdachten

Städte und Masken vergessen können. Es ist ein Traum, dessen Verwirklichung noch so mancher unter uns erleben dürfte, und es bedeutet nicht mehr und nicht weniger, als daß wir der Menschheit eine neue bewohnbare Welt geschaffen haben.

Selbst jetzt werden wir schon diesen und jenen Vorteil davon haben. Es wird viel wärmer sein, zum mindesten, wenn Phobos und die Sonne gleichzeitig scheinen, und die Winter werden milder werden. Auch daß Phobos über den siebzigsten Breitengrad hinaus unsichtbar bleibt, schadet weiter nichts; die neuentstehenden Winde werden auch die Polarregionen erwärmen und verhindern, daß die für uns so kostbare Feuchtigkeit stets ein halbes Jahr lang einfriert.

Auch einige Nachteile werden wir in Kauf nehmen müssen. Mit den Jahreszeiten und Nächten wird es von jetzt an ziemlich kompliziert werden. Aber trotzdem dürften die Vorteile überwiegen. Und immer, wenn ihr das neue Gestirn, das wir angesteckt haben, über den Himmel wandern seht, werdet ihr an die neue Welt denken, der wir zum Leben verhelfen. Wir machen Geschichte. Denkt daran, daß hier zum erstenmal der Versuch unternommen wurde, das Antlitz eines Planeten mit menschlichen Kräften umzugestalten. Wenn wir hier Erfolg haben, wird man dasselbe auch anderswo tun. Zukünftige Zivilisationen auf Welten, von denen wir noch nie gehört haben, werden ihre Existenz dem Experiment verdanken, das wir heute durchgeführt haben.

Das ist alles, was ich im Augenblick sagen wollte. Vielleicht bedauert der eine oder andere das Opfer, das wir bringen mußten, um dieser Welt das Leben zurückzugeben. Denen rufe ich zu: der Mars mag zwar einen Mond eingebüßt haben, aber dafür hat er eine Sonne gewonnen – und wer könnte noch zweifeln, welches das Wertvollere ist?

Und damit wünsche ich allen eine gute Nacht.«

In ganz Port Lowell ging jedoch kein Mensch mehr zu Bett. Für die Stadt war die Nacht vorbei, der neue Tag angebrochen. Man konnte die Blicke kaum von der kleinen goldenen Scheibe abwenden, die stetig höher stieg und von Minute zu Minute größere Wärme verbreitete. Gibson war gespannt, wie die Marspflanzen sich zu diesem Phänomen stellen würden. Er ging die Straße entlang und warf einen Blick durch die durchsichtige Mauer ins Freie hinaus. Es war genau, wie er es sich vorgestellt hatte: die Pflanzen waren sämtlich erwacht und hatten sich der neuen Sonne zugewandt.

Die Rakete des Chefs landete eine halbe Stunde später, aber Hadfield und die Wissenschaftler, die ›Projekt Morgenröte‹ durchgeführt hatten, ließen, um die Menschenansammlungen zu vermeiden, den Wagen zum Schein vor dem Haupteingang vorfahren und kamen zu Fuß durch Halle sieben herein.

Das Täuschungsmanöver gelang so gut, daß die müden und abgespannten Männer verschwunden waren, ehe man die üblichen Empfangsfeierlichkeiten in Szene setzen konnte. Das verhinderte jedoch nicht, daß überall in der Stadt in privatem Kreise tüchtig gefeiert wurde – Feiern, auf denen einer den anderen mit der Behauptung zu übertreffen versuchte, er habe natürlich von Anfang an über ›Projekt Morgenröte‹ Bescheid gewußt.

Phobos näherte sich dem Zenith und war infolgedessen viel näher und wärmer als beim Aufgang, als Gibson und Jimmy in der Menge auf ihre alten Kameraden von der Ares tießen. Man hatte gutmütig, aber mit Nachdruck darauf bestanden, daß George die Bar öffnete, und beide Gruppen behaupteten, sie hätten sich nur in der Hoffnung auf ein gegenseitiges Wiedersehen hier eingefunden.

Hilton, von dem man annehmen konnte, daß er als Oberingenieur am besten über Kernphysik Bescheid wissen müsse, wurde alsbald von allen Seiten um eine Erklärung des Vorganges bestürmt. Er bestritt jedoch, daß er in der Lage dazu wäre.

»Was man auf Phobos durchgeführt hat«, sagte er, »ist meinem Schulwissen um Jahre voraus. Damals wußte man noch kaum etwas über Mesonreaktionen – geschweige denn über ihre Koppelung. Ich bin sogar überzeugt davon, daß man auf Erden bis heute nichts darüber weiß. Es muß sich um etwas handeln, das man bisher nur auf dem Mars entdeckt hat.«

»Wollen Sie mir etwa weismachen«, sagte Bradley, »daß man auf dem Mars in Kernphysik oder auf irgendeinem anderen Gebiet weiter sei als auf der Erde?«

Diese Bemerkung hätte um ein Haar zu einer tätlichen Auseinandersetzung mit den empörten Kolonisten geführt, und Bradleys Kameraden mußten ihm zu Hilfe kommen – hatten es aber nicht besonders eilig damit. Als der Friede wiederhergestellt war, hätte Hilton beinahe noch einmal ins Fettnäpfchen getreten, indem er sagte: »Seit ein paar Jahren kommen die besten Wissenschaftler von der Erde hierher – was ist denn also schon weiter verwunderlich daran?«

Das war eine vollkommen wahre Feststellung, und Gibson konnte nicht umhin, sich der Worte zu entsinnen, die Whittaker ihm gegenüber an diesem selben Morgen gebraucht hatte. Der Mars war nicht nur für ihn selber, sondern auch für viele andere eine Verlockung gewesen, und jetzt wußte er auch, warum. Was mußte Hadfield in den letzten paar Jahren alles fertiggebracht haben – was für Wunder an Überredungskunst, was für verwikkelte Verhandlungen mußte er geführt, zu welchen Täuschungsmanövern seine Zuflucht genommen haben! Es war vielleicht nicht allzu schwierig gewesen, die wirklich hervorragenden Geister anzuziehen, die ja am ehesten imstande waren, die Größe der Aufgabe zu empfinden. Umständlicher und längst nicht so leicht mochte es gewesen sein, die zweitklassigen, aber ebenso wichtigen Mannschaftsgrade der Wissenschaft zu finden. Eines Tages würde er vielleicht die Geheimnisse hinter dem Geheimnis erfahren und einen genauen Überblick über das Zustandekommen und die erfolgreiche Durchführung von ›Projekt Morgenröte‹ gewinnen.

Die restliche Nacht verging sehr schnell. Phobos stand bereits tief im Osten, als die Sonne aufging, um ihre Rivalin zu begrüßen. Es war ein Zweikampf, dem die ganze Stadt schweigend und wie gebannt zuschaute – ein einseitiger Konflikt, der schon von vornherein entschieden war. Wenn man ihn allein am Nachthimmel leuchten sah, konnte man sich einbilden, Phobos wäre fast ebenso hell wie die Sonne, aber mit dem ersten Schimmer des wahren Morgenrots zerging diese Illusion. Die aus der Wüste emporsteigende Sonne beraubte Phobos, der noch immer weit über dem Horizont stand, mehr und mehr seines Glanzes. Erst jetzt, da man die Vergleichsmöglichkeit hatte, merkte man, wie blaß und gelb er im Grunde war. Es bestand kaum irgendwelche Gefahr, daß die langsam sich wendenden Pflanzen auf ihrer Lichtsuche in Verwirrung geraten würden; sobald die Sonne schien, war Phobos kaum zu sehen.

Er war jedoch hell genug, um seine Aufgabe zu erfüllen, und in den nächsten tausend Jahren würde er die Marsnacht beherrschen. Und danach? Würde er, sobald das Feuer erlosch, das jetzt in seinem Inneren glühte, sich wieder in einen gewöhnlichen Mond verwandeln, der nur leuchtete, weil die Sonne ihm etwas von ihrem Glanz lieh?

Gibson wußte, daß dies nichts weiter ausmachen würde. Schon in einem einzigen Jahrhundert würde er seine Arbeit getan haben; der Mars würde eine Atmosphäre besitzen und diese Atmosphäre in geologischen Zeiträumen nicht wieder verlieren. Und wenn Phobos dann wirklich einmal ausbrennen und verlöschen sollte, würde die Wissenschaft jener fernen Tage längst eine andere Lösung gefunden haben – eine für unsere Zeit vielleicht ebenso unbegreifliche Lösung wie die Detonation einer Welt für die Menschen vor hundert Jahren.

Indes der erste Tag des neuen Zeitalters heraufstieg, verharrte Gibson für ein Weilchen auf derselben Stelle und beobachtete den Doppelschatten, den seine Gestalt warf. Beide Schatten zeigten nach Westen, nur daß sich der eine kaum bewegte, während der schwächere sichtbar länger wurde, bis er kaum noch wahrnehmbar war und sich mit dem Augenblick, da Phobos unter den Marshorizont herabsank, völlig verflüchtigte.

Sein plötzliches Verschwinden erinnerte Gibson abrupt an etwas, das er – und mit ihm ganz Port Lowell – in der Aufregung der letzten Stunden vergessen hatte. Inzwischen mußte die Nachricht auch bis auf die Erde gedrungen sein. Vielleicht – aber dessen war er sich nicht sicher – glänzte der Mars jetzt sogar beträchtlich heller am irdischen Himmel.

Schon in kürzester Zeit würden wahrscheinlich die schärfsten Rückfragen von dort zu erwarten sein.

16

Es war eine jener kleinen Zeremonien, die sich bei TV-Wochenschauleuten besonderer Beliebtheit erfreuen. Hadfield und sein gesamter Mitarbeiterstab standen in einer Gruppe versammelt am Rande der Lichtung, und hinter ihnen sah man die Kuppeln von Port Lowell emporsteigen. Nach Meinung des Kameramannes war es ein ausgezeichnet gruppiertes Bild, obwohl die ständig wechselnde doppelte Beleuchtung die Dinge ziemlich erschwerte.

Auf das Stichwort vom Bedienungsstand lief er von links nach rechts, um vor der eigentlichen Aufnahme noch etwas Bewegung in die Szene zu bringen. Zu sehen gab es ohnehin nicht sehr viel;

die Landschaft war eintönig und flach, und bei dieser Monochromübertragung würde von ihren Besonderheiten doch kaum etwas herauskommen. Man konnte sich die Bandweite für eine Farbübertragung bis nach der Erde nicht leisten, und selbst in Schwarzweiß war es noch schwierig genug. Er hatte den szenischen Hintergrund gerade eingefangen, als er die Aufforderung erhielt, auf Hadfield zurückzublenden, der eine kurze Ansprache hielt. Seine Worte gingen durch einen anderen Tonkanal hinaus, und er konnte sie nicht hören; erst im Senderaum würde die Synchronisierung stattfinden. Nun, das war nicht weiter schlimm; er wußte ungefähr, was der Chef sagen würde – hatte er es doch schon bei anderen Gelegenheiten gehört.

Bürgermeister Whittaker reichte ihm den Spaten, auf den er sich seit fünf Minuten gestützt hatte, und Hadfield stieß die Spitze vorsichtig in den Sand, bis er die Wurzeln der hohen, gelbbraunen Marspflanze bloßgelegt hatte, die in einem Holzgestell vor ihm stand. Das ›Luftkraut‹, wie es jetzt allgemein genannt wurde, war kein sehr eindrucksvolles Objekt; es sah aus, als könnte es sich selbst bei dieser geringen Gravitation kaum aus eigener Kraft aufrechthalten; und beileibe nicht danach, als könnte es die Marszukunft bestimmend beeinflussen . . .

Hadfield hatte den symbolischen gärtnerischen Akt vollzogen; mochte jemand anderes die eigentliche Arbeit beenden. Die Gartenarbeiter warteten bereits im Hintergrund auf das Verschwinden der Bonzen, damit sie endlich mit dem Pflanzen beginnen könnten. Es gab das übliche Händeschütteln und Schulterklopfen; Hadfield war völlig von der Menschenmenge eingeschlossen und kaum noch zu sehen. Das einzige Wesen, das nicht den geringsten Anteil an den Vorgängen nahm, war Squeak; er saß auf seinem Hinterteil und schaukelte wie eine jener Stehaufpuppen hin und her, die, ganz gleich wie man sie hinlegt, sich immer wieder in derselben Richtung erheben. Der Kameramann schwenkte zur Nahaufnahme auf ihn ein. Damit würden die Leute auf Erden zum erstenmal ein richtiges Marsgeschöpf zu sehen bekommen – wenigstens in einem derartig improvisierten Programm.

Aber was mochte Squeak nur haben? Irgend etwas hatte seine Aufmerksamkeit erregt – das Zucken der großen, membranartigen Ohren verriet es nur allzu deutlich. Er begann, sich in kurzen, behutsamen Sprüngen vorwärts zu bewegen, der Kameramann hinterdrein. Niemand anderm war aufgefallen, daß er sich von der Stelle bewegt hatte. Gibson war noch immer im Gespräch mit Whittaker begriffen und schien Squeak völlig vergessen zu haben.

Darauf also war er aus! Das war ja großartig! Die Leute am Fernsehempfänger auf Erden würden begeistert sein! Aber würde er hingelangen, ehe man etwas merkte? Ja, tatsächlich – er hatte es geschafft! Mit einem letzten unbeholfenen Satz hüpfte er in die kleine Grube und begann mit seinem dreikantigen Schnabel an der schmächtigen Marspflanze herumzuhacken, die man gerade mit solcher Sorgfalt dorthin gesetzt hatte. Ohne Zweifel fand er es äußerst nett von seinen Freunden, daß man sich seinetwegen diese Mühe gemacht hatte . . . Oder wußte er, daß er ungezogen war? Bei einem ganz reinen Gewissen hätte er sich wohl nicht derart geschickt und unauffällig angeschlichen. Wie dem auch sein mochte: der Kameramann hatte nicht die Absicht, ihm den Spaß zu verderben. Er blendete für einen Augenblick auf Hadfield und die versammelte Gesellschaft zurück, wo man sich immer noch zu der Arbeit beglückwünschte, die Squeak eilends zunichtemachte.

Es war zu schön, um von Dauer zu sein. Gibson entdeckte plötzlich, was vor sich ging, und stieß einen gellenden Schrei aus, der alle Leute aufhorchen ließ. Dann rannte er auf Squeak zu, der sich vergeblich nach einem Versteck umschaute und dann mit einem Ausdruck gekränkter Unschuld still sitzen blieb. Gibson packte ihn an einem Ohr und zerrte ihn vom Tatort seines Verbrechens, und Squeak ließ sich, ohne Widerstand zu leisten und sein Vergehen damit noch zu verschlimmern, ruhig abführen. Danach versammelte sich eine Gruppe von Fachleuten um das Luftkraut und stellte zur allseitigen Befriedigung fest, daß der angerichtete Schaden unerheblich sei.

Es war ein belangloser Zwischenfall, und niemand hätte geglaubt, daß er irgendwelche Folgen über den Augenblick hinaus haben würde. Dennoch brachte er Gibson, obwohl ihm der Zusammenhang nie recht bewußt wurde, auf einen der glänzendsten und fruchtbarsten Gedanken.

Das Leben war für Martin Gibson plötzlich sehr kompliziert und äußerst interessant geworden. Nach der Durchführung von ›Projekt Morgenröte‹ hatte er als einer der ersten mit Hadfield gesprochen. Der Gouverneur hatte ihn zu sich bitten lassen, hatte jedoch nur ein paar Minuten Zeit gehabt. Gleichwohl hatten diese paar Minuten genügt, seine Zukunftsaussichten entscheidend zu verändern.

»Tut mir leid, daß ich Sie warten lassen mußte«, sagte Hadfield, »aber die Antwort von der Erde ist erst kurz vor meinem Aufbruch eingetroffen. Sie können hierbleiben, falls sich, wie es im Amtsjargon heißt, eine Planstelle in der Verwaltung für Sie findet. Da die Zukunft unserer Verwaltungsstruktur jedoch ziemlich vom Gelingen unseres Projekts abhing, so hielt ich es für das beste, die Angelegenheit bis zu meiner Rückkehr ruhen zu lassen.«

Gibson spürte, wie ihm eine Last von der Seele genommen wurde. Nun war die Entscheidung gefallen; selbst wenn er einen Fehler begangen haben sollte – und daran glaubte er nicht –, ein Zurück gab es jetzt nicht mehr. Er hatte sich auf Gedeih und Verderb mit dem Mars verbunden und würde an den Kämpfen der Kolonie um die Regeneration der Welt, die sich bereits regte, teilnehmen.

»Und was für eine Stellung haben Sie für mich?« fragte Gibson gespannt.

»Ich habe mich entschlossen, Sie in der Eigenschaft, die Sie bisher inoffiziell ausgeübt haben, amtlich zu bestätigen«, sagte Hadfield lächelnd.

»Das verstehe ich nicht ganz.«

»Erinnern Sie sich, was ich Ihnen bei unserer ersten Begegnung erklärte? Ich bat Sie, uns dabei zu unterstützen, die Leute auf der Erde nicht nur mit den Tatsachen, sondern auch mit unseren Zielen und – man darf es wohl ruhig so nennen – mit dem Geist, der bei uns herrrscht, vertraut zu machen. Das haben Sie ausgezeichnet verstanden, und dabei wußten Sie nicht einmal etwas Genaues über das Projekt, auf das wir unsere größten Hoffnungen gesetzt hatten. Es tut mir jetzt noch leid, daß ich Ihnen ›Morgenröte‹ vorenthalten mußte, aber wenn wir Sie eingeweiht und Ihnen gleichzeitig Redeverbot auferlegt hätten, so würde das Ihre Arbeit nur unnötig erschwert haben, meinen Sie nicht auch?«

Von dieser Seite hatte Gibson die Sache überhaupt noch nicht betrachtet; fand jedoch, daß diese Betrachtungsweise manches für sich hatte.

»Ich war von Anfang an sehr gespannt«, fuhr Hadfield fort, »was Ihre Rundfunkreden und Artikel für Wirkung haben würden. Sie wissen wahrscheinlich gar nicht, daß wir eine sehr feine

Methode haben, uns darüber Gewißheit zu verschaffen.«

»Wie denn?« fragte Gibson überrascht.

»Erraten Sie das nicht? Wöchentlich fassen etwa zehntausend Menschen aus allen Erdteilen den Entschluß, hierherzukommen, und nur etwa drei Prozent erfüllen die Vorbedingungen. Seit dem regelmäßigen Erscheinen Ihrer Artikel hat sich diese Ziffer auf fünfzehntausend wöchentlich erhöht und steigt noch immer an.«

»So?« sagte Gibson sehr nachdenklich. Dann lachte er kurz auf. »Wenn ich mich recht entsinne«, fuhr er fort, »bestanden damals große Bedenken gegen mein Kommen.«

»Wir alle machen Fehler, aber ich habe gelernt, Nutzen aus den meinen zu ziehen«, erwiderte Hadfield lächelnd. »Zusammenfassend möchte ich es so ausdrücken: es wäre mir lieb, wenn Sie eine kleine Abteilung übernehmen würden, die, ganz offen gesagt, so etwas wie unser Propagandaministerium darstellen müßte. Wir werden uns selbstverständlich noch einen netteren Namen dafür ausdenken! Seit wir einige Auslagen für unser Schaufenster haben, sind die Chancen dafür bedeutend günstiger. Wenn sich genügend Leute danach drängen hierherzukommen, wird man auf Erden gezwungenermaßen Schiffsraum zur Vergügung stellen müssen. Und je schneller das geschieht, um so eher können wir der Erde garantieren, auf eigenen Füßen zu stehen. Was sagen Sie dazu?«

Gibson verspürte eine vorübergehende Enttäuschung. Einerseits änderte sich für ihn nicht viel dadurch, aber andererseits hatte der Gouverneur recht: von größerem Nutzen konnte er den Leuten auf dem Mars auf gar keine andere Weise sein.

»Einverstanden«, sagte er. »Geben Sie mir eine Woche, damit ich meine irdischen Angelegenheiten in Ordnung bringen und meine laufenden Verpflichtungen erfüllen kann.«

Innerhalb einer Woche würde das zwar kaum zu schaffen sein, aber es war immerhin ein fester Termin. Er war gespannt, was Ruth dazu sagen würde. Wahrscheinlich würde sie ihn für verrückt halten und vielleicht gar nicht so unrecht haben damit.

»Die Nachricht, daß Sie hierbleiben«, sagte Hadfield befriedigt, »wird eine Menge Staub aufwirbeln und unserem Propagandafeldzug sehr zugute kommen. Sie haben doch wohl nichts dagegen, daß wir es sofort bekanntmachen?«

»Wenn Sie es für richtig halten, nein.«

»Gut. Über die Einzelheiten wird Whittaker mit ihnen sprechen. Was Ihre Besoldung angeht, so sind Sie sich hoffentlich klar darüber, daß Sie das Gehalt eines unteren Verwaltungsbeamten Ihres Alters erhalten werden?«

»Natürlich, darüber habe ich mich bereits informiert«, sagte Gibson. Er hielt es für überflüssig hinzuzufügen, daß ihn diese Frage über das rein Theoretische hinaus kaum interessierte. Seine Bezüge auf dem Mars würden zwar nur etwa ein Zehntel seines Gesamteinkommens ausmachen, aber völlig genügen, ihm einen bequemen Lebensstandard zu sichern auf einem Planeten, wo es kaum irgendwelchen Luxus gab. Über die Verwendungsmöglichkeiten seines irdischen Guthabens war er sich nicht ganz klar, aber ohne Zweifel ließ sich einiges davon in Dingen anlegen, die trotz der einschränkenden Beförderungsbestimmungen ihren Weg auf den Mars finden würden.

Nach einer längeren Sitzung mit Whittaker – der es mit seinen Klagen über Personal- und Raummangel nahezu fertigbrachte, ihm jegliche Begeisterung zu rauben – verbrachte Gibson den Rest des Tages damit, Dutzende von Radiogrammen aufzusetzen. Das längste war an Ruth gerichtet und enthielt fast ausschließlich, aber keineswegs nur geschäftliche Mitteilungen. Ruth hatte sich schon oft über die vielerlei Dinge mokiert, die man für die zehn Prozent, die sie bekam, von ihr verlangte, und Gibson war gespannt, was sie sagen würde, wenn sie jetzt las, daß sie sich doch bitte ein wenig um einen jungen Mann namens James Spencer kümmern möchte, der nach New York käme, um dort seine Studien zu beenden.

Es entbehrte nicht der Ironie, daß er den Sohn, den er so spät gefunden, schon wieder verlieren sollte. Aber das gehörte vielleicht zu der Sühne für jene Selbstsucht und jenen Mangel an Mut – um es milde auszudrücken –, die er vor zwanzig Jahren an den Tag gelegt hatte. Die Vergangenheit mußte sich jedenfalls von selber erledigen; er durfte jetzt nur an die Zukunft denken.

Jimmy würde allenfalls so schnell wie möglich auf den Mars zurückkehren – darüber bestand nicht der geringste Zweifel. Mochte er, Gibson, auch vieles versäumt haben, den Stolz und die Verantwortung der Vaterschaft, so gab es vielleicht doch später einmal einen Ausgleich dafür, indem er zusehen konnte, wie seine Enkel in eine Welt hineinwuchsen, an deren Umgestaltung er mithalf. Zum erstenmal in seinem Leben hatte Gibson eine

Zukunft vor sich, der er interessiert und gespannt entgegenschauen konnte – eine Zukunft, die nicht bloß eine Wiederholung der Vergangenheit sein würde.

Die Erde schleuderte ihren Blitz vier Tage später. Gibson erfuhr erstmalig davon, als er die Schlagzeile auf der ersten Seite der ›Mars-Times‹ sah. Für einen Auenblick war er von den beiden ihm entgegenstarrenden Worten derart betroffen, daß er das Weiterlesen vergaß.

Hadfield abberufen

Wie wir soeben erfahren, hat das Amt für Interplanetarische Entwicklung den Gouverneur aufgefordert, unverzüglich mit der Ares auf die Erde zurückzukehren. Das Schiff verläßt Deimos in vier Tagen. Eine Begründung dafür wurde nicht angegeben.

Das war alles, aber es würde genügen, um die Leute auf dem Mars in Harnisch zu bringen. Eine Begründung dafür wurde nicht angegeben – wozu auch? Jedes Kind wußte, warum man Warren Hadfield auf Erden zu sehen wünschte.

»Was halten Sie davon?« sagte Gibson zu Jimmy, indem er ihm das Blatt über den Frühstückstisch hinweg reichte.

»Guter Gott!« keuchte Jimmy, nach Atem ringend. »Das bedeutet alles mögliche, nur nichts Gutes. Was meinen Sie, was er tun wird?«

»Was kann er tun?«

»Nun, er kann sich weigern. Die Kolonie würde bestimmt geschlossen hinter ihm stehen.«

»Das würde die Sache nur verschlimmern. Ich glaube eher, daß er der Aufforderung Folge leisten wird. Hadfield gehört nicht zu den Männern, die kneifen, wenn es zu einer Auseinandersetzung kommt.«

Plötzlich trat ein Leuchten in Jimmys Augen.

»Aber das würde ja heißen, daß auch Irene mitfährt!«

»Das mußte ja Ihr erster Gedanke sein!« sagte Gibson lachend. »Sie erhoffen sich natürlich von dieser Sturmflut Wasser auf Ihre Mühlen. Aber rechnen Sie nicht zu fest damit – Hadfield läßt Irene vielleicht hier zurück.«

Er hielt das selbst für sehr unwahrscheinlich. Auf dem Rückweg würde der Chef bestimmt alle verfügbare moralische Unterstützung nötig haben.

Trotz der vielen Arbeit, die auf ihn wartete, stattete Gibson dem Amt einen kurzen Besuch ab. Dort war alles in einem Zustand, der sich aus Empörung und Spannung zusammensetzte: Empörung über die Behandlungsweise, die man dem Chef irdischerseits angedeihen ließ, und Spannung, weil kein Mensch wußte, was er unternehmen würde. Hadfield war frühmorgens zum Dienst erschienen und hatte bis jetzt außer Whittaker und seiner Privatsekretärin niemanden vorgelassen. Ein paar Leute, die ihn im Vorbeigehen kurz gesehen hatten, erklärten, für einen Mann, der im Begriff stehe, gestürzt zu werden, mache er einen erstaunlich munteren Eindruck.

Gibson machte einen Umweg über das Biologie-Laboratorium und dachte über die Ereignisse nach. Er hatte seinen kleinen Marsfreund seit zwei Tagen nicht mehr gesehen und fühlte sich ihm gegenüber schuldbewußt. Langsam schlenderte er die Regent Street entlang und fragte sich, was Hadfield wohl vorzubringen haben würde. Jetzt verstand er auch jene Bemerkung, die Jimmy unfreiwillig mitangehört hatte. Würde der Erfolg wirklich eine Entschuldigung für alles sein? Noch lag er in weiter Ferne. Hadfield selber hatte zugegeben, daß man ein halbes Jahrhundert brauchen würde, um ›Projekt Morgenröte‹ ganz durchzuführen, und dabei die größtmögliche Unterstützung irdischerseits vorausgesetzt. Für das Projekt war diese Unterstützung von wesentlicher Bedeutung, und Hadfield würde bestimmt alles tun, um eine offene Gegnerschaft zur Erde zu vermeiden. Und er, Gibson, konnte ihm am besten dabei helfen, indem er den neugegründeten Propagandaapparat spielen ließ und ihn gleichsam durch Fernartilleriebeschuß deckte.

Wie gewöhnlich freute Squeak sich auch diesmal, ihn wiederzusehen, obwohl Gibson viel zu sehr mit anderen Dingen beschäftigt war, um wie sonst auf seine Begrüßung einzugehen. Er bot ihm etwas von dem Luftkraut an, das er sich vorher stets aus dem Laboratorium holte. Der einfache Vorgang mußte in seinem Unterbewußtsein etwas ausgelöst haben, denn plötzlich hielt er inne und wandte sich dann an den leitenden Biologen.

»Mir ist gerade etwas Großartiges eingefallen«, sagte er. »Sie haben mir vor längerer Zeit einmal von den Kunststücken erzählt, die Sie Squeak beigebracht haben, erinnern Sie sich noch?«

»Beigebracht haben! Wir wissen schon beinahe nicht mehr, wie wir ihn davon abhalten sollen, sie zu lernen!«

»Sagten Sie nicht auch, Sie wären ziemlich sicher, daß die Marsgeschöpfe sich untereinander verständigen?«

»Unser Beobachtungstrupp hat festgestellt, daß sie nicht nur einfache Gedanken, sondern auch einige abstrakte Dinge wie beispielsweise Farbe weitergeben können. Das beweist natürlich nicht viel. Bienen können das auch.«

»Seien Sie jetzt einmal ganz offen und sagen Sie mir, was Sie dazu meinen. Warum sollten wir ihnen eigentlich nicht beibringen können, das Luftkraut für uns zu kultivieren? Bedenken Sie doch nur einmal den ungeheuren Vorteil, in dem sie sich uns gegenüber befinden – sie können sich völlig nach Belieben auf dem Mars bewegen, während wir alles mit Maschinen machen müßten. Sie brauchten natürlich nicht zu wissen, was sie tun. Wir würden sie einfach mit Schößlingen versorgen – die Pflanze vermehrt sich doch wohl auf diese Art, nicht wahr? –, ihnen die nötige Fertigkeit beibringen und sie hinterher dafür auf irgendeine Weise belohnen.«

»Moment mal! Der Gedanke hat etwas Bestechendes, aber haben Sie nicht ein paar entscheidende Punkte übersehen? Ich glaube durchaus, daß wir ihnen all das beibringen könnten, was Sie vorschlagen – dazu ist uns ihre Psychologie vertraut genug –, aber darf ich Sie darauf aufmerksam machen, daß es einschließlich Squeak nur zehn bekannte Exemplare dieser Gattung gibt?«

»Das weiß ich«, sagte Gibson ungeduldig. »Ich glaube nur nicht, daß es sich bei der Gruppe, die wir gefunden haben, um die einzige handelt. Gewiß, sie mögen selten sein, aber über den ganzen Planeten verstreut müssen Hunderte, wenn nicht Tausende von ihnen leben. Ich werde fotografische Luftaufklärung jener Gebiete beantragen, wo die Pflanzen, die sie zu ihrer Ernährung bedürfen, in größeren Mengen wachsen – ihre Lichtungen ausfindig zu machen, dürfte nicht sehr schwierig sein. Jedenfalls nehme ich einen Standpunkt auf weite Sicht ein. Jetzt, da sie weit günstigere Lebensbedingungen vorfinden, werden sie sich auch rascher vermehren, wie es die Marspflanzen ja bereits tun. Vergessen Sie doch bitte nicht, daß auch das sich selbst überlassene Luftkraut in vierhundert Jahren die Äquatorregionen bedecken würde – das haben wir selber durch Berechnungen festgestellt. Wenn wir und die Marsgeschöpfe dieses Bestreben unterstützten, könnten wir ›Projekt Morgenröte‹ vielleicht um

Jahre verkürzen!«

Der Biologe schüttelte zweifelnd den Kopf, nahm jedoch einen Schreibblock und kritzelte ein paar Zahlen. Als er fertig war, kräuselte er die Lippen.

»Ich kann die Unmöglichkeit Ihrer Behauptungen zwar nicht beweisen«, sagte er gedehnt. »Es gibt zu viele unbekannte Faktoren – einschließlich des wichtigsten von allen – des Reproduktionsverhältnisses dieser Geschöpfe. Wissen Sie übrigens schon, daß sie zu den Marsupalia gehören? Wir haben gerade erst die Bestätigung dafür erhalten.«

»Sie meinen wie die Känguruhs?«

»Ja; das Junge lebt in einem Beutel, bis es groß genug ist, den ersten Schritt in die kalte, feindliche Welt zu wagen. Von den Weibchen scheinen einige tragend zu sein, sie werfen also wahrscheinlich jährlich einmal. Und da Squeak das einzige Jungtier war, das wir gefunden haben, so muß die Sterbeziffer unter ihnen enorm hoch sein – was bei diesem Klima weiter nicht überraschend ist.«

»Geradezu ideale Bedingungen für uns!« rief Gibson. »Jetzt wird sie nichts mehr daran hindern, sich zu vermehren, vorausgesetzt, daß wir für reichlich Futter sorgen.«

»Was wollen Sie eigentlich? Marstiere züchten oder Luftkraut kultivieren?« sagte der Biologe herausfordernd.

»Beides«, erwiderte Gibson grinsend. »Sie gehören zusammen wie Fisch und Kartoffelflocken oder wie Eier und Schinken.«

»Bitte, nicht!« sagte der andere derart beschwörend, daß es Gibson sofort leid tat, diese taktlose Bemerkung gemacht zu haben. Er hatte völlig vergessen, daß kein Mensch auf dem Mars solche Leckerbissen seit Jahren auch nur gesehen hatte.

Je länger Gibson über seine neue Idee nachdachte, um so besser gefiel sie ihm. Obwohl seine persönlichen Angelegenheiten ihn bedrückten, fand er Zeit, ein diesbezügliches Memorandum für Hadfield auszuarbeiten. Er hoffte, daß der Chef die Sache noch vor seinem Abflug mit ihm durchsprechen würde. Es lag für ihn etwas Erhebendes in dem Gedanken, nicht nur an der Regeneration einer Welt, sondern auch einer Rasse mitzuwirken, die vielleicht älteren Datums als die Menschheit war.

Gibson fragte sich, was für Auswirkungen die veränderten klimatischen Bedingungen des nächsten Jahrhunderts auf die Marstiere haben würden. Sollte es zu warm für sie werden, so konnten sie mit Leichtigkeit nach Norden oder Süden auswandern – falls erforderlich bis in die subpolaren Regionen, wo Phobos zu keiner Zeit sichtbar war. Und was die sauerstoffgesättigte Atmosphäre anging, so hatten sie sich in der Vergangenheit schon einmal daran gewöhnt und würden sich ihr vielleicht wieder anpassen. Es gab mehr als einen Beweis dafür, daß Squeak einen großen Teil seines Sauerstoffbedarfs jetzt aus der Luft in Port Lowell deckte und sich dabei sehr wohl zu fühlen schien.

Auf die große Frage, die durch die Entdeckung der Marstiere aufgeworfen worden war, gab es noch immer keine Antwort. Waren sie die degenerierten Überlebenden einer Rasse, die schon vor langer Zeit die Höhen der Zivilisation erklommen hatte und die, als sich die Bedingungen verschlechterten, langsam wieder hinabgestiegen war? Das war die Ansicht der Romantiker, für die es überhaupt keine Beweise gab. Die Wissenschaftler waren einstimmig der Meinung, daß es auf dem Mars nie eine fortgeschrittene Kulturstufe gegeben habe – aber sie hatten sich schon einmal geirrt und konnten sich wieder irren. Jedenfalls war es ein interessantes Experiment zu beobachten, bis zu welcher Höhe der Evolutionsleiter die Marsgeschöpfe, jetzt, da ihre Welt wieder blühte, steigen konnten.

Denn es war ihre und nicht eine Menschenwelt. Wie sehr der Mensch diese Welt auch seinen Zwecken entsprechend umgestalten mochte, stets würde es seine Pflicht bleiben, die Interessen ihrer rechtmäßigen Bewohner zu schützen. Niemand konnte sagen, welche Rolle ihnen in der Geschichte des Universums noch zugedacht sein mochte. Und wenn die Menschheit einst, wie es fast unvermeidlich war, mit höher entwickelten Rassen in Berührung kam, so würde man sie vielleicht nach ihrem Verhalten auf dem Mars beurteilen.

17

»Schade, daß Sie nicht wieder mit uns zurückfahren, Martin«, sagte Norden, als man sich Schleuse eins West näherte. »Aber ich bin überzeugt, daß Sie das Richtige tun, und wir alle achten Sie dafür.«

»Danke«, sagte Gibson aufrichtig. »Ich hätte die Rückfahrt gern zusammen mit euch allen gemacht – aber dazu dürfte sich auch später noch so manche Gelegenheit bieten! Was auch geschieht, mein ganzes ferneres Leben verbringe ich bestimmt nicht auf dem Mars!« Er lachte leise vor sich hin. »Sie haben es sich sicherlich auch nicht träumen lassen, daß Sie auf diese Weise Passagiere tauschen würden.«

»Ganz bestimmt nicht. In mancher Hinsicht dürfte es sogar ein bißchen peinlich werden. Ich werde mir vorkommen wie der Kapitän jenes Schiffes, der Napoleon nach Elba bringen mußte. Wie nimmt denn der Chef die Sache?«

»Ich habe ihn seitdem noch nicht gesprochen, werde ihn aber morgen noch sehen, ehe er die Reise nach dem Deimos antritt. Aber Whittaker meint, er wäre ziemlich zuversichtlich und hätte wohl keine allzu großen Befürchtungen.«

»Was meinen Sie, was geschehen wird?«

»Amtlicherseits wird man ihm bestimmt alles mögliche zum Vorwurf machen: Verschleuderung öffentlicher Gelder, Mißwirtschaft und eigenmächtige Personalpolitik – genügend Anschuldigungen, um ihn für den Rest seines Lebens ins Gefängnis zu bringen. Aber was kann man auf Erden schon groß machen, da eine ganze Anzahl der leitenden Beamten und sämtliche Wissenschaftler auf dem Mars in die Geschichte verwickelt sind? Es ist wirklich eine höchst amüsante Situation. Der Chef ist ein Volksheld zweier Welten, und das Amt für Interplanetarische Entwicklung wird ihn mit Samthandschuhen anfassen müssen. Meiner Ansicht nach wird das Urteil etwa so lauten: Sie hätten das selbstverständlich alles nicht tun sollen, aber wir sind doch ganz froh, daß Sie es getan haben.«

»Und Sie meinen, dann wird man ihn auf den Mars zurückkehren lassen?«

»Was bleibt ihnen sonst übrig? Er ist einfach nicht zu ersetzen.«

»Eines Tages muß zwangsläufig doch ein anderer an seine Stelle treten.«

»Das stimmt schon, aber es wäre Wahnsinn, Hadfield jetzt kaltzustellen, wo er noch jahrelang leistungsfähig ist. Und gnade Gott dem armen Kerl, den man den hiesigen Leuten als Nachfolger anzubieten wagen wüde!«

»Es ist wirklich eine höchst eigenartige Situation. Ich glaube, es hat sich auch allerhand hinter den Kulissen abgespielt, worüber wir nichts wissen. Warum hat man auf Erden eigentlich ›Projekt

Morgenröte‹ von Anfang an abgelehnt?«

»Das habe ich mich auch schon gefragt und werde bestimmt noch eines Tages dahinterkommen. In der Zwischenzeit halte ich an folgender Theorie fest: Auf Erden scheint es eine Menge Leute zu geben, die verhindern möchten, daß der Mars zu mächtig werde und etwa gar zu völliger Unabhängigkeit gelangte. Nicht aus Bosheit, verstehen Sie mich recht, sondern einfach, weil ihnen der Gedanke nicht gefällt. Es geht gegen ihren Stolz. Sie wollen, daß die Erde Mittelpunkt des Universums bleibe.«

»Wissen Sie«, sagte Norden, »daß es recht komisch klingt, Sie von der ›Erde‹ in einem Ton reden zu hören, als gäbe es dort nichts als Geizhälse, die allen Fortschritt hier verhindern. Das scheint mir ungerecht zu sein! Ihre Vorwürfe richten sich natürlich gegen die leitenden Männer im Amt für Interplanetarische Entwicklung und den angeschlossenen Organisationen – und dort tut man in Wirklichkeit auch sein Bestes. Vergessen Sie doch nicht, daß alles, was hier erreicht wurde, dem Unternehmungsgeist und der Initiative der Erde zu verdanken ist. Ich fürchte, ihr Kolonisten« – bei diesen Worten grinste er verzerrt – »nehmt einen viel zu selbstbezüglichen Standpunkt ein. Ich sehe beide Seiten der Frage. Solange ich hier bin, teile ich eure Ansicht, aber wenn ich mich dann in drei Monaten wieder auf der anderen Seite befinde, halte ich euch wahrscheinlich auch für eine Horde murrender und undankbarer Querköpfe!«

Gibson lachte, aber sein Lachen klang nicht ganz echt. In Nordens Worten lag ein gut Teil Wahrheit. Die bloßen Schwierigkeiten und Ausgaben, die mit dem interplanetarischen Verkehr verbunden waren, die Zeit, die man brauchte, um von Welt zu Welt zu gelangen, mußten unvermeidlich zu Mißverständnissen, ja, selbst zu Intoleranz zwischen Mars und Erde führen. Er hoffte, daß mit zunehmender Schnelligkeit im Verkehr auch die psychologischen Schranken schrumpfen und daß die beiden Planeten sich geistig sowohl wie zeitlich näherkommen würden.

Inzwischen hatte man die Schleuse erreicht und wartete auf den Wagen, der Norden auf den Flugplatz bringen sollte. Der Rest der Besatzung hatte sich bereits verabschiedet und befand sich auf dem Fluge nach Deimos. Nur Jimmy hatte Sondererlaubnis erhalten, am kommenden Tage mit Hadfield und Irene zu fliegen. Jimmys Stellung, ging es Gibson belustigt durch den Kopf, hatte sich seit dem Abflug der Ares von der Erde wohl am entscheidendsten geändert, und er fragte sich, was Norden wohl auf der Heimreise an Arbeit aus ihm herausholen würde.

»Leben Sie wohl, John, und gute Fahrt!« sagte Gibson und streckte seine Hand aus. Die Luftschleuse öffnete sich. »Wann werde ich Sie wiedersehen?«

»In etwa achtzehn Monaten – dazwischen liegt noch ein Flug nach der Venus. Wenn ich zurückkomme, hoffe ich einige Veränderungen hier vorzufinden – Luftkraut und Marstiere überall!«

»Das kann ich innerhalb dieser kurzen Zeit nicht versprechen«, sagte Gibson lachend. »Aber wir werden uns alle Mühe geben, Sie nicht zu enttäuschen!«

Ein Händedruck, und Norden war verschwunden. Gibson vermochte ein Gefühl des Neides nicht ganz zu unterdrücken, als er an all die Dinge dachte, zu denen der andere zurückkehrte – die nie recht gewürdigten Schönheiten der Erde, die er einst als selbstverständlich hingenommen hatte und die er jetzt vielleicht jahrelang nicht wiedersah.

Noch standen ihm zwei Abschiede bevor, und sie würden sich am schwierigsten von allen gestalten. Seine letzte Begegnung mit Hadfield würde beträchtliches Feingefühl und Takt erfordern. Norden hatte einen guten Vergleich gebraucht: es würde tatsächlich einem Interview mit einem entthronten Monarchen gleichen, der im Begriff stand, sich ins Exil zu begeben.

In Wirklichkeit glich es dem ganz und gar nicht. Hadfield war noch immer Herr der Situation und schien sich über seine Zukunft keine Sorgen zu machen. Als Gibson bei ihm eintrat, war er gerade mit dem Ordnen seiner Papiere fertig geworden. Das Zimmer sah kahl und leer aus, und drei Papierkörbe waren bis obenhin mit weggeworfenen Formularen und Notizen angefüllt. Morgen würde Whittaker als sein Stellvertreter hier einziehen.

»Ich habe mir Ihre Eingabe über die Marstiere und das Luftkraut flüchtig angesehen«, sagte Hadfield und wühlte in den Tiefen seines Schreibtisches. »Es ist eine interessante Idee, aber niemand weiß, ob sie sich durchführen läßt. Das Ganze ist eine ziemlich heikle Angelegenheit, und wir haben längst noch nicht genügend Material darüber. Letzten Endes läuft es darauf hinaus – was ist lohnender für uns? Die Marstiere dazu abzurichten, Luftkraut zu pflanzen, oder es selber zu tun? Wie dem auch sei, wir werden der Sache weiter nachgehen, nur dürften wir nicht viel erreichen, solange wir nicht mehr Tiere haben! Ich habe Dr. Petersen gebeten, die wissenschaftliche Seite zu übernehmen, und würde es gern sehen, daß Sie sich um die verwaltungstechnischen Fragen kümmern, die sich daraus ergeben, wobei natürlich Bürgermeister Whittaker die letzten Entscheidungen treffen muß. Petersen ist ein tüchtiger Kerl, ihm fehlt nur etwas Phantasie. Eine Zusammenarbeit zwischen euch beiden dürfte die richtige Mitte ergeben.«

»Ich will natürlich gern alles in meinen Kräften Stehende tun«, sagte Gibson, dem diese Aussicht nicht unangenehm war, wenn er sich auch ein wenig ängstlich fragte, wie er mit der zunehmenden Verantwortlichkeit fertig werden sollte. Aber schließlich war die Tatsache, daß der Chef ihn mit dieser Aufgabe betraute, ermutigend genug. Hieß das doch, daß Hadfield ihm die Fähigkeiten dazu zutraute.

Als man die verwaltungstechnischen Einzelheiten besprach, wurde es Gibson klar, daß Hadfield nicht damit rechnete, länger als ein Jahr vom Mars abwesend zu sein. Er schien sich sogar auf seine Erdreise zu freuen und betrachtete das Ganze wie einen längst fälligen Urlaub. Gibson hoffte, daß sein Optimismus durch das Ergebnis eine Rechtfertigung erfahren würde.

Die letzte Rakete nach Deimos setzte sich etwa drei Stunden später mit Hadfield, Irene und Jimmy an Bord in Bewegung. Irene war ins Hotel gekommen, um Jimmy beim Packen behilflich zu sein und sich von Gibson zu verabschieden. Sie schäumte vor Erregung fast über und strahlte vor Glück, daß es ein reines Vergnügen war, sie zu beobachten. Ihre beiden Träume waren gleichzeitig in Erfüllung gegangen: sie fuhr zurück auf die Erde, und sie fuhr mit Jimmy zusammen. Gibson hoffte, daß keines der beiden Erlebnisse sie enttäuschen möge. Er glaubte nicht, daß dies der Fall sein werde.

Das Packen von Jimmys Koffern erwies sich als ziemlich komplizierte Angelegenheit wegen der vielen Andenken, die er während seines Marsaufenthaltes gesammelt hatte – hauptsächlich Pflanzen und Steine, von den verschiedenen Ausflügen mitgebracht. Das alles mußte sogfältig gewogen werden, und es gab einige herzbrechende Entscheidungen zu treffen, als man feststellte, daß die vorgeschriebene Gewichtsmenge um zwei Kilogramm überschritten war. Aber endlich war der letzte Koffer gepackt und auf dem Wege zum Flughafen.

»Vergessen Sie nicht, sich gleich nach der Ankunft mit Mrs.

Goldstein in Verbindung zu setzen«, sagte Gibson zu ihm. »Sie erwartet Ihren Anruf.«

»Ich werde bestimmt daran denken«, erwiderte Jimmy. »Es ist äußerst nett von Ihnen, daß Sie sich all diese Mühe machen, und wir sind Ihnen wirklich sehr dankbar für alles – nicht wahr, Irene?«

»Ja«, antwortete sie. »Sehr. Ich weiß gar nicht, wie wir ohne Sie weitergekommen wären.«

Gibson lächelte mit einem Anflug von Trauer.

»Irgendwie«, sagte er, »hättet ihr es schon geschafft. Aber es freut mich, daß alles so gut ausgegangen ist, und ich bin überzeugt, daß ihr sehr glücklich sein werdet. Hoffentlich dauert es nicht allzu lange, bis ihr beide wieder hier seid.«

Als er Jimmys Hand ergriff, verspürte Gibson wiederum das fast überwältigende Verlangen, sich ihm zu erkennen zu geben und ihn als seinen Sohn in die Arme zu schließen. Diesem Verlangen jetzt nachzugeben, wäre jedoch reiner Egoismus gewesen, das wußte er, ein Akt der Besitzergreifung und unentschuldbarer Selbstbehauptung, der all das Gute zunichte machen konnte, das er in den vergangenen Monaten bewirkt hatte. Und dennoch – als er seine Hand losließ, war es ihm mit einemmal, als läge etwas in Jimmys Gesichtsausdruck, was er nie zuvor gesehen hatte. Vielleicht war es die erste, noch halb unbewußte Ahnung der Wahrheit, die sich auf seinen Zügen spiegelte – eine Ahnung, die zuletzt vieleicht doch noch zu vollem Verständnis und Erkennen führen würde. Gibson hoffte, daß es sich so verhielte; seine Aufgabe würde zur gegebenen Zeit dadurch eine beträchtliche Erleichterung erfahren.

Er blickte ihnen nach, als sie, Hand in Hand, weltvergessen die enge Straße hinuntergingen, mit ihren Gedanken bereits irgendwo draußen in der Weite des Weltraums. Ihn hatten sie bereits vergessen; aber später würden sie sich seiner erinnern.

Kurz vor Tagesanbruch trat Gibson aus der Hauptluftschleuse und entfernte sich langsam von der noch immer schlafenden Stadt. Phobos war vor einer Stunde untergegangen; nur die Sterne schienen, und hoch im Westen leuchtete Deimos. Er warf einen Blick auf die Uhr – in zehn Minuten mußte es soweit sein, falls nichts dazwischengekommen war.

»Komm, Squeak«, sagte er. »Schreiten wir ein bißchen rascher aus, damit wir warm bleiben.« Obwohl die Temperatur weit unter Null lag, schien Squeak nicht weiter bekümmert darum. Gleichwohl fand Gibson es ratsam, seinen kleinen Freund in Bewegung zu halten. Er selber spürte die Kälte selbstverständlich kaum, da er volle Schutzausrüstung angelegt hatte.

Wie die Pflanzen sich in den vergangenen paar Wochen fortentwickelt hatten! Sie waren jetzt bereits übermannshoch, und Gibson war überzeugt, daß dieses rasche Wachstum, wenn auch nicht ganz, so aber doch zum Teil auf Phobos zurückzuführen war. ›Projekt Morgenröte‹ hinterließ bereits die ersten Spuren auf dem Planeten. Sogar die nordpolaren Eismassen, die zu diesem Zeitpunkt sonst ihre winterliche Maximalausdehnung erreichten, waren nicht bis über die entgegengesetzte Halbkugel hinaus gedrungen – und die Überbleibsel der südlichen Eishaube waren völlig verschwunden.

Ungefähr einen Kilometer von der Stadt entfernt, weit genug, um nicht durch ihre Lichter in der Beobachtung behindert zu werden, blieben sie stehen. Wiederum schaute Gibson auf die Uhr. Nur noch eine knappe Minute. Er wußte, wie seinen Freunden in diesem Augenblick zumute sein mußte. Unverwandt starrte er auf die winzige, kaum sichtbare, höckrige Deimosscheibe und wartete.

Ziemlich plötzlich wurde Deimos merklich heller. Einen Augenblick danach schien er in zwei Stücke zu zerfallen; ein kleiner, unglaublich heller Stern löste sich von seinem Rande los und begann westwärts zu kriechen. Selbst auf diese Tausende von Kilometern betragende Entfernung glühten die Atomraketen derart intensiv, daß es fast die Augen schmerzte.

Er zweifelte nicht daran, daß man ihn von dort oben beobachtete. Auf der Ares waren jetzt bestimmt sämtliche Beobachtungsfenster besetzt, und man blickte hinunter auf die große halbmondförmige Welt, die man verließ, genau wie er vor unausdenklicher Zeit, wie es ihm vorkam, von der Erde Abschied genommen hatte.

Was mochte Hadfield in diesem Augenblick denken? Fragte er sich, ob er den Mars je wiedersehen würde? Daran zweifelte Gibson schon längst nicht mehr. Was Hadfield auch bevorstehen mochte, er würde als Sieger daraus hervorgehen wie schon einmal. Nicht mit Schande bedeckt, nein, im Triumph kehrte er auf die Erde zurück.

Jener strahlende blauweiße Stern war bereits einige Grade von Deimos entfernt und blieb immer weiter zurück, als er an Geschwindigkeit verlor, um sonnenwärts und erdwärts zu fallen.

Die Sonne lugte über den östlichen Horizont hervor; ringsumher regten sich die hohen grünen Pflanzen im Schlaf – in einem Schlaf, der schon einmal durch die meteorische Phobosbahn unterbrochen worden war. Gibson warf einen letzten Blick auf die beiden im Westen niedergehenden Sterne und winkte ihnen schweigend Lebewohl.

»Komm jetzt, Squeak«, sagte er. »Es ist Zeit umzukehren – ich habe noch zu arbeiten.« Mit seinen behandschuhten Fingern kniff er dem kleinen Marsgeschöpf in die Ohren.

»Und das gilt auch für dich«, fügte er hinzu. »Du ahnst zwar noch nichts davon, aber wir haben beide eine ziemlich große Aufgabe vor uns.«

Zusammen liefen sie auf die riesigen Kuppeln zu, die schwach im ersten Morgenlicht glänzten. Port Lowell würde seltsam anmuten jezt, da Hadfield fort war und ein anderer Mann hinter der Tür saß, auf der nur das eine Wort stand: ›Gouverneur‹.

Plötzlich blieb Gibson stehen. Für einen flüchtigen Augenblick war es ihm, als sähe er fünfzehn oder zwanzig Jahre in die Zukunft. Wer würde dann hier zu bestimmen haben, wenn ›Projekt Morgenröte‹ in seine mittlere Phase eintrat und sein Ende bereits abzusehen war?

Frage und Antwort kamen fast gleichzeitig. Gibson wußte zum erstenmal, was am Ende des Weges, den er betreten hatte, auf ihn wartete. Eines Tages würde es seine Pflicht und sein Vorrecht sein, das von Hadfield begonnene große Werk zu übernehmen. War es Selbsttäuschung oder ein erstes Bewußtwerden verborgen in ihm schlummernder Kräfte – was es auch war, er war entschlossen, es in Erfahrung zu bringen.

Munter ausschreitend, setzte der Schriftsteller Martin Gibson, noch bis vor kurzem auf der Erde beheimatet, seinen Weg stadtwärts fort. Sein Schatten vermischte sich mit dem Squeaks, der neben ihm herhüpfte, während oben am Himmel die letzten nächtlichen Schatten verblaßten und die hohen blütenlosen Pflanzen ringsumher sich öffneten und sich der Sonne zuwandten.

Goldmann Verlag München

Arelo Sederberg
Terror in Las Vegas

Das New Century-Hotel in Las Vegas steht kurz vor der Eröffnung, als Kidnapper den Sohn des Hotelchefs Jim Carpenter entführen. Ein anonymer Anrufer verlangt, daß man einen seiner Freunde im Spielkasino des Hotels hoch gewinnen läßt. Carpenter versucht, die Affäre mit Hilfe seines Sicherheitschefs zu klären. Doch dann hat er allen Anlaß zu der Vermutung, daß die Mafia hinter der Entführung steht . . .

Thriller. (4707)
Deutsche Erstveröffentlichung

John Newton Chance
Das Schattenschloß

Es stand an der Südküste Englands, auf einer Klippe hoch über dem Meer, und wurde jahrhundertelang von Piraten, Schmugglern und Wracksuchern bewohnt. Hier konnte man leben, ohne daß es jemand erfuhr. Und verschwinden, ohne daß es jemand merkte.
Jonathan Blake, der Privatdetektiv und Spezialagent, verschaffte sich Zugang, um das rätselhafte Verschwinden zweier Kollegen zu klären. Aber ihm selbst drohte bald ein ähnliches Schicksal in dem düsteren Labyrinth von Tregarrok . . .

Rote Krimi. (4701)
Deutsche Erstveröffentlichung